臺灣歷史與文化研究輯刊

四 編

第 20 冊

臺灣客語勸世文之研究
——以〈娘親渡子〉爲例（上）

楊寶蓮 著

花木蘭文化出版社

國家圖書館出版品預行編目資料

臺灣客語勸世文之研究——以〈娘親渡子〉為例（上）／楊寶
蓮 著 — 初版 — 新北市：花木蘭文化出版社，2013〔民 102〕
目 8+248 面；19×26 公分
（臺灣歷史與文化研究輯刊 四編：第 20 冊）
ISBN：978-986-322-502-7（精裝）
1. 客家民謠　2. 勸善
733.08　　　　　　　　　　　　　　　　　　102017411

ISBN-978-986-322-502-7

9 789863 225027

臺灣歷史與文化研究輯刊
四　編　第二十冊　　　　　　ISBN：978-986-322-502-7

臺灣客語勸世文之研究
——以〈娘親渡子〉爲例（上）

作　　者　楊寶蓮
總 編 輯　杜潔祥
出　　版　花木蘭文化出版社
發 行 所　花木蘭文化出版社
發 行 人　高小娟
聯絡地址　235 新北市中和區中安街七二號十三樓
　　　　　電話：02-2923-1455／傳真：02-2923-1452
網　　址　http://www.huamulan.tw 信箱 sut81518@gmail.com
印　　刷　普羅文化出版廣告事業
初　　版　2013 年 9 月
定　　價　四編　22 冊（精裝）新臺幣 50,000 元

臺灣客語勸世文之研究
——以〈娘親渡子〉爲例(上)

楊寶蓮　著

作者簡介

楊寶蓮

臺北市立教育大學中文博士

現職：

    1. 大同大學、國立臺灣戲曲學院兼任助理教授

    2. 臺北士林社區大學、臺北市客家事務委員會「客家書院」講師。

    3. 行政院客家委員會客語薪傳師。

主要著作：

    1. 客家民間藝人洪添福之研究

    2. 臺灣客語說唱藝術及其藝人探究

    3. 客家民間藝人黃連添之研究

    4. 客家民間藝人邱阿專之研究

    5. 客家民間藝人阿浪旦之研究

得獎著作：

    1. 博士論文《臺灣客語勸世文之研究——以〈娘親渡子〉為例》獲行政院客委會 100 年度優秀博碩士論文獎助

    2. 《臺灣客語說唱》（榮獲 2007 國史館台灣文獻館舉辦之「獎勵出版文獻書刊暨推廣文獻研究」文獻獎）

    3. 採茶戲劇本《九芎湖之會》（榮獲傳統戲曲編劇人才培育工作坊優良劇本徵選第三名）

    4. 教育部 97 年度母語文學獎，採茶劇本《大禹治水》獲得佳作，散文〈𠊎介阿姆〉獲得第三名

    4. 榮獲 2008 及 2009 臺北市客語詩詞創作，現代詩佳作，童詩優等

提　要

　　〈娘親渡子〉是臺灣客語勸世文和客語說唱藝術結合最典型的代表，它從 1968 年楊玉蘭以〈玉蘭勸世歌〉（〈娘親渡子〉的前身）為名、以【平板】、【平板什唸子】曲腔唱紅之後，歌手們如邱玉春、李秋霞、胡泉雄、黃鳳珍、古華光、連仁信等競相模仿，他們除了在各山歌班教唱之外，並且錄製成唱片。

　　〈玉蘭勸世歌〉是目前市面上普遍傳唱的〈娘親渡子〉的範本，它是蘇萬松〈報娘恩〉，邱阿專〈十月懷胎〉，陳火添〈娘親度（渡）子勸世文〉和〈十月懷胎歌〉，勸世山歌〈十想度子〉以及部份楊玉蘭自創詞的綜合體。其原始總源頭是敦煌俗講〈父母恩重經講經文〉和歌讚〈十恩德〉，它們的主題是「父母恩重」、「報恩」，是敦煌僧尼為推展佛教，結合印度佛教教義和中土孝道的產物。〈懷胎寶卷〉是它們的嫡傳，贛、閩、粵的喪鼓〈十月懷胎〉又是〈懷胎寶卷〉的嫡傳，這性質的〈十月懷胎〉隨著先民腳步再傳至臺灣。

　　〈娘親渡子〉傳承敦煌懷軀、迴乾就濕、洗濯育兒風俗，至今仍為客家婦女所遵循；體現客家健婦持家的辛勞；又勸導為人子女者應感恩圖報，符合客家人的群眾心理，所以為臺灣客家人喜見樂聞。加上它的唱腔【平板】、【平板什唸子】又是客家採茶戲最重要的唱腔，故它也是客語說唱碩果僅存的重要代表作之一。

感 謝 詞

　　年過半百始完成博士論文，回首來時路，真是五味雜陳。身為客家人，基於對客家文化的熱愛，於是在 2001 年考上在職碩士班，並以《臺灣客語說唱研究》為題，在 2004 年完成碩士論文。那段求學期間，還身兼教師、廣播人、學生於一身，其中的辛苦可想而知。皇天不負苦心人，碩士論文經林柏燕老師推薦，稍作改版，由新竹縣文化局於 2006 年八月以《臺灣客語說唱》為題出版，並獲得國史館臺灣文獻館 2007 年「獎勵出版文獻書刊暨推廣文獻研究」獎項，消息傳來，師生莫不歡欣，這給予個人莫大的鼓舞，並覺得研究文獻是一條值得走的道路。能因此得獎，完全是「無心插柳柳成陰」的意外收穫。

　　碩士畢業後，接著也退休了，本想好好地過個閒雲野鶴的日子。不過，在腦海中似乎聽到客家先賢的聲聲呼喚，他們希望藉著我的禿筆，幫他們的事蹟和心血表揚出來。因為筆者在寫碩士論文時，曾蒐集了許多手稿、圖片、唱片或資料尚未充分取用，因此仍有許多先人的人、事、物湮沒而不彰。基於此，筆者再度燃起雄心，於 2005 年考取中文博士班，並以《臺灣客語勸世文之研究——以〈娘親渡子〉為例》為題，寫作博士論文。此內容實乃碩士論文的加深、加廣。今日總算完成階段性的任務了。

　　論文能順利完成，要感謝的人實在太多了。首先要感謝余主任和臺北市立教育大學的所有師長。其次，要感謝古師國順、鄭師榮興、范師文芳、彭師欽清和何師石松在論文計畫、口考時，給予具體的指導。尤其古師國順是筆者大學、碩士班、博士班的老師，讓我在聲韻學打下基礎；鄭師榮興是引領我入客家戲曲音樂領域的恩師，從 1995 年至今看了不少他執導的作品，讓

我對論文寫作更有信心；筆者亦聽過彭師欽清、何師石松、范師文芳不少的客家語文課程，使我對客家俗文學能有更深的體認。

在蒐集文獻過程中，要感謝杜建坊老師、李坤城先生、劉楨小姐、徐兆禎先生、黃榮洛先生、吳餘鎬先生、徐建方先生、羅香妹女士等，他們提供不少珍貴史料。彭文銘先生更提供不少美樂、遠東、鈴鈴的勸世文唱片。賴碧霞女士、邱玉春女士、李秋霞女士、吳川鈴女士、黃鳳珍女士、謝鎮煌先生、雷紹均道士等接受訪問。更要感謝蘇主任安德幫我的論文提要做英文翻譯；學弟建綸幫我做會議紀錄；學妹春香提供了佛事「香花」詞文的資料，發揮「臨門一腳」的效果。

總之，要感謝的人太多了。諸位菩薩、親人、朋友、同學都是我求學過程中最大的支柱，感謝有你們的陪伴。謹以此書獻給菩薩、所有我關心及關心我的人。

辛卯年仲夏　寶蓮謹識於石牌

目
次

第一章　緒　論

第一節　勸世文概說

　　勸世文是臺灣客語說唱藝術的重要內容，臺灣客語說唱是臺灣客家民間的重要曲藝，大約在日治時期（1895～1945）至1980年間普遍流行在鄉間，說唱藝人往往藉著說唱表演兼賣藥品。典型的說唱是又說又唱、既說且唱一個完整的故事，如〈大舜耕田〉、〈趙五娘〉、〈十八嬌蓮〉等，篇幅較長；但是勸世文無故事性，是純粹用來勸孝、勸世的短篇歌謠。

一、勸世文即是善書、勸善書、因果書

　　袁嘯波《民間勸善書》認爲：「勸善書」就是宣說倫理道德、以勸人爲善爲宗旨的書籍，古時候稱作「善書」。善書起源何時，難以考訂，《孝經》〔註1〕可視爲儒家善書的鼻祖。秦漢以後，這類作品越來越多，只是絕大部分都散失。在敦煌文獻中，保留了一部分晚唐五代時期勸善性質的作品殘篇，如《太公家教》〔註2〕、《古賢集》〔註3〕。現存最早、最完整的著名善書是宋代的《太上感應篇》〔註4〕，宋代的善書已相當多。〔註5〕

〔註1〕《孝經》是儒家講授孝道的書，全書一千八百多字，爲十三經之一。此書爲孔子爲曾子敘述孝道之書。

〔註2〕敦煌寫本《太公家教》是中國中古時代家訓文學發展的產物，也是以廣大的庶民子弟爲訓誨對象的重要訓蒙書。它著成的年代大約在唐代「安史之亂」以後，「元和中興」以前。成書之後，立即風行，直到清初之後，始告衰歇。

〔註3〕《古賢集》爲敦煌重要蒙書之一。

〔註4〕《太上感應篇》爲道藏第一本善書，最早著錄於南宋理宗的《宋史·藝文

　　陳霞《道教勸善書研究》也說：勸善書是以因果報應的說教宣傳倫理道德、勸人從善去惡的通俗化書籍，簡稱「善書」，民間也將這類書籍稱爲「勸世文」或「因果書」。先秦、漢代就有《孝經》、《女戒》等具有勸善性質的倫理道德教化書。但作爲一種特殊的、自成一家的道德教化作品——《勸善書》（簡稱《善書》）正式形成於宋代，以《太上感應篇》的出現爲標誌。宋代就出現了特指教化性書籍《善書》這一專用名詞。在封建社會後期，它在社會上非常流行和普及，直到明代還出現了《勸善書》這一專門名詞。〔註6〕

　　他們兩人所說的勸世文是指廣義的勸世文，內容包括四類：(1)宗教性的道德勸化書籍，如《太上感應篇》、《文昌帝君陰騭文》；(2)非宗教性的訓俗小冊子，如《太公家教》、《古賢集》；(3)政府爲人民制定的規章，如明太祖的《修身大誥》、清雍正的《聖諭廣訓》；(4)民間用於說唱鼓勵人們積善修德的曲藝唱本，如《躋春臺》、《珍珠塔》等。〔註7〕狹義的勸世文是指第4類的內容，它的源頭主要始於唐、五代的敦煌俗講〈父母恩重經講經文〉，以及歌讚〈十恩德〉、〈孝順樂讚〉、〈父母恩重讚〉等，本論文所探討的勸世文也是專指說唱藝術中的勸世、勸善歌謠。

二、客語勸世文作品

　　客語說唱是中國傳統說唱的支流之一，隨著三腳採茶藝人的腳步將這種藝術流播到臺灣來。以「勸世文」或「勸世歌」爲題名的作品，筆者所蒐集的文獻是這樣的：

　　（一）最早灌錄唱片的是林劉苟和新埔樂團合作，於1927年由特許唱片金鳥印出版的兩張〈勸世文〉（編號6506～6507）。

　　（二）蘇萬松在日治時期及戰後初期錄製了約二十張唱片，如〈孝子堯大舜〉、〈青年行正勸改〉、〈兄弟骨肉親〉、〈大舜耕田〉……等，曲目多樣，唱片公司皆把它標明「類別曲種」爲「勸世文」、「廣東茶歌・勸世文」或「廣

　　　　志》，從南宋以至明清，這部書的刻本和各種註本甚多。

〔註5〕袁嘯波：《民間勸善書》（上海：上海古籍出版社，1995年11月），頁2～3。此書收錄了歷代的勸世文、格言、箴銘、勸世歌、功德例、功過格、寶卷等。

〔註6〕陳霞：《道教勸善書研究》，頁1～2。

〔註7〕陳霞：《道教勸善書研究》，頁2。

東茶歌・勸世歌」。〔註8〕「勸世文」和「勸世歌」，假使不考慮音樂，在文學上是指相同的東西。蘇萬松第一張〈勸世文〉在 1929 年就出現了。

（三）最早的兩批手稿，一是 1900 年，新竹縣關西鎮藝人徐阿任的〈上大人勸世歌〉、〈積德勸世歌〉、〈囑郎勸世歌〉等；另一是 1933 年，桃園人何阿信手稿〈奉勸世文〉、〈勸世文〉、〈十勸行孝勸世文〉等。

（四）在方志中，新埔鎮誌紀錄有〈花燈勸世文〉；臺灣省文獻委員會《苗栗鄉土史料・耆老口述歷史叢書 21》有記敘民國二十四年三月二十九日的〈震災勸世文〉〔註9〕；陳運棟《西湖鄉誌》收錄有彭華恩〈孝親歌〉、〈現代文明歌〉、〈勸世文〉、〈奉勸諸君色莫貪〉以及蘇萬松〈勸青年眾後生〉、〈勸人兄弟〉、〈勸人子嫂〉、〈勸話少年哥〉、〈道歉耕田苦〉、〈勸人後哀〉、〈勸人莫食鴉片煙〉。〔註10〕

（五）第一本以「勸世文」作為書名出版的專書，是 1965 年由新竹縣北埔鄉劉連勝發行、劉青琳著的《勸世文》。

客家人在勸世文的傳唱、創作著墨甚早、甚深，同時也曾引領臺灣唱片風騷：1914 年客家藝人林石生、范連生、何阿文、黃芳榮、巫石安、彭阿增等十五人即應日蓄飛鷹到日本灌錄了第一批的『臺灣唱片』，到了 1925 年逐漸進入黃金時代，1940 年因戰爭因素才被迫停歇，總計約出版了三百多張唱片。內容包括廣東採茶、廣東樂、北管八音、新編歌仔戲、廣東新採茶戲、廣東流行小曲、北管福路、北管西皮、勸世文、採茶戲、鼓吹樂……。〔註11〕其中勸世文佔了很大的比重，蘇萬松的作品最多、最具代表性。

臺灣光復（1945）後，客語勸世文再度受到客家人青睞，邱阿專、楊玉蘭、賴碧霞、黃連添、徐木珍等紛紛錄製唱片，或到各村莊，搭配雜耍，演出「撮把戲」賣藝兼賣藥。先人留下來的臺灣客語勸世文的刊本及有聲資料不少，由於今人多已不會唱了，另一方面又因各種娛樂方式的興起，聽眾也不想聽了，故多已成絕響。惟獨〈娘親渡子〉仍具堅韌的生命力，自 1968 年楊玉蘭以〈玉蘭勸世歌〉為名發片至今，仍為客家人喜見樂聞、絃歌不輟。

〔註8〕有關林劉苟、蘇萬松唱片，可參閱楊寶蓮：《臺灣客語說唱》，頁 416～423。
（附錄四：李坤城「臺灣音樂資料庫」收藏日治時期客家唱片總目錄。）
〔註9〕臺灣省文獻委員會：《苗栗鄉土史料・耆老口述歷史叢書 21》（南投：臺灣省文獻委員會，1999 年 6 月），頁 198。
〔註10〕陳運棟：《西湖鄉誌》（苗栗西湖：西湖鄉公所，1997 年 2 月），頁 544～548。
〔註11〕李坤城：〈「臺灣音樂資料庫」收藏日治時期客家唱片總目錄〉，《客家民間文學藝術研討會論文集》，頁 81～97。

第二節　研究緣起及目的

一、研究緣起

　　勸世文早已深入一般常民生活，它除了可當閱讀資料外，亦可當歌謠演唱，〈娘親渡子〉即是勸世文結合說唱藝術的精品。以目前文獻顯示，它的歷史源頭來自唐、五代敦煌俗講以及歌讚〈十恩德〉，傳承中國傳統孝道精神、育兒風俗與喪葬文化；又傳承說唱藝術的形式與腔調，甚至影響客家戲曲與八音。它不但是臺灣客語說唱的活化石，而且最能體現客家人的孝道思維與做法。在中華民族優良傳統道德中，「孝」佔有特殊的地位，它有力維護著中華民族的和諧發展，凝聚著以血緣爲紐帶的宗法氏族關係，爲維繫家庭團結和保持社會穩定起著特殊重要的作用。〔註12〕基於這些因素，故本人從諸多勸世文中選擇它來探究。

　　和客語勸世文相關的碩士論文有逢甲大學邱春美《臺灣客語說唱文學傳仔的研究》、政大黃菊芳《渡子歌研究》和國立新竹師院曾學奎《臺灣客家〈渡臺悲歌〉研究》、林光明《蘇萬松勸世文研究》。相關的期刊論文或研討會論文，有竹碧華〈臺灣北部說唱音樂之研究〉、楊寶蓮〈客家民間藝人洪添福之研究〉、楊寶蓮〈臺灣客語說唱及其藝人初探〉、楊寶蓮〈客家民間藝人黃連添之研究〉、楊寶蓮〈客家民間藝人邱阿專之研究〉、楊寶蓮〈客語說唱——說恩情初探〉、楊寶蓮〈客家民間藝人阿浪旦之研究〉等。除了《渡子歌研究》外，真正和〈娘親渡子〉有直接相關的論述並不多。

　　黃菊芳《渡子歌研究》中曾從臺灣北部山歌的演變，以及民間孝道文學傳承的觀點切入，蒐集了十三個異本做考校，並分析〈娘親渡子〉語言藝術和文學、文化意涵。但是對於〈娘親渡子〉的形成與流播途徑、相關作品、客家說唱藝人、襯字做韻技巧、客語用字、用詞等討論不多。

　　筆者投入客家俗文學研究多年，曾於 2004 年以《臺灣客語說唱研究》爲題完成碩士論文。不久，再將它稍加增修爲《臺灣客語說唱》一書，由新竹縣文化局於 2006 年 8 月出版，並獲得 2007 年國史館臺灣文獻館舉辦的「獎勵出版文獻書刊暨推廣文獻研究」獎。亦曾從事十餘年的客語廣播工作，故掌握了不少有關〈娘親渡子〉的唱片、文本以及說唱藝人生平資料，皆可對〈娘親渡子〉作一補強的作用。故筆者此論文主要是從臺灣客語說唱唱片內

〔註12〕肖群忠：《中國孝文化研究·序》（臺北：五南圖書，2002 年 7 月），頁 1。

容、文獻以及說唱藝人師承、交友狀況，去探討〈娘親渡子〉。一方面是個人
碩士論文的延伸，一方面是也是對黃菊芳《渡子歌研究》既有的成就上稍作
補充。

二、研究目的

本論文的研究目的主要欲達到下列幾個具體目標：

（一）建構〈娘親渡子〉的傳承脈絡及體系

〈娘親渡子〉的遠祧為唐、五代的敦煌俗講〈父母恩重經講經文〉以及
歌讚〈十恩德〉，再傳承予〈懷胎寶卷〉、贛南儀式說唱類〈十月懷胎〉。〈十
月懷胎〉可說是它的近承，再由三腳採茶藝人傳至臺灣，臺灣說唱藝人蘇萬
松、陳火添、邱阿專等將之發揚光大，最後，由楊玉蘭集大成為〈玉蘭勸世
歌〉（〈娘親渡子〉）。本論文將以說唱藝術觀點，建構此歷史脈絡及體系。

（二）探討〈娘親渡子〉相關作品

〈玉蘭勸世歌〉（〈娘親渡子〉）唱片問世後，造成轟動，許多歌者競相模
仿、滲透、創作，也有相當成果，如范洋良〈娘親渡子難〉、賴碧霞〈勸孝
歌〉、黃連添〈百善孝為先〉等；今人邱玉春、李秋霞、胡泉雄、黃鳳珍等也
在推廣、傳唱此歌。八音藝人何阿文、梁阿才、陳慶松、彭阿增還將〈十月
懷胎〉（〈娘親渡子〉的近承）中的【懷胎老腔】、【懷胎歌】、【病子歌】等曲
腔編成八音演奏曲表演、教學。今人鄭榮興、彭宏男等也將它發揚光大。以
上諸人，對客家曲藝都有貢獻。

（三）考校〈娘親渡子〉的版本，並研究它的藝術手法

〈娘親渡子〉是一說唱作品，是出自庶民之手，但其風格處於半文半雅
之間，版本眾多，故首先將之作一比對、考究。它兼具形式與內容之美，如
蘊藏許多修辭技巧：譬喻、誇張、對偶等；注重演唱時的襯字、押韻、行腔
做韻技巧等。

（四）校訂〈娘親度子〉的用字，並探討特殊用詞的文化意涵

目前，行政院每年都舉辦客語認證能力考試；各地的客家事務局也常舉
辦客語詩詞、短文徵文活動；文史工作者也常會用客語寫作文章，故如何有
一套較精準的客語用字，並獲得國人的共識就變得很重要。本論文旨在前人

用字的研究成果下，校訂出較正確的〈娘親渡子〉的用字，並指出它特殊用詞在文化上的意義。

（五）探討〈娘親渡子〉在文化等的詮釋

〈娘親渡子〉傳承唐、五代時敦煌民間十月懷擔、迴乾就濕、三年乳哺、洗濯不淨等育兒風俗以及報恩思想，不但影響客家人思維，深深為目前的客家人所傳承，也表現出客家文化的特色。

第三節　研究素材與方法

本研究以歷史文獻、影音資料、抄本以及田野調查為主。

一、歷史文獻

（一）有關〈父母恩重經講經文〉、〈十恩德〉、〈懷胎寶卷〉、〈十月懷胎〉文獻

1. 中研院的史語所、臺北傅斯年圖書館善本室、文哲所之資料。
2. 任二北《敦煌曲初探》、《敦煌歌辭總編》。
3. 潘重規《敦煌學叢書第六種・敦煌變文集新書》。
4. 高國藩《敦煌古俗與民俗流變》、《敦煌民俗資料導論》。
5. 鄭阿財《敦煌寫本父母恩重經研究》。
6. 張希舜等主編《寶卷初集・目連三世寶卷》、《寶卷初集・孟姜女寶卷》。
7. 1954 和 1958 年，杜建坊老師提供之陳火添編著的〈拾月懷胎〉和〈娘親渡子勸世文〉，新竹竹林書局出版。
8. 《中國民間歌曲集成》中附有許多有關〈十月懷胎〉資料，也是本論文最常引用的資料。又賴盛庭〈石城的閭山教〉、姚榮滔〈興國縣的跳覡風俗〉、子羽〈于都民俗拾零〉、聶德仁〈淺談建寧道教〉、羅其森〈老坪石的民俗文化與宗教藝術〉、楊民生〈梅遼客家人文習俗〉、彭月生〈石上鎮的墟市、寺廟與民間風俗〉、黃遠奇、蘇桂〈同冠水流域傳統社會調查〉、藍松炎〈銅鼓西河片的本地習俗〉等文中收錄有江西、廣東等儀式說唱類的〈十月懷胎〉，和〈娘親渡子〉尤為密切，是本論文重要文獻。

（二）有關〈十想渡子〉的文獻

1. 1934，和源活版所刊本〈十想渡子歌〉。

2. 1956，竹林書局刊本〈十想渡子歌〉。

3. 1976，中原苗友雜誌刊本〈十想度（渡）子歌〉。

4. 1989，舒蘭《中國地方歌謠集成・臺灣省民歌・度（渡）子歌》。

5. 九〇年代，林新彩刊本〈妹姑度（渡）子歌〉。

6. 1997，黃榮洛《臺灣客家傳統山歌詞・度（渡）子歌》。

（三）〈娘親渡子〉的用字蘊藏許多古漢語和敦煌民間文書的用字
　　　習慣，在討論用字時主要參考文獻

1. 段玉裁《說文解字註》。

2. 〔宋〕陳彭年等重修，林尹校訂《新校正切宋本廣韻》。

3. 全唐詩、唐宋詞、宋詩皆引自「元智大學羅鳳珠・中國文學網路研究
　　室・唐宋文史資料庫」。

4. 有關二十五史、戲曲資料主要引自「中央研究院・漢籍電子文獻」。

二、影音資料

（一）〈娘親渡子〉

1. 未註明出版年月，邱玉春〈娘親渡子〉，《客家經典系列・3・平板・楊
　　玉蘭調》，吉聲影視音。

2. 未註明出版年月，邱玉春〈娘親渡子〉，《客家經典系列第 10 集》，吉
　　聲影視音。

3. 未註明出版年月，邱玉春〈娘親渡子〉，《客家風采精選 VCD》，上發影
　　視。

4. 未註明出版年月，胡泉雄〈娘親渡子〉，吉聲影視音。

5. 未註明出版年月，古福光〈娘親渡子〉，龍的攝影文化。

6. 未註明出版年月，連仁信〈娘親渡子〉，龍閣文化。

7. 1930 左右，蘇萬松〈報娘恩〉，二版黑利家 T-95。

8. 1960 左右，邱阿專〈十月懷胎〉，遠東唱片。

9. 1967，賴碧霞《臺灣客家說唱・忠孝節義・趙五娘琵琶記・勸世文》。

10. 1968，楊玉蘭〈玉蘭勸孝歌〉，美樂唱片行 HL-401 A 面。

11. 1978，邱玉春〈娘親渡子〉，月球唱片，初版唱片編號 8169（第 69

集）／改版卡帶編號：29。

12. 1989，李秋霞〈娘親渡子〉，嵐雅傳播。

13. 2002，黃鳳珍〈娘親渡子〉，《傳統客家歌謠及音樂——採茶腔系列》。

（二）〈十想渡子〉

1. 1964，彭登美〈娘親〉，美樂唱片 HL-236 B 面。

2. 1964，歐秀英〈度（渡）子歌〉，遠東唱片 Jo-071 B 面。

3. 1966，歐秀英〈度（渡）子歌〉，美樂唱片 HL-302 B 面。

（三）其他

1. 未註明出版年月，彭惠珠、陳寶蓮〈病子歌〉，月球 MEV8125。

2. 未註明出版日期，賴碧霞〈孝順雙親〉，吉聲影視音。

3. 未註明出版日期，劉蕭雙傳〈曹安孝娘親〉，鈴鈴唱片行 KL-513。

4. 未註明出版日期，范洋良〈娘親渡子難〉，文華唱片 ST-39。

5. 未註明出版日期，未註明演唱者《客家歌仔戲・姜安送米》，月球唱片。

6. 1966，劉玉子〈病子歌〉，美樂唱片 HL213。

7. 1968，賴碧霞、羅石金〈病子歌〉，美樂唱片 HL372。

8. 1969，湯玉蘭〈病子歌〉，美樂唱片 HL5001。

9. 1969，黃連添〈百善孝為先〉，美樂唱片 HL-240。

三、抄本

1. 1910，徐阿任抄本。

2. 1933，何阿信抄本。

四、田野調查

筆者在寫碩士論文時，就曾訪問過和本論文有關藝人的生平。例如：「阿浪旦」之孫吳盛楦，以及親友劉阿德、曾先枝、何阿松、羅登鳳、謝竹妹；邱阿專之弟邱阿德，以及邱阿專之子邱正雄；楊玉蘭之子楊吉平，以及楊的同事洪添福；黃連添之女黃金鳳；范洋良之子范振權；以及羅蘭英、賴碧霞、邱玉春（1949）等。〔註13〕寫作此論文，除了再度訪問賴碧霞（1932～）、邱

〔註13〕楊寶蓮：《臺灣客語說唱・第一章・臺灣客語說唱簡史》（新竹：新竹縣文化局，2006 年 8 月），頁 69～108，有介紹林劉苟、蘇萬松、邱阿專、羅石金、

玉春外，也訪問了李秋霞（1953～）、謝鎮煌（1952～）、曾明珠（1958～）、吳川鈴（1953～）、黃鳳珍等藝人；也曾到新竹關西拜訪徐兆禎（1936～）得到《徐阿任抄本》；也訪問楊玉蘭的媳婦林梅容（1944～）。

第四節　研究架構

〈娘親渡子〉就今所知以敦煌寫本〔註 14〕〈父母恩重經講經文〉和〈十恩德〉為最早，故本論文將以時間和空間推移的方式，由遠而近：從敦煌地區、唐五代的俗講，宋元的〈懷胎寶卷〉，明清的鼓詞〈十重恩〉，贛、粵、閩喪歌〈十月懷胎〉，談到日治時期至今〈娘親渡子〉的傳承與演變，故企圖擬由歷史文獻、影音資料為經，以抄本田野調查為緯，一方面建構〈娘親渡子〉形成的歷史脈絡，一方面又解析其內在的組成成分。故本論文的章節架構、論述的要點如下：

第一章〈緒論〉部分：首在概說勸世文的由來以及客語勸世文的歷史、作品；次說研究緣起與目的、研究素材與方法；最後將體例作一說明。

第二章〈娘親渡子遠祧・父母恩重經講經文、十恩德〉：首在探討〈娘親渡子〉的遠祧〈父母恩重經講經文〉和〈十恩德〉的形式和內容；次論它對嫡傳作品〈懷胎寶卷〉影響；最後並探討它對〈十重恩〉、〈二十四孝〉、儋州〈孝順歌〉、〈十勸恩〉、〈大報父母恩〉等說唱文學的影響。

第三章〈娘親渡子近承・十月懷胎〉：首論中國各地六十多首〈十月懷胎〉異本其形式及內容；次論贛南儀式說唱類的〈十月懷胎〉的內容和功用；末論贛南〈十月懷胎〉向廣東、福建、臺灣流播的情形，並概析作品彼此之間的異同。

第四章〈娘親渡子的成型及其相關作品〉：首論〈娘親渡子〉在臺的成型的經過，它和蘇萬松〈報娘恩〉、邱阿專〈十月懷胎〉、陳火添〈十月懷胎〉和〈娘親渡子勸世文〉、客家民歌〈十想渡子〉的淵源；次論〈娘親渡子〉對相關作品，如黃連添〈娘親渡子難〉、〈百善孝為先〉、賴碧霞〈勸孝歌〉等的

賴碧霞、阿浪旦、梁阿才、劉蕭雙傳、范洋良、楊玉蘭、黃連添、洪添福、林貴水、羅蘭英、徐木珍、邱玉春等客家藝人。

〔註 14〕敦煌文獻，又稱敦煌遺書、敦煌文書、敦煌寫本，是對 1900 年發現於敦煌莫高窟 17 號洞窟中的一批書籍的總稱，總數約 5 萬卷，其中佛經約佔 90%，最早的前秦符堅元年（359 年），最晚為南宋慶元二年（1196 年），這些圖書由於戰亂，目前分散在全世界。

影響。

第五章〈娘親渡子考校、修辭與語言風格〉：首先以〈玉蘭勸世歌〉爲底本，將邱玉春、李秋霞、胡泉雄、黃鳳珍、古福光、連仁信等〈娘親渡子〉唱本與之考校；再從傳統修辭學的角度探討〈娘親渡子〉修辭技巧，屬於「美」的分析；又從相反的語言風格學的角度探討其語言風格，屬於「眞」的分析。

第六章〈娘親渡子的襯字、行腔做韻〉：主要是討論〈娘親渡子〉襯字的技巧、行腔與做韻。一般客家方面的山歌歌本、論文中甚少討論到這一塊面。本章主要用比對及統計的方式，找出歌者的用襯習慣和拖腔風格。

第七章〈娘親渡子用字探討〉：首先介紹客委會和教育部選字的原則和用例；再校出〈娘親渡子〉的用字，兼論〈娘親渡子〉特殊用詞，並提出它在文化上的意涵。

第八章〈娘親渡子的綜合詮釋〉：首論〈娘親渡子〉在說唱藝術上的地位：次論〈娘親渡子〉傳承敦煌民間的育兒風俗，彰顯客家爲儒家文化、山區文化、移民文化；最後並論述〈娘親渡子〉具民間文學特質。

第九章〈結論〉：主要是綜合各章的論述，提出筆者對於〈娘親渡子〉的歷史定位、傳承系統與文化價值以及客家語的書寫系統，俾使讀者有一整體的概念。

第五節　體例說明

（一）本論文引用邱玉春等〈娘親渡子〉七個唱本之唱詞，全是筆者重新整理。用字主要根據教育部國語推行委員會公佈的《臺灣客家語常用詞辭典》、〈客家語推薦用字〉，並參酌行政院客家委員會出版之《客語能力認證基本詞彙 ── 中級、中高級暨語料選粹》（四縣版）的用字，其書寫原則爲：(1)找本字；(2)採堪用字；(3)選用借代字；(4)採用俗字；(5)造新字。

（二）本論文直接採前人之文獻，其用字，如有與目前不同者，則在其下（　）內注出目前通用之字。例如陳火添〈娘親渡子勸世文〉：

　　校（絞）娘心肝校（絞）娘腸

是說胎兒在娘的肚中未出世時，常常亂踢亂動，把娘的心、娘的腸都攪翻了、絞痛了。個人以爲「校」是同音假借，應以「絞」較符合原意。又：

　　腳穿（著）綉鞋踏得川（穿）

「著」和華語「穿鞋」的音義較相近。「川」、「穿」古代通用，現在河流多用「川」；表示通過，如「穿越馬路」、「穿過山洞」則用「穿」。

　　（三）為了讓讀者很容易辨別何者為正字，何者為襯字，何者為拖腔，何者為標音？本文採 12 號新細明體〔註15〕，襯字採 8 號新細明體，拖腔則用英文表示。例：

loi ˇ ngiong ˇ qin ˇ na tu li zii ˋ qiu he loi ˇ ku ˋ nan ˇ dong ˇ ni i
來　　娘　　親　na 渡 li 子　就　係來　苦　難　當　ni i，

gien ˇ nan ˇ qiu xin ˇ na ku ˋ en ˇ gie io ngiong ˇ a
艱　　難　就 辛 na 苦　　　个 io 娘　　a；

　　其中「娘親渡子苦難當，艱難辛苦　个娘」屬正字；「來」、「就 係 來」、「就」屬襯字；na ˋ li ˋ ni　i ˋ io ˋ a 屬拖腔；「loi ˇ ngiong ˇ qin ˇ　na tu li　zii ˋ qiu he loi ˇ　ku ˋ nan ˇ dong ˇ ni　i，gien ˇ　nan ˇ　qiu xin ˇ na　ku ˋ en ˇ　gie io　ngiong ˇ a」則是標音。為了便於討論起見，在討論襯字問題時，拖腔不出現；討論拖腔問題時，襯字也不出現。

　　（四）表目錄、譜例中，凡筆者整理者，不另外作注。〔表 2-1〕代表第二章第 1 個表，〔表 5-3〕代表第五章第 3 個表。

　　（五）本文同時引用兩種文獻對比時，凡遇兩者大致相同的文句，都用底線畫橫線標出，以便比較。例如：

邱阿專〈十月懷胎〉	楊玉蘭〈玉蘭勸世歌〉
【蘇萬松腔】 十月 na　就懷 ia 來胎 i 苦難來當 ni i， 衰過　就妻个來衰過來娘 ni i。 阿姆就來降 a 子 ni i 無所來望 ni i， 枉費　就阿 a 來姆个 ia 心就腸 ni i。	【蘇萬松腔】 1 來娘親 na 渡 li 子就係來苦難當 ni i， 【平板】 2 艱難就辛 na 苦　个 io 娘 a； 3 你都還細 io 就頭 na 燒 a 額又 na 痛 a， 4 吱吱 io 來瀝 o 瀝 a 到天 lio 光 a。

　　表示邱阿專〈十月懷胎〉和楊玉蘭〈玉蘭勸世歌〉他們兩人的 1、2 句內容相似。

　　（六）有關敦煌文書校錄體例

────────────

〔註15〕為了節省篇幅，多首文章做比較時，本文有時也用 10 號新細明體字。

1. □表示缺損或難以辨識解讀之字，若干□□□表示缺若干字。

2. ▭、□、▭ 表示不能確定所缺字數，分別指上缺、中缺、下缺。

3. 吐魯番文書（《吐魯番出土文書》、《新出土吐魯番文書及其研究》）與《日本寧樂美術館吐魯番文書》）：

   例：▭ 逋，有毯半張（哈 96-14（1）-2，1-37）

   （1）哈 96：代表文書所出之墓區（「哈」表「哈拉和卓墓區」，「阿」表「阿斯塔那墓區」）。而日本寧樂美術館則以「寧樂」表示。

   （2）14（1）：代表文書編號，（ ）內之數字代表文書斷裂，不能綴合，但據書法、紙質及內容判斷爲同一件者，以此表示同一文書之一、之二、之三等，但不表明先後次序。而日本寧樂美術館藏則代表館藏三十五張貼紙號，原一紙上貼數片者，給以分號，用（ ）表示。

   （3）2：代表文書原卷行款之行數。

   （4）1-37：代表文書出版社《吐魯番出土文書》之冊數和頁碼；若標明「新」，則指柳洪亮《新出吐魯番文書及其研究》之頁碼；無標明國字者指《日本寧樂美術館藏吐魯番文書》之頁碼。

4. 敦煌變文（《敦煌文集新書》）

   例：某等弟兄八人別無報答，有一合（盒）龍膏，度與和尚。（變文 79）

   代表出自潘重規《敦煌文集新書》，頁 79。

5. 敦煌歌辭（《敦煌歌辭總編》）

   例：縱然妻子三五房。無常到來不免死。（歌辭 0876，1298）

   代表出自任半塘《敦煌歌辭總編》之歌辭第 0876 首，頁 1298。

（七）有關唐詩、宋詞的引用，主要是採用元智大學羅鳳珠——中國文學網路研究室——唐宋文史資料庫之資料。

（八）其他文史資料主要參考中央研究院之漢籍電子文獻，臺灣閩、客語字詞解釋，主要參考教育部國語推行委員會公佈的電子辭典《臺灣閩南語常用詞辭典》《臺灣客家語常用詞辭典》、〈客家語推薦用字〉。

（九）本論文標音採用教育部 2009 年 4 月公佈之「臺灣客家語拼音方案（四縣腔）」。

第二章　〈娘親渡子〉遠祧〈父母恩重經講經文〉、〈十恩德〉

　　清朝末年，在敦煌石室裡發現了一批唐（618～907）、五代（907～960）的俗文學寫卷，學者泛稱之爲「變文」。「變」是改編、改寫的意思，而「變文」就是將佛經或史傳、傳說改寫爲通俗故事的一種作品。這些作品就是講唱文學的底本。

　　「講唱文學源遠流長，經秦、漢、魏、晉、南北朝長期的孕育發展，至唐代而成熟，奇葩競陳，影響後世戲曲、小說至爲深遠。」〔註1〕〈娘親渡子〉是臺灣的重要客語勸世文說唱代表作，自 1968 年楊玉蘭發片以來，至今仍然普受客家人喜愛、傳唱。〈娘親渡子〉和中國傳統的講唱文學可說是一脈相承的，它的傳承經過概略如下：

〔表 2-1〕〈娘親渡子〉傳承路徑圖

《父母恩重經》 ⟶ 唐、五代〈父母恩重經講經文〉、〈十恩德〉 ⟶ 宋、元〈懷胎寶卷〉 ⟶ 明、清〈十月懷胎〉 ⟶ 日治時期蘇萬松〈報娘恩〉 ⟶ 光復後邱阿專〈十月懷胎〉 ⟶ 1968 楊玉蘭〈娘親渡子〉（原名〈玉蘭勸世歌〉） ⟶ 邱玉春、李秋霞、胡泉雄、黃鳳珍、連仁信〈娘親渡子〉

　　筆者認爲《父母恩重經》爲主題的「父母恩重」、「報恩」思想衍生的俗講〈父母恩重經講經文〉以及歌讚〈十恩德〉即是〈娘親渡子〉的總源頭，它影響後代的〈懷胎寶卷〉、鼓詞〈十重恩〉、喪鼓〈十月懷胎〉、〈血盆懺〉

〔註 1〕　林聰明：《敦煌俗文學研究》（臺北：私立東吳大學中國學術著作獎助委員會，1984 年 7 月），頁 9。

等內容。明清時跟著先民的腳步由中國的贛、閩、粵傳至臺灣，影響臺灣客語說唱〈娘親渡子〉、喪歌〈十月懷胎〉及戲曲、八音【病子歌】、【老懷胎】、【懷胎歌】、【梳妝臺】、【五更鼓】等。

　　客語說唱方面，主要是經過說唱藝人蘇萬松模仿採茶藝人何阿文、阿浪旦、梁阿才等的表演藝術，創作了客語說唱〈報娘恩〉；再經過陳火添、邱阿專的傳唱；最後在楊玉蘭集大成之後，才醞釀了今日〈娘親渡子〉的雛型；之後爲歌手邱玉春、李秋霞、胡泉雄、黃鳳珍、連仁信等競相模仿與教唱。

　　換句話說，〈娘親渡子〉的思想、內容源於唐、五代〈父母恩重經講經文〉、〈十恩德〉；形式源於唐、五代的說說唱唱，它的歷史可說源遠又流長，故筆者把它稱爲是〈娘親渡子〉的遠祧。對於〈娘親渡子〉的歷史脈絡及傳承關係，筆者將在此章開始至第四章依次展開論證。

第一節　〈父母恩重經講經文〉、〈十恩德〉概述

　　佛教約在東漢永平十年（西元 67 年）正式傳入中國。其教義諸行無常，諸法無常，信徒往往脫離家族與世間的束縛，以求能不生不滅，身心俱寂。這種捨棄親情，斷絕孝養的做法，與中國自古以來的重倫理、守孝道觀念，大相牴觸。於是有識之高僧大德，爲了避免儒家的指責，以求宏道的順利，特別將佛經與中國孝道融合，甚至進一步大力倡導，翻譯流通。尤其是唐人最爲積極熱烈。〔註2〕

　　佛經中和〈娘親渡子〉有關的主要是《佛說父母恩重經》。第一部以「父母恩重」爲名的《父母恩難報經》，在六朝（約 229～589）已譯出，並在中國流傳。唐代儒、釋、道爭勝，各種疑僞經更因其傳播需要而產生，於是有《佛說父母恩重經》面世。由於它中土撰造痕跡過於明顯，因此之後有刪去孝子故事的「古本」產生，也有和盂蘭盆會結合「盂蘭盆本」的流傳。隨後，道教也仿作《太上老君說報父母恩重經》、《玄天上帝說報父母恩重經》等。五代以後，佛教的《報父母恩重經》已有父母十恩德及十八地獄的陳述，甚至遠播日、韓、越等國。《佛說父母恩重難報經》在十恩德之名目後，更有十恩

〔註2〕鄭阿財：《敦煌寫本・父母恩重經研究》（臺北：新文豐，1993 年 7 月），頁171。

德頌十首，而成爲宋代以後在民間流傳至今的版本。〔註3〕本論文不探討其經文系統，只將其大要引錄如下：

〔表2-2〕《父母恩重經》經文系統表〔註4〕

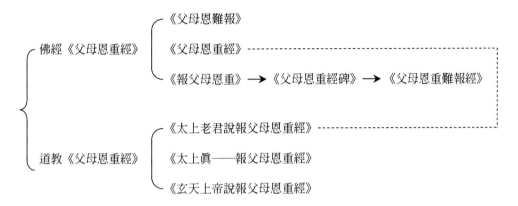

爲了讓讀者有整體的概念，茲將《佛說父母恩重經》的全部內容轉錄於後：

> 如是我聞。一時佛在王舍城耆闍崛山中。與大菩薩摩訶薩及聲聞屬俱。亦與比丘比丘尼優婆夷。一切諸天人民及天竜鬼神。皆來集會。一心聽佛說法。瞻仰尊顏。目不暫捨。佛言。人生在世。父母爲親。非父不生。非母不育。是以寄託母胎。懷身十月。歲滿月充。母子俱顯。生墮草上。父母養育。臥則欄車。父母懷抱。和和弄聲。含笑未語。飢時須食。非母不哺。渴時須飲。非母不乳。母中飢時。吞苦吐甘。推乾就濕。非義不親。非母不養。慈母養兒。去離欄車。十指甲中食子不淨。應各有八斛四斗。計論母恩。昊天罔極。嗚呼慈母云何可報。阿難白佛言：「世尊云何可報其恩，唯願說之。」
>
> 佛告阿難：「汝諦聽，善思念之。吾當爲汝分別解說。父母之恩。昊天罔極。云何。若有孝順慈孝之子。能爲父母。作福造經。或以七月十五日。能造佛盤。各盂蘭盆。獻佛及僧。得果無量。能報父母

〔註3〕 姚孟君：《父母恩重經的歷史發展與文化詮釋》（嘉義：中正大學中文研究所碩士論文，2004年6月），頁138～139。

〔註4〕 姚孟君：《父母恩重經的歷史發展與文化詮釋》，頁28。

之恩。若復有人。書寫此經。流布世人。受持讀誦。當知此人報父母恩。父母云何可報。但父母至於行來。東西鄰里井竈碓磨。不時還家。我兒家中。啼哭憶我。即來還家。其兒遙見我來。或在欄車。搖頭弄腦。或復曳腹隨行。嗚呼向母。母為其子。曲身下就。長舒兩手。拂拭塵土。鳴和其口。開懷出乳。以乳與之。母見兒歡。兒見母喜。二情恩悲。親愛慈重莫復。二歲三歲弄意始行。於其食時。非母不知。父母行來。值他座席。或得餅肉。不噉輟味。懷挾來歸。向其子。十來九得。恆常歡喜。一過不得。憍啼佯哭。憍子不孝。必有五摘。孝子不憍。必有慈順。遂至長大。朋友相隨。梳頭摩髮。欲得好衣。覆蓋身體。弊衣破故。父母自著。新好綿帛。先與其子。至於行來。官私急疾。傾心南北。逐子東西。橫上其頭。既索妻婦。得他子女。父母轉踈。私房屋室。共相語樂。父母年高。氣力衰老。終朝至暮。不來借問。或復父孤母寡。獨守空房。猶如客人。寄止他舍。常無恩愛。復無襦被。含苦辛厄。難遭之甚。年老色衰。多饒蟣虱。夙夜不臥。長呼歎息。何罪宿怨。生此不孝之子。或時喚呼。瞋目驚怒。歸兒罵詈。低頭含笑。妻復不孝。子復五摘。夫妻和合。同作五逆。彼時喚呼。急疾取使。十喚九違。盡不從順。罵詈瞋恚。不如早死。強在地上。父母聞之。悲哭懊惱。流淚雙下。啼哭目腫。汝初小時。非吾不長。但吾生女。不如本無。（昔丁蘭木母。川靈感應。孝順薰鳳。生義之報德。郭巨至孝。天賜黃金。迦夷國王。入山射獵。挽弓射鹿。誤傷閃腰。二父母仰天悲嘆。由是至孝。諸天下藥塗創。閃子還活。父母眼開。明覩日月。不慈不孝。天不感應。閃子更生。父母開目。人之孝順。百行為本。外書內經。明文成記。）佛告阿難。若善男子善女人。能為父母。受持讀誦書寫父母恩重大乘摩訶般若波羅蜜經一句一偈。一逕耳目者。所有五逆重罪。悉得消滅。永盡無餘。常得見佛聞法。速得解脫。阿難從座而起。偏袒右肩。長跪合掌。前白佛言。世尊此經云何名之。云何奉持。

佛告阿難。此經名父母恩重經。若有一切眾生。能為父母。作福造經燒香請佛禮拜供養三寶。或飲食眾僧。當知是人能報父母生育之恩。帝釋梵王諸天人民一切眾生。聞經歡喜。發菩薩心。嘆哭動地。

淚下如雨。五體投地。信受頂禮佛足。歡喜奉行。〔註5〕

此經主要說明父母對子女的慈愛和教養之恩昊天罔極，奉勸為人子女應懂得報恩。為人子可獻《于蘭盆經》予佛及僧尼，或書寫誦讀此經，將有意想不到的功德。此經在唐初已普遍流行於民間，但是唐以後諸經不載，經錄不錄，以為是偽書。另外民間又流傳有《佛說父母恩重難報經》〔註6〕，署名「姚秦三藏法師鳩摩羅什奉詔譯」，此經的形式與一般佛典差別很大，應該是中土人士偽託鳩摩羅什之名而著的，所以歷代藏經也不收，但是此經文字優美，深受中國人喜愛，朝鮮李朝時代，日本江戶時代亦盛極一時。〔註7〕

一、〈父母恩重經講經文〉

《父母恩重經》內容雖然莊嚴、充實，但是一般沒讀過書的庶民卻不易看懂，釋門緇徒為求推廣佛經，於是將經典，假借傳統的講經，以俗講方式，讓聽眾置身道場，在聽取故事和佛曲中，不但了解經義，更進一步產生信仰。這種俗講文詞就是「變文」，它最早的形式是講經文，體制由「經」、「白」、「唱」三段構成。「經」和「唱」大部分為韻文，「白」為散文，所以它是韻、散夾雜的說唱體，它不但開創了中國文學新體裁，而且創新了中國說唱的形式與內容。

〈父母恩重經講經文〉就是《父母恩重經》的俗講底稿。但是它所引的經不是敦煌本的《父母恩重經》，而是《佛說父母恩重難報經》，試比較如下：

〔表2-3〕〈父母恩重經講經文〉、《佛說父母恩重難報經》對照表

河字十二、伯二四一八〈父母恩重經講經文〉	《佛說父母恩重難報經》
佛告阿難，我觀眾生，雖沾人品，心行愚懞，不思耶娘，有大恩德。不生恭敬，无有人（仁）慈，棄德背恩，不孝禮儀。	佛告阿難：我觀眾生，雖紹人品，心行愚蒙，不思爹娘，有大恩德，不生恭敬，忘恩背義，無有仁慈，不孝不順。
阿娘懷子，十月艱辛，起座不安，如擎重擔，飲食不下，如長病人，月滿生時，受諸痛苦，	阿娘懷子，十月之中，起坐不安，如擎重擔；飲食不下，如長病人。月滿生時，受諸痛苦，

〔註5〕敦煌本《父母恩重經》有丁蘭、董永、郭巨等孝子，記述者有：斯149、2269、6087、6274；北平號字14、闕字40；中央圖書館中31號；李盛鐸藏152。此本引鄭阿財：《敦煌寫本・父母恩重經研究》（臺北：新文豐，1993年7月），頁174～176的校本。

〔註6〕鳩摩羅什譯：《佛說父母恩重難報經》（臺中：瑞成書局，1957年）。

〔註7〕鄭阿財：《敦煌寫本・父母恩重經研究》，頁173～174。

須臾好惡，只恐无常。如煞豬羊，血流洒地。受如是苦，生得此身，咽苦吐甘，抱持養育，洗濯不淨，不憚劬勞。忍熱受寒，不辭辛苦。乾處兒臥，濕處母眠，三年之中，飲母白血。漸離懷抱，身作童子，常繫母心，百般憂慮。嬰孩童子，乃至盛年，獎教禮儀，婚嫁宦學。為求財產，攜荷艱辛，勤苦至終，不言恩德。兒行千里，母行千里，兒行萬里，母行萬里。男女有病，父母亦病。子若病除，父母方差。如斯養育，願早成人，及其長大，翻（反）為不孝。尊親共語，應對違情。拗眼裂睛，不知恩義。欺凌伯叔，打罵弟兄，毀辱尊親，无有禮義，不遵（尊）師長。	須臾產出，恐已無常，如殺豬羊，血流遍地。受如是苦，生得兒身，咽苦吐甘，抱持養育，洗濯不淨，不憚劬勞，忍寒忍熱，不辭辛苦，乾處兒臥，濕處母眠；三年之中，飲母白血。嬰孩童子，乃至成年，教導禮義，婚嫁營謀，備求資業，攜荷艱辛，懃苦百倍，不言恩惠。男女有病，父母驚憂，憂極生病，視同常事。子若病除，母病方癒。如斯養育，願早成人，及其長成，反為不孝。尊親與言，不知順從，應對無禮，惡眼相視。欺凌伯叔，打罵兄弟，毀辱親情，無有禮義。雖曾從學，不遵範訓，父母教令，多不依從，兄弟共言，每相違戾。出入來往，不啓尊堂，言行高傲，擅意為事。父母訓罰，伯叔語非，童幼憐愍，尊人遮讓，漸漸成長，狠戾不調，不伏虧違，反生瞋恨。棄諸親友，朋附惡人，習久成性，認非為是。……

　　由上可知，〈父母恩重經講經文〉引用的內容與《佛說父母恩重難報經》的內容，內容幾乎一致。

　　〈父母恩重經講經文〉的敦煌寫本有二：一為藏於法國國家圖書館，編號伯 2418 號卷子〔註8〕；一為北平河字 12 號寫卷〔註9〕。伯 2418 寫本，首尾俱全，無標題，共 440 行，各句間原有標點；河字 12 號寫本，有界欄，首尾俱缺，無標題，僅存 87 行。〔註10〕伯 2418 比河字 12 號詳盡繁富，而且常常引用《論語》、《孟子》、《太公家教》等佐證，這是和河字 12 號最大的差異之處。茲將兩者部分唱詞比較如下：

〔表 2-4〕伯 2418 號〈父母恩重經講經文〉與河字 12 號〈父母恩重經講經文〉對照表

寫本別 情節	伯 2418 號〈父母恩重經講經文〉	河字 12 號〈父母恩重經講經文〉
懷　胎	書云：積穀防饑，養子備老。	人家積穀本防饑，養子還徒（圖）被（備）老時。

〔註8〕潘重規：《敦煌變文集新書・父母恩重經講經文》（臺北：中國文化大學中文研究所敦煌學研究會，1983 年 7 月），頁 411～468。

〔註9〕潘重規：《敦煌變文集新書・父母恩重經講經文》，頁 479～484。

〔註10〕黃菊芳：《渡子歌研究》（臺北：國立政治大學中文所，1999 年 7 月），頁 106。

	三年乳哺猶爲可，十月懷胎苦莫裁。 經說：過去世中，有一罪人，頂上長被熱鐵輪旋遶，問目連言，△——只爲前生不敬父母……	三年乳哺由（猶）閑事，十月懷胎足可哀。過去九一劫，有一罪人，不孝父母，常行五逆，死後當墮火坑地獄，頭上長有鐵輪盤旋。不惟頂上……直爲罪根深重，都緣不孝二親……
	十月懷胎諸弟子，萬苦千辛逐日是； 起坐朝朝體似山，施爲日日心如醉。 鳳釵鸞鏡不曾檢；玉貌花容轉枯悴； 念佛求神即有心，看花逐樂都无意。 十月懷胎弟子身，如擎重擔苦難論； 翠眉桃臉潛消瘦，玉貌花容頓改春。 雲髻不梳經累月，鏡臺一任有埃塵； 緣貪保借（惜）懷中子，長皺雙眉有淚痕。 行嘆恨，坐悲愁，懷胎十月抵千秋； 心中不醉長如醉，意內无憂恰似憂。 聞語笑時无意聽，見歌懽處不擡（擡）頭； 專希母子身安樂，念佛焚香百種求。	十月懷胎諸弟子，晝夜恰如持重擔； 翠眉拋臉潛移改，噁色萎黃暗裡來。 行亦愁，座（坐）亦愁，十月懷胎抵千秋； 昏昏不醉長如醉，兀兀無憂恰似憂。 悅耳管絃成逆耳，含羞到此不能羞； 直須分免（娩）蒙平喜，慈母心始徹頭。 十月懷胎弟子，盡（晝）夜心安不； 形容日日衰羸，即漸漸加憔悴。 幾度親情屈喚，無心擬去相隨； 縱然家內延賓，實是孄（懶）陪歡笑。 龍髮不梳累月，鳳釵不插經旬； 裝（妝）櫺污見眼前，鸞鏡任由塵土。
生　　產	懷胎十月事堪哀，苦惱千般不可裁； 念佛求神希救護，焚香發願乞无災。 專憂煞鬼相追捉，怕被无常一念催； 經說母親臨產月，受沒量多苦惱也唱將來。	懷胎十月欲將臨，苦切之聲不忍聞； 千迴念佛求加護，萬遍燒香請世尊。 將臨十月怯身災，祇怕无常一念催； 那邊禮佛聲遶（嘹）亮，這伴全（金）經次第開， 共宰豬羊無兩種，血流遍地唱將來。

　　此兩文中有許多旨趣、情節、文句都類似，以七言整齊句爲主。主題敍述爲人母者，十月懷胎有如挑重擔，生產如臨鬼門關，備極辛苦。「十月懷胎」一詞一再地出現，不但有復沓的效果，而且也表現出僧尼告誡善男信女的殷切之情。茲摘錄伯2418號〈佛說父母恩重經講經文〉部分內容於後：

　　……

　　經云：阿娘懷子，十月之中，起座不安，如擎重擔，飲食不下，如長病人。

　　此唱經文，是世尊重明懷妊艱難也。前來十恩中第一懷躭守護恩。准花嚴經說，我等身攬父母赤白二物，成此身形。此有五色，初生羯邏藍△——三十八七日方知我等於母腹內，受多少苦辛。阿娘形

貌汪嬴。△──

十月懷躭諸弟子，萬苦千辛逐日是；
起坐朝朝體似山，施爲日日心如醉。
鳳釵鸞鏡不曾捻，玉貌花容轉枯悴；
念佛求神即有心，看花逐樂都无意。
十月懷躭弟子身，如擎重擔苦難論；
翠眉桃臉潛消瘦，玉貌花容頓改春。
雲髻不梳經累月，鏡臺一任有埃塵；
緣貪保惜懷中子，長皺雙眉有淚痕。
行嘆恨，坐悲愁，懷躭十月抵千秋；
心中不醉長如醉，意內无憂恰似憂。
聞語笑時无意聽，見歌懽處不擡（擡）頭；
專希母子身安樂，念佛焚香百種求。
慈母自從懷妊，憂惱千般，或坐或行，
如擎重擔。所喫飲食，滋味都无。
只憂身命片時，阿那裏有心語話。
思量慈母生身日，苦惱千般難可述；
淚落都緣惜此身，愁生只爲憂形質。
忽然是孝順女兼男，一旦生來極峻疾；
若是冤家託蔭來，阿娘身命逡巡失。
如此思量，一場苦事，
萬劫千生，酬填不異易。
只須受戒聞經，此外難申孝義。
今日座中人，分明須總記。
思量慈母養君時，萬苦千辛總不辭；
消瘦容顏爲醜差，改張花貌作汪嬴。
低頭不語長如病，抵煩无言恰似癡；
日夜專憂分娩苦，等閑惆悵淚雙垂。
懷躭十月事堪哀，苦惱千般不可裁；
念佛求神希救護，焚香發願乞无災。
專憂煞鬼相追捉，怕被无常一念催；

　　　　說母親臨產月，受沒量多苦惱也唱將來。

　　　　……

這篇〈父母恩重經講經文〉是一種「經」、「白」、「唱」三段構成的的說唱文體，每一段落皆先引經文，再用白話加以說明，最後再用整齊的歌謠唱誦一番，它可以說是中國說唱藝術的始祖之一。「說唱藝術俗稱「曲藝」，是一切說唱曲種的總稱。它以說說唱唱的形式，給人說故事，唱故事，說笑話，說情唱情，反應社會生活。中國曲種約近 300 種之多，基本上可分爲「說類」、「唱類」和「說唱兼有」三大類。」〔註 11〕中國說唱藝術的形式，漢唐的代表是講經、俗講、變文、歌賦、詞話；宋代是諷世、講史、小說與話本；金、元、明、清的代表是諸宮調、彈詞與評話；清代以來是寶卷、鼓詞、俗曲。

　　〈父母恩重經講經文〉是援儒入佛，以孝爲本，以「父母恩重」、「報恩」爲主題的俗講草稿，全文七千多字。它的內容主要是說母親對子女有十種恩德：

1. 懷躭守護恩：母親懷胎有如挑重擔，歷盡各種不適，方得保住胎兒。
2. 臨產受苦恩：母親生產時受盡各種苦楚，唯恐胎兒和自身性命不保。
3. 生子忘憂恩：母親眼見嬰兒降生，一切憂愁都拋諸九霄雲外。
4. 咽苦吐甘恩：甘甜的食物留給孩子吃，母親自己情願吃苦。
5. 迴乾就濕恩：嬰幼兒尿床時，往往是乾處留與兒臥，濕處母眠。
6. 乳哺養育恩：嬰幼兒哺乳三年方得離身，滴滴母乳都是母親血液化成的。
7. 洗濯不淨恩：母親爲嬰幼兒洗浴、洗衣服，不避穢臭不避髒。
8. 遠行憶念恩：孩子若有遠行，母親總是牽腸掛肚。
9. 深切體恤恩：憫子煩憂願代受，子苦兒勞母不安。孩子婚嫁宦學，母親亦常掛念，所謂的「百歲老母常念八十兒」。
10. 究竟憐愍恩：人與人之間相處都會有感情，但也會因一點小事磨擦而記恨在心；但是父母卻不一樣，父母對子女的恩德是絕對的，總是時時抱著憐愛的心來照顧子女。子女再怎麼壞、怎麼不孝，父母還是抱著憐憫寬容的愛心來對待他們，看到子女有任何苦難，都會讓父母痛徹心扉。

〔註11〕李惠芳：《中國民間文學》（武漢：武漢大學出版社，1999 年），頁 242。

十恩德的概念來自《父母恩重經》經文,到了〈父母恩重經講經文〉時,則加入許多中國儒學的東西,如《尚書》:「積穀防饑,養子備老」、「玉不琢,不成器」,「曾子曰:『百行之先,無以加於孝矣。夫孝者,是天之經地之義。……』」,《曲禮》:「君子如欲化民成俗,其必由乎矣」,《太公家教》:「孝子事親,晨省暮省,知饑知渴,知暖知寒。憂則共戚,樂即同飲。」等內容,已經將佛學內容、中國化、儒學化了。此種思想、言辭影響著中國人的思維,更影響後來的宗教以及說唱藝術內涵,如寶卷、大鼓書、俗曲有許多「父母恩重」、「報恩」等作品都是它的衍生物。

〈娘親渡子〉是用【平板】唱、【平板什唸子】帶唱帶唸來說唱「父母恩重」應「報恩」的勸世文作品,它的母題即是「懷躭守護」「十月懷躭」、「三年乳哺」、「迴乾就濕」、「咽苦吐甘」等,故它的形式和內容的總源頭之一即是唐、五代的敦煌俗講〈父母恩重經講經文〉。

二、〈十恩德〉

〈父母恩重經講經文〉雖比《父母恩重經》淺顯易懂,畢竟篇幅還是冗長、深奧,於是又有人把它編成聯章體的〈十恩德〉歌讚,用此作品入道場、歌場,或插入變文中講唱,期使緇俗大眾朝夕吟唱,感染薰陶,而生向道行孝之心。

〈十恩德〉並非調名,有人稱之爲〈十恩德讚〉,也有人稱之爲〈報慈母十恩德〉,是十首聯章的勸孝曲。任二北認爲:「〈十恩德〉曲,與敦煌寫卷內〈父母恩重變文〉(案:即是〈父母恩重經講經文〉)及〈目連救母變文〉均相通,孰爲先後不可知。……當時此曲之與變文,或相連講唱,或相輔流行,關係密切,可以想見。〈十恩德〉曲內敘母體生育之苦,與〈父母恩重變文〉完全一致;惟變文較詳,語多重沓耳。」〔註12〕意思是說:〈十恩德〉和〈父母恩重經講經文〉內容大致相同,其差別在於〈十恩德〉較簡潔,〈父母恩重經講經文〉較繁複;兩者往往是相連講唱或是相輔流行,關係密切。

最原始的〈十恩德〉大約產生於六朝與隋朝之間,最初並非佛教的作品,是唐朝秀才杜正倫採《孝經》、《論語》爲主,把儒家經典的菁華,摘錄重編

〔註12〕任二北:《敦煌曲初探》(上海:上海文藝出版社,1955 年 5 月),頁 66～
68。

而成。後來，唐代佛寺的和尚採集了《孝經》影響下的民俗小曲〈十恩德〉，改造成〈十恩德〉的「佛曲」來冒充外來品。換句話說〈十恩德〉是佛教加以中國化的熱潮中，以儒家思想爲核心情態中的產品。〔註13〕

高國藩《敦煌古俗與民俗流變‧十恩德民俗小調》中認爲，敦煌很早就有〈十月懷胎〉民歌：「娘懷兒啊一個月，不見踪影。娘懷兒啊兩個月，沙裡澄金。娘懷兒，三個月，修成血塊。娘懷兒，四個月，才分四梢。娘懷兒，五個月，才分五梢。娘懷兒，六個月，才觸娘懷。娘懷兒，七個月，才分七竅，娘懷兒，八個月，八寶傳身。娘懷兒，九個月，打個轉身。娘懷兒，十個月，才離娘懷。」〔註14〕〈十恩德〉就是用〈十月懷胎〉的曲腔來演唱的。根據筆者研究，原始的〈十月懷胎〉民歌仍舊隨著大江南北流佈，有一部份形成後來的〈病子歌〉，這一部份留待後面再討論。

〈十恩德〉的寫本很多，散藏於各國，總共有十五卷，今引錄斯289爲底本，用斯5564、斯5591、斯5601、斯5686、伯2843、伯3411、斯6274、斯4438、周87參較本，由郝春文編校名爲〈報慈母十恩德〉的內容：

> 報慈母十恩德，若有慈孝男女深報父母之恩，得生（昇）天。
>
> 第一懷躭〔註15〕守護恩，說著氣不蘇，慈親身重力全無，起坐待人扶。如佯（恙）病，喘息麤。紅顏漸覺燋枯。報恩十月莫相辜，佛且勸門徒。
>
> 第二臨產受苦恩，今日說向君。苦哉母腹似刃分，楚痛不忍聞。如屠割，血成盆，性命祇恐不存。勸君問取釋迦尊，慈母報無門。
>
> 第三生子忘憂恩，說著鼻頭酸。阿孃肚腸似刀剜。寸寸斷腸肝。聞音樂，無心歡，任他羅綺千般。乞求母子面相看，祇願早平安。
>
> 第四咽苦吐甘恩，今日各須知。可憐慈母自家飢。貪餧一孩兒。爲

〔註13〕高國藩：《敦煌古俗與民俗流變‧十恩德民俗小調》（南京：河海大學出版社，1990年6月），頁430～435。

〔註14〕高國藩：《敦煌民俗資料導論》（臺北：新文豐，1993年4月），頁49。

〔註15〕潘重規《敦煌變文新書》第471頁注釋14：「躭」，俗耽字，與「擔」通。《敦煌變文集》皆把「懷躭」臆改爲「懷胎」，是錯誤的，「經云：阿孃懷子，十月之中，起坐不安，如擎重擔。」「慈母身從懷妊，憂惱千般，或坐或行，如擎重擔。」可見「懷躭」就是「懷擔」。

男女，母飢羸。縱食酒肉養不肥。大須孝順寄將歸。甘旨莫教虧。

第五乳哺養育恩，擡舉近三年。血成白乳與兒餐。猶恐怕飢寒。聞聲哭，坐不安。腸肚萬計難潘。任他等歌百千般。偷奏豈須看。

第六迴乾就濕恩，乾處與兒眠。不嫌穢惡及腥膻，慈母臥濕氈。專心縛，怕磨研，不離孩兒傍邊。記之父母苦憂憐。恩德過於天。

第七洗濯不淨恩，除母更交誰。三冬寒月洗孩兒，十指被風吹。慈烏鳥。繞林飛，銜食報母來歸。枝頭大有百般飛。不孝應也希。

第八爲造惡業恩，爲男爲女作姻親。煞他豬羊屈閑人。酒肉會諸親。倍果報，下精神，阿孃不爲己身。榮他自造業難陳，爲男爲女受沉淪。

第九遠行憶念恩，此事實宜記。爲父母，宿因緣，腸肚悉拘牽。防秋去，住征邊，阿孃魂魄於先。兒身未出到門前，母意過關山。

第十究竟憐愍恩，流淚數千行。愛別離苦繙心腸。憶念似尋常。十恩德，說一場，人聞爭不悲傷。善男子，善女人，審思量，莫教辜負阿耶孃。十恩了。〔註16〕

這是用數序的十個聯章說明母親對子女有：懷躭守護、臨產受苦、生子忘憂、咽苦吐甘、乳哺養育、迴乾就濕、洗濯不淨、爲造惡業、遠行憶念、究竟憐愍等十種恩德，所以世間男女切莫「辜負阿耶娘」。它的內容短小，形式復沓，便於傳唱，所以流播得很快，也深深影響中國後代勸孝類的說唱文學，如寶卷、大鼓書、俗曲等，亦是〈娘親渡子〉的源頭之一。

　　和〈十恩德〉先後產生、相類似的還有〈父母恩重讚〉〔註17〕和〈孝順樂讚〉〔註18〕，茲羅列如下：

〔註16〕郝春文：《英藏敦煌社會歷史文獻釋錄·第 1 卷》（北京：社會科學出版社，2001 年 8 月），頁 434～436。郝文參考自《東方學報》29 冊，305 頁；《敦煌遺書總目索引》132 頁；《敦煌研究》1986 年第 1 期，48 頁；《敦煌寶藏》第 9 冊，66 頁；《英藏敦煌文獻》第 2 卷，245 頁。

〔註17〕引文據鄭阿財教授所校錄，參見《敦煌孝道文學研究》（臺北：私立中國文化大學中國文學研究所博士論文，1982 年 3 月），頁 622～631。

〔註18〕鄭阿財：《敦煌孝道文學研究》，頁 682～688。

〔表2-5〕〈十恩德〉、〈父母恩重讚〉、〈孝順樂讚〉對照表

〈十恩德〉	〈父母恩重讚〉	〈孝順樂讚〉
		孝順樂，孝順向耶孃， 人生一世大堪傷， 浮生如世電中光， 道場今日苦相勸， 是須孝順阿耶孃。
第一懷躭守護恩， 說著氣不蘇。 慈親身重力全無， 起坐待人扶。如羞病， 喘息麁，紅顏漸覺憔枯。 報恩十月莫相辜， 佛且勸門徒。	父母恩重十種緣， 第一懷躭受苦難， 不知是男及是女， 慈悲恩愛與天連。	起初第一是懷胎， 耶孃日夜數般災， 日夜只憂分離去， 思量怎不淚漼漼。
第二臨產受苦恩， 今日說向君。 苦哉母腹似刃分， 楚痛不忍聞。如屠割， 血成盆，性命只恐不存。 勸君問取釋迦尊。 慈母報無門。	第二臨產是心逡， 命如草上雙珠懸， 兩人爭命各怕死， 恐怕无常落九泉。	第二臨產更難親， 須臾前看喪其身， 好惡只看一向子， 思量怎不鼻頭辛。
第三生子忘憂恩， 說著鼻頭酸。 阿娘肚腸似刀剜， 寸寸斷腸肝。 聞音樂，無心歡， 任他羅綺千般。 乞求母子面相看， 只願早平安。	第三母子是安然， 承望孝順養殘年， 親情遠近皆歡喜， 渾家懷抱競來看。	第三生子得身安， 多般苦痛在身邊， 眼見孩子生草上， 阿孃歡喜百千般。
第四咽苦吐甘恩， 今日各須知。 可憐父母自家飢， 貪餧一孩兒。 爲男女，母飢羸， 縱食酒肉養不肥。 大須孝順寄將歸， 甘旨莫教虧。	第四血入腹中煎， 一日二升不屢喰， 一年計乳七石二， 母身不覺自焦乾。	第四咽苦更難言， 驅驅育養轉加難， 好的阿孃多不喫， 調和香美與兒□。
第五乳哺養育恩， 擡舉近三年。 血成白乳與兒餐，	第五漸漸長成人， 愁飢愁渴又愁寒， 乾處常迴兒女臥，	就中第五更難陳， 阿孃日夜受殷懃， 乾處安排與兒臥，

猶恐怕飢寒。
聞聲哭，坐不安，
腸肚萬計難潘。
任他箏歌百千般，
偷奏豈須看。

第六迴乾就濕恩，
乾處與兒眠。
不嫌穢惡與腥膻，
慈母臥濕氈。
專心縛，怕磨研，
不離孩兒傍邊。
記之父母苦憂憐。
恩德過於天。

第七洗濯不淨恩，
除母更交誰。
三冬寒月洗孩兒，
十指被風吹。慈烏鳥，
繞林飛，銜食報母來歸。
枝頭大有百般飛，
不孝應也希。

第八爲造惡業恩，
爲男女作姻親。
煞他豬羊屈閑人，
酒肉會諸親。倍果報，
下精神，阿孃不爲己身。
榮他自造業難陳。
爲男爲女受沉淪。

第九遠行憶念恩，
此事實宜記。爲父母，
宿因緣，腸肚悉拘牽。
防秋去，住征邊，
阿娘魂魄於先。
兒身未出到門前，
母意過關山。

第十究竟憐愍恩，
流淚數千行，
愛別離苦繾心腸。
憶念似尋常。
十恩德，說一場，
人聞爭不悲傷。
善男子，善女人，審思量。
莫教辜負阿耶孃。

濕處母身自家眠。

第六乳哺恩最難，
如餳如蜜與兒喰，
母喫家常如蜜味，
恐怕兒嫌腥不喰。

第七洗濯不淨衣，
腥膻殠穢母向前，
除洗不淨無數遍，
尙恐諸人有譖。

第八爲造惡業緣，
躭輕負重陌關山，
若是長男造惡業，
要共小女結成緣。

第九遠行煩惱緣，
一迴見出身於先，
父母心中百計較，
眼中流淚似如泉。

第十憐愍无二般，
從頭咬取指頭看，
十指咬著无不痛，
教孃爭忍兩般憐。

心中猶怕濕兒身。

洗濯第六遇天寒，
腥膻不淨阿孃看，
十指凍來擬欲落，
阿孃日夜轉焦乾。

須臾第七又恫惶，
三年乳哺痛悲傷，
肚熱充寒檯舉大，
爭合辜負阿耶孃。

苦哉第八長成人，
煞生害命禍姻親，
兒大長成取（娶）新婦，
女還長大是他門。

遠行第九切心酸，
兒行千里母行千，
只見母心隨兒去，
不見兒身在母前。

第十男女不思量，
高言低議阿耶孃，
約束將來盡不肯，
曾參日夜淚千行。

| | 憂愁煩惱道場邊，
逢人即道損容顏，
母且懷躭十固（箇）月，
常怕起臥不安然。

兒行千里母行千，
兒行萬里母於先，
一朝母子再相見，
猶如破鏡卻團圓。

燒香禮佛歸佛道，
願值彌勒下生年，
各自虔心禮賢聖，
此是行孝本根原（源）。 | 普勸面前諸弟子，
是須孝順阿耶孃，
願得今身行孝道，
來生的定住天堂。 |

〈父母恩重讚〉和〈孝順樂讚〉皆屬七言四句的聯章體，〈十恩德〉是長短句的聯章體。其差異如下：

1. 〈父母恩重讚〉在十個聯章後多加「憂愁煩惱道場邊，逢人即道損容顏……各自虔心禮賢聖，此是行孝本根源。」三章作為「尾篇」；〈孝順樂讚〉在十個聯章前加「孝順樂，孝順向耶孃……是須孝順阿耶孃。」作「開篇」、十個聯章後加「普勸面前諸弟子……來生的定住天堂。」作為「尾篇」。

2. 以說唱文學來看，〈孝順樂讚〉分開篇、正文和尾篇，它的結構最完整、最成熟，應該是後起的作品。〈十恩德〉、〈父母恩重讚〉的「第九遠行」、「第七洗濯」，〈孝順樂讚〉作「遠行第九」、「洗濯第七」，表面上看起來句型不同，事實上不過是稍作「倒裝」而已。

3. 客語說唱藝術一般分為純唱、帶說帶唱、說唱兼有三種。純唱時的唱詞大都是齊言體，帶說帶唱時的詞大都是長短句，且用【什唸子】來敘述。典型的客語說唱都會用到【平板什唸子】或【山歌什唸子】，如此看來，〈父母恩重讚〉和〈孝順樂讚〉較像純唱的歌謠，類似客家七言四句的山歌詞，〈十恩德〉較像帶說帶唱的說唱體。

〈十恩德〉、〈父母恩重讚〉和〈孝順樂讚〉三者的主題都是緊扣「父母恩重」、「報恩」，所以內容、形式大同小異。總的看來，〈十恩德〉和〈父母恩重經講經文〉內容最貼近，連敘述母親十種恩德的次序、用語皆相似。只不過前者較簡，後者較繁罷了。所以兩者不分軒輊，相輔相成，對中國勸孝說唱文學皆產生深遠影響。

第二節　〈父母恩重經講經文〉、〈十恩德〉對寶卷的影響

寶卷淵源於唐代的俗講。到了宋代，原來集中於寺院、廟會中的說唱文藝形式大部分轉移到勾欄、瓦舍中演唱，但是佛教寺院和僧侶仍保留向俗眾講經說法的活動。寶卷就是佈道書，演唱寶卷被稱作「宣卷」。寶卷之名出現於元末明初，明代前期是世俗寶卷發展期；明代中葉直到康熙年間是民間宗教寶卷發展期；明末清初是寶卷發展鼎盛期。在江浙一帶，宣卷成爲僅次於彈詞的民間說唱方式，北方諸省則流行念卷〔註19〕和抄卷。〔註20〕寶卷中受到〈父母恩重經講經文〉、〈十恩德〉影響頗深，和〈娘親渡子〉亦有關，故在此節中也提出來討論。

許多寶卷常會插入歌誦母恩的歌曲，例如《目連三世寶卷》中，目連的爹娘命歸陰府，於是目連每日唸眞經來超度雙親昇天：

一重恩，虧我娘。懷胎我，在腹中，茶不思，飯不想。面黃腆（肌）瘦，吃一樣，怕一樣。　（肚）中饑，餓斷腸。只（這）恩情，想當初，苦我親娘。

二重恩，虧我娘。要分娩，將身側，一陣痛，二陣疼，疼痛難當。疼一陣，緊一陣，痛昏去，疼煞了，只恩情，想當初，苦我親娘。

三重恩，虧母親。兒在腹中，要奔生。爪指輕痛，蹬衣胞，兒落地，母昏沉。喉中氣斷，死過去，又還魂。險些兒，見閻君。想當初，苦了親娘。

四重恩，虧母親。生下我，纔放心。代兒子，取乳名。緊記八字，未滿月，出香（庙）房。穢污臭，最難當。只恩情，想當初，苦了親娘。

五重恩，虧我娘。洗尿屎，和衲子，水成冰，透心涼，十指凍破，熱好挨，冷難當。不顧臭，不顧臓（髒）。只恩情，想當初，苦了親娘。

〔註19〕由識字的先生抄錄寶卷，唸給不識字的人聽。

〔註20〕車錫輪：《中央研究院中國文哲所圖書文獻專刊5·中國寶卷總目》（臺北：中央研究院中國文哲所，1998年6月）。

六重恩，虧我娘。每日間，喂（餵）乳養。兒啼哭，娘心慌。連忙抱起，哄孩兒，上街坊。拿銅錢，去買糖。想當初，苦了親娘。

七重恩，虧我娘。到晚來，胞（抱）在懷，全兒睡，臥尿塘。蓆子濕，只邊濕，睡只邊，那邊濕，睡那邊，兩邊濕，睡身上。想當初，苦了親娘。

八重恩，虧我娘。出天花，兒身上。見標兒，不來漿。爺娘怕，敬痘神，許燒香。請先生，求藥方，怎敢忘？苦了親娘。

九重恩，虧我娘。兒頑耍，放蕩行。前門望，口中喊，身上冷，穿衣裳。肚中飢，喝茶湯。這恩情，苦了親娘。

十重恩，虧我娘。請先生，上學堂。哄孩兒，上書房。休要頑耍，寫好字，娘有賞。還要做，新衣裳。只恩情，想當初，苦了親娘。〔註21〕

這裡的十重恩可說是〈十恩德〉的複製品，如：母親「洗尿屎」、「十指凍破」，即是〈十恩德〉的「第七洗濯不淨恩」；母親「臥尿塘」即是「第六迴乾就濕恩」。〈娘親渡子〉也說：「籃子擐等遽遽到河江，河壩慢慢洗，圳溝慢慢盪，盪得衫褲裙子淨，衰過阿姆十隻手指朘，洗到血洋洋。」、「轉到屋下屎合尿，屙到阿姆一背囊，阿姆驚子就來寒壞，遽遽摛等入間房，第一就先換子，再來後換娘。」〈娘親渡子〉的內容也傳承〈十恩德〉、〈十重恩〉等母親「洗濯不淨」、「迴乾就濕」的說法。

另外《孟姜女寶卷》中描述孟姜女要去長城給夫婿送寒衣，母親不贊成她前往而苛責她的一段話：

娘懷你，十個月，三年乳哺，到（倒）不如，范喜郎，三日恩長。……母叫孩兒許孟姜，聽娘從頭說短長，我今養你十五歲，恩愛不如范喜郎。父母說：我的兒，你不賢良。你怎磨（麼），真箇去，丟下爺娘。母懷軀，十箇月，三年乳哺，娘的恩，道（倒）不如，三日夫郎。想當初，母懷胎，受的飢餓，兩個月，護挫的，不相（像）模樣。十箇月，臨產時，性命不保，生下來，娘看見，纔放心腸。半

〔註21〕張希舜等主編：《寶卷初集 27・目連寶卷》上卷（太原：山西人民出版社，1994年未註月份），頁 266～270。封面註明：光緒貳拾肆年新鐫《目連三世寶卷》。標點筆者自加。

箇月，縛上車，晝夜哭叫，解下來，娘抱著，去做衣裳。養的你，

整三年，離娘會走，娘看見，心歡喜，只怕不長。〔註22〕

它的主題即是「父母恩重」、「報恩」，母題是「十月懷胎」。其中的「懷軦」、
「三年乳哺」、「縛上車」等詞句就是移植自〈父母恩重經講經文〉。

又《金瓶梅詞話》第五十一回〈月娘聽演金剛科，桂姐躲在西門宅〉紀
錄有僧尼宣卷的部份內容，也和「十月懷胎」有關：

一個月，懷胎著，如同露水。

兩個月，懷胎著，纏卻朦朧。

三個月，懷胎著，纏成血餅。

四個月，懷胎著，骨節纏成。

五個月，懷胎著，纏分男女。

六個月，懷胎著，長出六根。

七個月，懷胎著，生長七竅。

八個月，懷胎著，著相成人。

九個月。懷胎著，看看大滿。

十個月，母腹中，准降生。〔註23〕

這首歌描寫胎兒在母親肚子裡發育的過程，和前揭文所說的敦煌俗曲〈十月
懷胎〉：「娘懷兒啊一個月，不見踪影。娘懷兒啊兩個月，沙裡澄金。娘懷兒，
三個月，修成血塊。娘懷兒，四個月，才分四梢。娘懷兒，五個月，才分五
梢。娘懷兒，六個月，才觸娘懷。娘懷兒，七個月，才分七竅，娘懷兒，八
個月，八寶傳身。娘懷兒，九個月，打個轉身。娘懷兒，十個月，才離娘懷。」
可說是一脈相承，和流行於寧夏省固原縣的〈懷胎〉也相當神似：

娘懷兒一個月，草上的露水，娘懷兒兩個月，你沙裡澄金。娘懷兒

兩個月，沙裡的澄金。

娘懷兒三個月，才成了血胎。娘懷兒四個月，血成了豆豆。娘懷兒

四個月，血成了豆豆。

娘懷兒五個月，五指的點開，娘懷兒六個月，轉成了人身。娘懷兒

六個月，轉成了人身。

〔註22〕張希舜等主編：《寶卷初集 11‧孟姜女寶卷》，頁 413～429。標點筆者自
加。

〔註23〕王志健：《說唱藝術》（臺北：文史哲出版社，1994 年 10 月），頁 321。

娘懷兒七個月，七竅是全，娘懷兒八個月，八寶了進身。娘懷兒八
個月，八寶了進身。

娘懷兒九月九，疼得爲娘不敢走，疼得爲娘不敢走。爲娘大步走一
走，你在肚裡翻筋斗。

娘懷兒十個月，甜蜜的花兒開，你給爲娘落下來，你給爲娘落下來。

〔註24〕……

寶卷篇幅短小，有如變文中的押座文，往往作爲是宣講前歌唱，作爲引子。
目前所見，共有四篇是直接以「懷胎寶卷」爲題名的作品：

一、〈新刻十月懷胎寶卷〉

　　傅斯年圖書館善本室所藏 Ap2-16，上海：廣記書局，石印本，說書類，
出版年不詳。

> 懷胎寶卷初展開　　諸佛菩薩降臨來
> 善男信女虔誠聽　　增福延壽得消災
>
> 娘受懷胎一月初　　未知腹內事如何
> 惟恐自身生疾病　　半憂半喜怕身粗
> 若還十月生男女　　娘親受盡苦千辛
> 日夜不眠心內想　　阿娘惟恐見閻君
> 娘受懷胎兩月臨　　四肢無力腿酸疼
> 烏雲髮鬢無心理　　八幅羅裙懶繫身
> 每日要想床上睡　　恐怕公婆怪罵嗔
> 不知腹內男和女　　嬌娘受盡萬千辛
> 娘受懷胎三月來　　終日無心對鏡臺
> 粉不搽來花不戴　　針線箱中懶去開
> 三餐茶飯全無味　　終朝眼淚落紅腮
> 多少連娘歸地府　　思思想想便成呆
> 娘受懷胎四月身　　未知男女腹中因
> 夜間不覺心頭悶　　說話高聲腦便疼

〔註24〕馬玉峰唱，延河記：〈懷胎〉，中國民間歌曲集成寧夏卷編輯委員會：《中國民
　　　間歌曲集成寧夏卷》（北京：新華書店，1992 年 1 月 1 版），頁 207～212。

三餐茶飯黃連苦　活計終朝做不成
行走兩腿酸如醋　不知死活若何能
娘受懷胎五月餘　孩兒胎內便蹊蹺
腹中左右微微動　悽惶煩惱縐眉頭
一雙繡鞋穿不得　腳虛浮腫步難移
行住坐臥不穩便　苦在心頭誰得知
娘受懷胎六月中　夏天時景怕蚊蟲
緊繫布裙多氣悶　腰酸腿軟腳虛空
冷吃茶湯口又苦　熱時不敢扇搖風
養得男女不孝順　人間生子一場空
娘受懷胎七月間　雲中孤雁盡南還
梧桐葉落涼風動　身重懷胎眞個難
行動猶如刀割肉　跨重門檻過重山
若還十月來分娩　分明行過鬼門關
娘受懷胎八月週　孩兒長大在心頭
除下金釵無心戴　不搽脂粉懶梳妝
綾羅衣服無心著　面皮黃瘦像骷髏
生男育女非容易　阿娘性命死中留
娘受懷胎九月來　終日無心對鏡臺
好像破船行過海　只愁風浪一時災
娘像破船遭風波　兩條性命在船中
自古養兒非容易　思量此際定哀哉
娘受懷胎十月圓　此時生產苦難言
痛時痛得無躲避　如刀割腹取心肝
兒向腹中尋門路　娘兒性命霎時間
生下孩兒方歡喜　幾乎一命喪黃泉
孩兒乳哺精神好　阿娘憔瘦損容顏
甘活吐與姣兒吃　乾燥席上放兒眠
移乾換濕娘辛苦　三週四歲離娘身
五週六歲知分曉　七歲攻書上學堂

男兒若得生長大　　養育深恩不可忘
粉身碎骨恩難報　　將何功德報娘恩
奉勸善男併信女　　三年長齋報爹娘
一日吃娘三轉乳　　三日吃娘九餐漿
娘乳不是長江水　　不是山林樹木漿
口口吃娘身上血　　方得成人六尺長
得此人身孝父母　　持齋念佛報娘恩
孝子聽宣懷胎卷　　報答雙親度爺娘
一報天地蓋載恩　　二報日月照臨恩
三報皇王水土恩　　四報爺娘養育恩
五報師長教訓恩　　各人當報大宏恩
在堂父母增福壽　　過去爺娘早超生
仁人君子讀一本　　勝誦蓮花一卷經
十月懷胎寶卷完

二、〈新編改良十月懷胎寶卷〉

　　傅斯年圖書館善本室 Ap2-14，上海：兩宜社，石印本，說書類，出版年不詳。

懷胎寶卷初展開　　諸佛菩薩降臨來
善男信女虔誠聽　　增福延壽得消災
娘受懷胎一月初　　未知腹內事如何
惟恐自身生疾病　　半憂半喜怕身粗
若還十月生男女　　娘親受盡苦千辛
日夜不眠心內想　　阿娘惟恐見閻君
娘受懷胎兩月臨　　四肢無力腿酸疼
烏雲髮鬢無心理　　八幅羅裙懶繫身
每日要想床上睡　　恐怕公婆怪罵嗔
不知腹內男和女　　嬌娘受盡千萬苦
娘受懷胎三月來　　終日無心對鏡臺
粉不搽來花不戴　　針線箱中懶去開
三餐茶飯全無味　　終朝眼淚落紅腮
多少連娘歸地府　　思思想想便成呆

娘受懷胎四月身　未知男女腹中因
夜間不覺心頭悶　說話高聲腦便疼
三餐茶飯黃連苦　活計終朝做不成
行走兩腿酸如醋　不知死活若何能
娘受懷胎五月餘　孩兒胎內便蹊蹺
腹中左右微微動　悽惶煩惱皺眉頭
一雙繡鞋穿不得　腳盧浮腫步難移
行住坐臥不穩便　苦在心頭誰得知
娘受懷胎六月中　夏天時景怕蚊蟲
緊繫布裙多氣悶　腰酸腿軟腳盧空
冷吃茶湯口又苦　熱時不敢扇搖風
養的男女不孝順　人間生子一場空
娘受懷胎七月間　雲中孤雁盡南還
梧桐葉落涼風動　身重懷胎真個難
行動猶如刀割肉　跨重門檻過重山
若還十月來分娩　分明行過鬼門關
娘受懷胎八月過　孩兒長大在心頭
除下金釵無心戴　不搽脂粉懶梳妝
綾羅衣服無心著　面皮黃瘦像骷髏
生男育女非容易　阿娘性命死中留
娘受懷胎九月來　□□無心對鏡臺
好像破船行過海　只愁風浪一時災
娘像破船遭風波　兩條性命在船中
自古養兒非容易　思量此際實哀哉
娘受懷胎十月圓　此時生產苦難言
痛時痛得無躲避　如刀割腹取心肝
兒向腹中尋門路　娘兒性命霎時間
生下孩兒方歡喜　幾乎一命上黃泉
孩兒乳哺精神好　阿娘憔瘦損容顏
甘甜吐與姣兒吃　溫涼席上放兒眠
移乾換濕娘受苦　三週四歲離娘懷

五週六歲知分曉　　七歲攻書上學堂
男兒若得身長大　　養育深恩不可忘
粉身碎骨難報恩　　將何功德報娘恩
奉勸善男並信女　　三年長齋報爹娘
一日吃娘三轉乳　　三日吃娘九餐漿
娘乳不是長江水　　不是山林樹木漿
口口吃娘身上血　　方得成人六尺長
得此人身孝父母　　持齋念佛報娘恩
孝子聽宣懷胎卷　　報答雙親度爺娘
一報天地蓋載恩　　二報日月照臨恩
三報皇王水土恩　　四報爺娘養育恩
五報師長教訓恩　　各人當報大宏恩
在堂父母增福壽　　過去爺娘早超生
仁人君子讀一本　　勝誦蓮花一卷經
十月懷胎寶卷完

三、《劉香寶卷・懷胎寶卷》

　　張希舜、濮文起、高可、宋軍主編《寶卷初集 30・劉香寶卷・懷胎寶卷》，
太原：山西人民出版社，1994 年未註月份，頁 215～222。封面註明：光緒癸
卯年春月重刊《劉香寶卷》，常郡樂善堂藏版。

懷胎寶卷初展開　　諸佛菩薩降臨來
南無阿彌陀佛
善男信女虔誠聽　　增福延壽得消災

爺娘罪孽雪山高　　不念彌陀怎得消
孝子聽宣懷胎卷　　雪山便像滾湯澆
娘受懷胎一月初　　未知腹內事如何
惟恐自身生疾病　　半憂半喜怕身粗
若還十月生男女　　娘親受盡苦千辛
日夜不眠心內想　　阿娘惟恐見閻君
娘受懷胎兩月臨　　四肢無力膝腰疼
烏雲髮鬢無心理　　八幅羅裙懶繫身
每日要想床上睡　　恐怕公婆怪罵嗔

不知腹內男和女　　嬌娘受盡萬千辛
娘受懷胎三月來　　終日無心對鏡臺
粉不搽來花不戴　　針線箱中懶去開
三餐茶飯全無味　　終朝眼淚落紅腮
多少連娘歸地府　　思思想想便成呆
娘受懷胎四月身　　未知男女腹中因
夜間不覺心頭悶　　說話高聲腦便疼
三餐茶飯黃連苦　　活計終朝做不成
行走兩腿酸刻醋　　不知死活若何能
娘受懷胎五月餘　　孩兒胎內便蹺蹺
腹中左右微微動　　悽惶煩惱皺道稍
一雙繡鞋穿不得　　腳虛浮腫步難移
行住坐臥不穩便　　苦在心頭誰得知
娘受懷胎六月中　　夏天時景怕蚊蟲
緊繫布裙多氣悶　　腰痠腳軟腳虛空
冷吃茶湯口又苦　　熱時不敢扇搖風
養得男女不孝順　　人間生子一場空
娘受懷胎七月間　　雲中孤鴈盡南還
梧桐葉落涼風動　　身重懷胎真個難
行動猶如刀割肉　　跨重門檻過重山
若還十月來分娩　　分明行過鬼門關
娘受懷胎八月週　　孩兒長大在心頭
除下金釵無心戴　　不搽脂粉懶梳妝
綾羅衣服無心著　　面皮黃瘦像骷髏
生男育女非容易　　阿娘性命死中留
娘受懷胎九月來　　終日無心對鏡臺
好像破船行過海　　只愁風浪一時災
娘像破船遭風浪　　兩條性命聽天來
自古養兒非容易　　思量此際實哀哉
娘受懷胎十月圓　　此時生產苦難言
痛時痛得無躲避　　如刀割腹取心肝

兒向腹中尋門路　　娘兒性命霎時間
生下孩兒方歡喜　　幾乎一命喪黃泉
孩兒乳哺精神好　　阿娘憔瘦損容顏
甘甜吐與嬌兒吃　　乾燥蓆上放兒眠
屎衣尿布敲冰洗　　臘月寒天苦萬千
但願吾兒無病痛　　自身願吃苦黃連
千辛萬苦說不盡　　費盡心機年復年
一日吃娘三合乳　　三日吃娘九合漿
娘吃不是長江水　　不是山林樹木漿
口口吃娘身上血　　方得成人六尺長
如此大恩無以報　　將何功德報爺娘
粉身碎骨難報答　　善男信女發天良
惟有吃齋併念佛　　報親但願度西方
孝子聽宣懷胎卷　　受恩不報枉為人
一報天地蓋載恩　　二報日月照臨恩
三報皇皇水土恩　　四報爺娘養育恩
五報師長訓教恩　　各人各自出良心
在堂父母增福壽　　過去爺娘早超昇

四、《滬諺外編・懷胎寶卷》

胡祖德《滬諺外編》，上海：上海古籍出版社，1989 年。

懷胎寶卷初展開　　諸佛菩薩降臨來
善男信女聽一遍　　方曉得娘恩報不完
娘腹懷胎一月初　　起居飲食不要和
惟恐自身生疾病　　憂喜怕身粗
娘腹懷胎二月臨　　四肢無力腿痠疼
日間只想床上睡　　恐怕公婆生罵嗔
娘腹懷胎三月來　　終日無心對鏡臺
三頓茶飯全無味　　終朝暗淚落紅衰（腮）
娘腹懷胎四月身　　滿身不遂病來哉
鼻聞油義（膩）就打惡（噁）　　吃一回時吐一回
娘腹懷胎五月餘　　腳浮虛腫步難移

胎兒在腹微微動　日不安來夜不眠

娘腹懷胎六月中　夏天炎熱怕蚊蟲

惟憂腹大難消受　束緊布裙不放鬆

娘腹懷胎七月間　女工力作更煩難

行動猶同刀割肉　跨重門檻過重山

娘腹懷胎八月秋　面皮黃瘦像骷髏

金銀首飾無心戴　不思撲粉懶梳頭

娘腹懷胎九月來　小船重載受驚呆

破船過海經風浪　那得安寧瀉（卸）貨來

娘腹懷胎十月邊　臨盆生產苦難言

橫生逆產多凶險　母命存亡呼吸間

幸得兒生兩命全　阿娘憔（憔）悴損容顏

兒眠乾席娘眠濕　哺乳何能頃刻離

轉眼身六尺長　　問君知否孝親娘

若然不把娘恩報　不是人生是眾生　眾生謂禽獸也

〈新刻十月懷胎寶卷〉是七言 118 句，〈新編改良十月懷胎寶卷〉是七言 128 句，兩者內容幾乎一樣。《劉香寶卷》中的〈懷胎寶卷〉有七言 120 句，只有後半部和前兩者較爲不同。至於《滬諺外編》只有七言 52 句，篇幅只有前三者一半，不過從「四肢無力腿痠疼」、「終日無心對鏡臺」、「三頓茶飯全無味」、「腳浮虛腫步難移　胎兒在腹微微動」、「行動猶同刀割肉　跨重門檻過重山」、「面皮黃瘦像骷髏」、「不思撲粉懶梳頭」等描寫母親懷孕的艱難，可知它和前三者有關連，但不屬同一系統，旨趣相同，比較簡略。現在將前三者後半部文詞，試比較如下：

〔表 2-6〕〈新刻十月懷胎寶卷〉、〈新編改良十月懷胎寶卷〉、《劉香寶卷・懷胎寶卷》對照表

〈新刻十月懷胎寶卷〉	〈新編改良十月懷胎寶卷〉	《劉香寶卷・懷胎寶卷》
孩兒乳哺精神好 阿娘憔瘦損容顏 甘活吐與姣兒吃 乾燥席上放兒眠 移乾換濕娘辛苦 三週四歲離娘身	孩兒乳哺精神好 阿娘憔瘦損容顏 甘甜吐與姣兒吃 溫涼席上放兒眠 移乾換濕娘受苦 三週四歲離娘懷	孩兒乳哺精神好 阿娘憔瘦損容顏 甘甜吐與嬌兒吃 乾燥蓆上放兒眠 屎衣尿布敲冰洗 臘月寒天苦萬千

五週六歲知分曉	五週六歲知分曉	但願吾兒無病痛
七歲攻書上學堂	七歲攻書上學堂	自身願吃苦黃連
男兒若得生長大	男兒若得身長大	千辛萬苦說不盡
養育深恩不可忘	養育深恩不可忘	費盡心機年復年
粉身碎骨恩難報	粉身碎骨難報恩	
將何功德報娘恩	將何功德報娘恩	
奉勸善男併信女	奉勸善男並信女	
三年長齋報爹娘	三年長齋報爹娘	
一日吃娘三轉乳	一日吃娘三轉乳	一日吃娘三合乳
三日吃娘九餐漿	三日吃娘九餐漿	三日吃娘九合漿
娘乳不是長江水	娘乳不是長江水	娘吃不是長江水
不是山林樹木漿	不是山林樹木漿	不是山林樹木漿
口口吃娘身上血	口口吃娘身上血	口口吃娘身上血
方得成人六尺長	方得成人六尺長	方得成人六尺長
得此人身孝父母	得此人身孝父母	如此大恩無以報
持齋念佛報娘恩	持齋念佛報娘恩	將何功德報爺娘
孝子聽宣懷胎卷	孝子聽宣懷胎卷	粉身碎骨難報答
報答雙親度爺娘	報答雙親度爺娘	善男信女發天良
		惟有吃齋併念佛
		報親但願度西方
		孝子聽宣懷胎卷
		受恩不報枉為人
一報天地蓋載恩	一報天地蓋載恩	一報天地蓋載恩
二報日月照臨恩	二報日月照臨恩	二報日月照臨恩
三報皇王水土恩	三報皇王水土恩	三報皇皇水土恩
四報爺娘養育恩	四報爺娘養育恩	四報爺娘養育恩
五報師長教訓恩	五報師長教訓恩	五報師長訓教恩
各人當報大宏恩	各人當報大宏恩	各人各自出良心
在堂父母增福壽	在堂父母增福壽	在堂父母增福壽
過去爺娘早超生	過去爺娘早超生	過去爺娘早超昇
仁人君子讀一本	仁人君子讀一本	
勝誦蓮花一卷經	勝誦蓮花一卷經	
十月懷胎寶卷完	十月懷胎寶卷完	

三者相同之處有：

（一）許多思想、詞句直接傳承自〈父母恩重經講經文〉、〈十恩德〉

1. 孩兒乳哺精神好：源自〈父母恩重經講經文〉、〈十恩德〉中的「第一懷擔守護恩」。

2. 甘甜吐與嬌兒吃：源自〈父母恩重經講經文〉、〈十恩德〉中的「第四咽苦吐甘恩」。

3. 阿娘憔瘦損容顏：源自〈父母恩重經講經文〉、〈十恩德〉中的「第五乳哺養育恩」。

4.溫涼席上放兒眠，移乾換濕娘受苦：源自〈父母恩重經講經文〉、〈十恩德〉中的「第六迴乾就濕恩」。

5.屎衣尿布敲冰洗，臘月寒天苦萬千：源自〈父母恩重經講經文〉、〈十恩德〉中的「第七洗濯不淨恩」。

（二）新創的語句

此三篇懷胎寶卷除了傳承〈父母恩重經講經文〉、〈十恩德〉的文詞外，也有所發展：

1.「一日吃娘三轉乳，三日吃娘九餐漿。娘乳不是長江水，不是山林樹木漿。口口吃娘身上血，方得成人六尺長」這幾句話為後來的儀式說唱類〈十月懷胎〉、《血盆經》廣泛引用，也為〈娘親渡子〉所吸收。但閩南系統的〈十月懷胎〉無傳承這些句子。

2.「一報天地蓋載恩，二報日月照臨恩，三報皇王水土恩，四報爺娘養育恩，五報師長教訓恩」是由孝親思想擴大至對天地、日月、爺娘、師長的報恩，這是〈父母恩重經講經文〉、〈十恩德〉所無的。

三者不同之處：〈新刻十月懷胎寶卷〉和〈新編改良十月懷胎寶卷〉較相似，比《劉香寶卷‧懷胎寶卷》多了「三週四歲離娘懷，五週六歲知分曉，七歲攻書上學堂」的情節，這育兒、鼓勵孩兒上學堂的作法也是來自〈父母恩重經講經文〉、〈十恩德〉。

大致說來，此三篇文章大同小異，皆是〈父母恩重經講經文〉、〈十恩德〉的嫡傳作品。它除了傳承〈父母恩重經講經文〉、〈十恩德〉的文詞外，也有所發展，如「一日吃娘三轉乳，三日吃娘九餐漿，口口吃娘身上血……」這幾句話為後來的〈十月懷胎〉、《血盆經》、〈娘親渡子〉廣泛引用。這也成為客家俗文學〈十月懷胎〉、《血盆經》、〈娘親渡子〉是〈懷胎寶卷〉嫡傳的有力證明。

總之，「寶卷，實即變文的嫡派子孫」〔註25〕此三篇懷胎寶卷上承〈父母恩重經講經文〉、〈十恩德〉形式、內容，下啟明清俗曲〈十月懷胎〉、《血盆經》，也深深影響臺灣客語勸世文〈娘親渡子〉的內容。這部份將在後面章節繼續討論。

〔註25〕鄭振鐸：《中國俗文學史》下冊（北京：作家出版社，1954年未註月份），頁307。

第三節　〈父母恩重經講經文〉、〈十恩德〉對鼓詞、俗曲的影響

「鼓詞」又稱「大鼓書」。它的名稱起源於明代，清代以後鼓詞演唱興盛。北方鼓詞主要流行於河北、河南、山東、遼寧以及北京、天津等地。南方主要有江蘇的揚州鼓詞和浙江的溫州鼓詞等。

「俗曲」是中國明清以來在各地民歌的基礎上逐漸發展起來並流行於城鎮市民階層影響社會深廣的民間歌曲的泛稱。因時間、地點的不同，亦稱為俚曲、時調、時曲、小曲、小唱、小調、雜曲等。俗曲多數由農村的民歌流傳衍變而來，因此二者間有時難於劃分。

說唱文學承襲〈父母恩重經講經文〉、〈十恩德〉的遺緒，除了表現在寶卷外，更有人把它編成大鼓書、俗曲來演唱，這些內容和〈娘親渡子〉亦有或多或少的關聯，茲舉出較重要的作品一並討論：

一、〈十重恩〉

劉復、李家瑞等編《中國俗曲總目稿》：「三 2 9 10 十重恩大鼓書、北平抄，十一頁半」編號 31304，北平抄本。其內容是說父母對子女有十重的恩德：(1)十月懷胎；(2)臨產受苦；(3)乳哺養育；(4)迴濕就乾；(5)洗濯不淨；(6)咽苦吐甘；(7)教養宦學；(8)遠行憶念；(9)成家立業；(10)節烈冰霜等：

> 奉勸列位孝雙親，父母養兒恩最深；
> 父親恩情還好報，母親恩情似海深；
> 身懷嬰兒十個月，好似豎木主（拄）娘心；
> 月滿臨盆要分娩，聚節徘徊骨縫分；
> 性命相隔一層紙，為人當報一重恩。
> 一尺三寸離娘體，娘的熱血損自身；
> 赤子嬰兒纔長成，孝女臨盆節烈貞；
> 金童玉女天分大，為人當報二重恩。
> 兒要是喜來娘就樂，兒要啼哭娘不放心；
> 求籤問卜請醫調治，燒香百火（拜佛）叩求神。
> 福王殿前許下願，娘娘殿內去還子孫；
> 為兒為女娘受苦，為人當報三重恩。

到夏天，怕兒熱來搖翎打扇，到冬來，怕兒冷來屋子裡溫存，

左邊溺濕，換在右邊睡，右邊溺濕，攔在娘的身；

煨濕守乾娘非容易，爲人當報四重恩。

低處洗來高處量（晾），血水汪洋衝撞神；

娘在血湖中來受罪，渾身是口也難分；

這都是爲兒爲女娘作罪，爲人當報五重恩。

乳補（哺）三年非容易，娘的熱血給兒吞；

愁眈（髒）洗淨不嫌兒子臭，爲人當報六重恩。

一歲兩歲在娘懷抱，三歲四歲不離娘身；

五歲六歲貪玩耍，七歲八歲母親勞神；

九歲十歲長大成人，送到南學念書文；

兒要機巧伶俐娘就樂，兒要痴傻獃呆娘不放心；

爲兒爲女心懸兩地，爲人當報七重恩。

兒在外面玩耍，一時不見娘要尋；

一火（會）介不見娘要找，自己出了自己門；

兒在外邊惹禍娘不獲（護）短，自己調理自己人；

養兒養女無溺愛，爲人當報八重恩。

好容易將仰（養）成人長大，娶房媳婦過光陰；

里（裡）里外外娘照管，當家立業娘分心；

兒在外面交朋友，娘在家裏苦憂心；

憂來憂去憂身（生）病，爲人當報九重恩。

娘爲節烈冰霜四個大字，父爲接續香煙後代根；

滿堂現放兒合女，誰替爲娘去見閆（閻）君；

替死替活難把娘替，爲人當報十重恩。〔註26〕

此首〈十重恩〉是用歸納法，而〈十恩德〉是用演繹法來說明父母的十種大恩大德，方式不同，但旨趣是相同的，如：「煨濕守乾娘非容易，低處洗來高處量（晾），血水汪洋衝撞神」即是「移乾就濕」、「洗濯不淨」的母恩。又「一歲兩歲在娘懷抱，三歲四歲不離娘身；五歲六歲貪玩耍，七歲八歲母親勞神；九歲十歲長大成人，送到南學念書文；⋯⋯好容易將仰（養）成人長大，娶

〔註26〕劉復、李家瑞等編：《中國俗曲總目》（臺北：中央研究院歷史語言研究所，1932年5月），頁69。

房媳婦過光陰。」也是來自〈父母恩重經講經文〉的內容，和 1921 年片崗巖著、陳金田譯的〈僧侶歌〉：「……一歲二歲都手裡抱，三歲四歲都土腳四過趖，五歲六歲都能去迌迌，七歲八歲送伊去落學。九歲十歲知人事，十一、十二、十三、十四讀冊考校成舉人，十五、十六中進士，十七、十八娶新婦。」〔註 27〕亦相當神似。

又傅斯年圖書館館藏 AT-738 也有石印本的〈報娘十重恩〉，亦即是《中國俗曲總目稿》大鼓書三 2 9 10 北平　石〈十重恩〉以及五 12 10 2 北平　石〈報娘十重恩〉內容，其唱詞如下：

　　第一重恩養育生身母，十月懷胎日夜娘辛苦，痛如刀尖剗割娘腸肚，臨產之時性命全不顧，阿彌陀佛性命全不顧。

　　第二重恩疼痛無可奈，血染渾身便把豬羊賽，母子恩情深如東洋海，不想親娘惹下來生債，阿彌陀佛惹下來生債。

　　第三重恩兒乾母濕臥，尿布繃布樣樣都洗過，洗揩腌髒口中唧水洗，十指尖尖兩手風吹破，阿彌陀佛兩手風吹破。

　　第四重恩兒吃娘陪伴，每日嚼哺貼乳兩三遍，甜的兒吃苦的娘自嚥，嬌養成人兒女誰思念？阿彌陀佛兒女誰思念？

　　第五重恩娘見兒歡喜，學言學語手上能獨立，漸漸獨立旁看旁可喜，引得親娘喜得風魔的，阿彌陀佛喜得風魔的。

　　第六重恩仔細尋思徧，乳哺三年日夜全不怨，面黃肌瘦容顏都改變，嚼瘦親娘身似乾柴片，阿彌陀佛身似乾柴片。

　　第七重恩要去直到晚，慌的親娘門前連聲喊，冷時穿衣餓了來吃飯，任意逍遙不聽娘收管，阿彌陀佛不聽娘收管。

　　第八重恩長大離娘親，兒行千里母擔萬分心，戀酒貪花家業漸飄零，聽信妻言忘了娘恩情，阿彌陀佛忘了娘恩情。

　　第九重恩貪花不修善，為兒為女造孽無邊岸，昧己瞞心看看孽貫滿，閻王面前有口難分辯，阿彌陀佛有口難分辯。

　　第十重恩受苦無碑記，大限臨頭兩眼雙垂淚，親戚朋友閉目不相

〔註 27〕片崗巖著，陳金田譯：《臺灣風俗誌‧僧侶歌》（臺北：眾文圖書，1996 年 9月 2 版 4 刷），頁 281～283。

會，呼兒喚女誰把親娘替？阿彌陀佛誰把親娘替？

我今勸你眾人聽分辯（辨），百歲光陰好似離絃箭，日月如梭輪迴來往轉，忽的無常改頭又換面，阿彌陀佛改頭又換面。

人生百善孝爲先，養育之恩大似天，爲人不把父母孝，生下兒孫也不賢。〔註28〕

這兩首〈十重恩〉鼓詞都是〈十恩德〉的派生物，可互相參考。其中的一些語句也爲〈十月懷胎〉〈娘親渡子〉等客家俗文學所吸收，例如：

1. 十月懷胎日夜娘辛苦：〈娘親渡子〉說「十月懷胎娘辛苦」。

2. 痛如刀尖剜割娘腸肚：〈娘親渡子〉說「親像利刀來割肚，親像利剪來剪腸」。

3. 「洗揩腌髒口中啣水洗，十指尖尖兩手風吹破」：〈娘親渡子〉說「裙仔衫褲攬等到河江，河壩慢慢洗，圳溝慢慢盪……衰過阿姆十隻手指洗到血洋洋」。

4. 面黃肌瘦容顏都改變，嚼瘦親娘身似乾柴片：邱阿專〈十月懷胎〉說「懷胎娘娘面皮黃」。

5. 人生百善孝爲先：黃連添〈百善孝爲先〉說「百善孝爲先」。

可見這首〈報娘十重恩〉對客家俗文學也有影響。後世有許多報父母恩德的俗曲又是再從〈十重恩〉滋乳出來的。例如：甘肅省岷縣民歌〈十重恩〉（【五更調】）：

第一重深恩養兒生身母，十個月懷胎晝夜娘辛苦，
臨生的時候性命全不顧，好似那鋼刀割斷娘腸肚。

第二重深恩養兒乾溼臥，一盆溫水全身都洗過，
兩手酸麻十指風裂破，兒有些驚心親娘實難過。〔註29〕

「十個月懷胎晝夜娘辛苦……臨生的時候性命全不顧，好似那鋼刀割斷娘腸

〔註28〕 未註明作者：〈報娘十重恩〉傅斯年圖書館館藏 AT-738，石印本，CD437，未註明出版年代。亦著錄於劉復、李家瑞等編：《中國俗曲總目》第 69 頁大鼓書三 2 9 10 北平　石版印刷〈十重恩〉，以及第 799 頁，五 12 10 2 北平　石〈報娘十重恩〉。和傅圖的〈新刻十重恩〉相似。

〔註29〕 白汝景唱，李璘記：〈十重恩〉（五更調），收錄中國歌謠集成甘肅卷編輯委員會：《中國民間歌曲集成甘肅卷》（北京：新華書店，2000 年 6 月），頁 536～537。

肚」、「第二重深恩養兒乾溼臥……兩手酸麻十指風裂破」即是〈父母恩重經講經文〉、〈十恩德〉中的臨產受苦恩、移乾就溼恩以及洗濯不淨恩。浙江省麗水市又有一首民歌〈孝敬父母理該應〉(【寶卷調】):

> 勸君及早要回心,孝敬父母理該應;
> 在世不把爹娘敬,寒食清明莫上墳。
> 別樣恩情都好還,父母恩情難報清;
> 人在世間行孝道,父母九泉也放心。
> 心好自然天保佑,代代兒孫不受貧;
> 奉勸善男并善女,莫忘生身父母恩。
> 一日三餐食娘乳,三日食娘九回漿;
> 娘乳不是長流水,滴滴都是血化成。
> 口口吃娘身上血,年長成人六尺身;
> 奉勸君子孝雙親,爹娘父母總該敬。〔註30〕

它的內容和〈懷胎寶卷〉有直接關係:「一日三餐食娘乳,三日食娘九回漿。」、「口口吃娘身上血」即是〈懷胎寶卷〉的文句,音樂又用【寶卷調】,可見其傳承〈懷胎寶卷〉的痕跡,和〈十重恩〉可看作姐妹之作。又吉林省通化縣的民歌〈母重恩〉:

> 一報母重恩,養兒生身母,懷胎十個月日日娘辛苦。
> 二報母重恩,養兒掛心腑,從小乳水養怕餓又怕哭。
> 三報母重恩,養兒手中扶,披衣又蓋被老娘骨凍酥。
> 四報母重恩,養兒去讀書,寒窗整十載花錢沒有數。
> 五報母重恩,養兒離開母,送兒十里外老娘淚撲簌。〔註31〕

這首〈母重恩〉把母親十重恩簡化為五種:第一種恩「懷胎十月」;第二種恩「乳哺養育」;第三種恩「噓寒問暖」;第四種恩「供兒上學」;第五種恩「遠行憶念」。以「五」代替「十」,其報恩的主題是一樣的。

　　遼寧省境內臺安縣、大連市、遼陽縣還有三首大同小異的〈十補母重恩〉小調,明為「補」,實際上還是「報」的意思。茲舉臺安縣的例子:

〔註30〕金章深唱,金章深記:〈孝敬父母理該應〉(寶卷調) 中國歌謠集成浙江卷編輯委員會:《中國歌謠集成浙江卷》(北京:新華書店,1993年),頁320～321。

〔註31〕中國民間歌曲集成全國編輯委員會:《中國民間歌曲集成吉林卷》(北京:新華書店,1997年9月),頁159。

一補母重恩，養兒生身母，懷揣十月月月娘辛苦，飲食漸漸少，
遍體不舒服，臨產之時性命全不顧，實實在在性命全不顧。

二補母重恩，疼痛在心懷，全身血養便把模樣改，爲兒又爲女，
造下人生債，母親恩深深似東洋海，實實在在深似東洋海。

三補母重恩，娘臥兒濕窩，毛衫席子件件用手搓。母不嫌骯髒，
做些零碎活，宗宗樣樣爲娘苦處多，實實在在爲娘苦處多。

四補母重恩，兒吃母陪伴，口含乳汁便摸好幾遍，甜的給兒吃，
苦的老娘咽，母親消瘦好似乾柴片，實實在在好似乾柴片。

五補母重恩，愛兒娘心喜，笑言笑語將兒扶站起，旁看旁喜歡，
正看正歡喜，打個挺挺撲在娘懷裡，實實在在撲在娘懷裡。

六補母重恩，愛兒娘心寬，恐兒飢寒時刻掛心間，冷了來穿衣，
餓了來吃飯，勞碌親娘日夜不得安，實實在在日夜不得安。

七補母重恩，兒病母親憂，爲兒祈禱兩眼泪交流，東廟去燒香，
西廟去叩頭，許下了苦幹每年做到頭，實實在在每年做到頭。

八補母重恩，兒在外邊遊，兒行千里母擔萬里憂，貪花又戀酒，
淨往下賤求，家拋妻兒又把母親丟，阿利露亞他把母親丟。

九補母重恩，想兒疼碎心，病在床上兩眼泪紛紛，兒再不回轉，
漸漸病體沉，懇求天上父接我靈魂，阿利露亞快接我靈魂。

十補母重恩，浪子轉回鄉，見母病重兩眼泪汪汪，有心要說話，
母親不能言，二目一閉靈魂到天堂。既然歸天上，爲兒大辦喪，
眾位親友送到新墳上，身體埋在土，了卻這一場，
再想見母面那得到天堂。〔註32〕

此歌的注解說：「此歌原爲宗教歌曲，傳入民間後在詞曲上均有變化，逐漸成
爲一首流傳較廣的民間歌曲。它除在平時演唱外，還常用於爲亡母的祭祀活
動之中，借以表達對亡人的敬重和懷念。」〔註33〕

　　這首〈十補母重恩〉傳承〈父母恩重經講經文〉〈十恩德〉和鼓詞〈十重

〔註32〕中國民間歌曲集成全國編輯委員會：《中國民間歌曲集成遼寧卷》（北京：新
　　　　華書店，1989年4月），頁317～319。
〔註33〕中國民間歌曲集成全國編輯委員會：《中國民間歌曲集成遼寧卷》，頁319。

恩〉的內容，如「娘臥兒濕窩，毛衫蓆子件件用手搓。」即是「移乾就濕、洗濯不淨」、「甜的給兒吃，苦的老娘咽」即是「咽苦吐甘」、「兒行千里母擔萬里憂」即是「遠行憶念」等母恩。除此之外，它也受到別的宗教影響，一般看有關佛經文獻若是遇到增句大都用「阿彌陀佛」，這首小調卻用「阿利露亞」；人臨終時大都乎求「佛」來接引，這首小調卻呼求「天上父」來接引靈魂，也許是受基督教或天主教的影響，有待後續進一步探討。

可見〈父母恩重經講經文〉、〈十恩德〉對鼓詞〈十重恩〉影響深遠，有許多名異實同的作品，繁多不及備載。後期的民歌〈十月懷胎〉、客語說唱〈娘親渡子〉，有許多是從〈懷胎寶卷〉、鼓詞〈十重恩〉再度衍生出來的。

二、〈二十四孝〉

「二十四孝」的名稱，以敦煌〈故圓鑑大師二十四孝押座文〉最早。〔註34〕在〈父母恩重經〉中，也曾著錄丁蘭、董永、郭巨等孝行事蹟，對後世的文學、宗教影響不小，雖然對〈娘親渡子〉無具體的直接影響，但是間接影響是有的，故在此也提出來討論。〈二十四孝〉在《中國俗曲總目稿》中有四首，茲摘錄其中的兩首：

四225二十四孝　北平　鉛　二頁

　一片良言奉勸君，勸君莫忘父母恩；

　十月懷胎娘辛苦，乳哺三年費盡心。

　撫養成人知世事，那有真心報母恩；

　相勸良言行孝心，敬重堂前二雙親。

　倆看目連僧一個，陰曹地府救母親；

　弟兄竭力山成玉，父子同心土變金。……

　妻子言語休聽信，不可傷了手足情；

　打虎還是親兄弟，上陣全要父子兵。〔註35〕

四225二十四孝　上海　石　三頁

　一片良言奉勸君，勸君莫忘父母恩；

　父是天來母是地，父母勤勞似海深。

〔註34〕高國藩：《中國民間文學》（臺北：學生書局，1999年9月），頁13～24。

〔註35〕劉復、李家瑞等編：《中國俗曲總目稿》（臺北：中央研究院歷史語言研究所，1932年5月），頁373。

十月懷胎娘辛苦，乳哺三年費盡心；

撫養成人知世事，那有眞心報母恩？

你看目蓮（連）僧一個，勸世良言〔註36〕……

這兩首皆是七言的詩句，主旨在「十月懷胎娘辛苦，乳哺三年費盡心。」故
爲人子女要「報答父母恩」，其中的「打虎還是親兄弟，上陣全要父子兵」在
蘇萬松、邱阿專的說唱〈勸話兄弟〉中都曾出現過，亦可證客語說唱曾受俗
曲〈二十四孝〉之影響。又傅斯年圖書館 Tc12-170 存有上海新編〈滿江紅懷
胎報娘恩〉：

勸世人，你們聽，勸世人二位雙親都要敬，切不可忘卻養育恩情。
姐和妹，弟和兄，兄弟姐妹一定總要一條心。縱連是黃土也能變成
黃金。到晚來，枕邊上，妻子之言不可聽，切不可忘卻手足之情。
【梳妝臺】人生天地按三才，父精母血化成了胎，父比天來母好比
地，父母恩情由（猶）如海樣深。十月懷胎親娘多受苦，臨產之時
死裡又逃生，恩養成人長大終何用？那有眞心腸報答爹娘恩？報恩
節孝黃氏女，觀音挖眼救得他（她）父親。何立孝母後來成了佛，
目連地府救得他娘親。董永賣身葬父巧遇天仙女；吳猛味（餵）蚊
蟲親娘安身；丁蘭供活木神像；孟宗未（爲）娘哭竹冬筍生。前朝
孝子數不盡，此沒今世界變忤逆不孝多，從此改過孝順父母，後倍
（輩）兒孫照你一樣行。不當家不知柴米貴，不養兒怎知報娘恩？
諸公如若不肯信，十個月懷胎奉稟諸公聽。打虎還要親兄弟，這才
是眞心。上戰總父子兵，十戰到（倒）有九戰贏。此書若還不相信，
還有古人說與你們聽，王祥就把寒冰務，郭巨埋兒天賜金。雷打張
繼保未（爲）何音（因）？只未（爲）他不孝二老雙親。〔註37〕

其中的【梳妝臺】調也在目前的客家大戲普受採用。而這首歌引證黃氏女、
何立、目連、董永、吳猛、丁蘭、孟宗、王祥、郭巨等孝行故事，來奉勸世
人要孝順雙親。如果不孝，將步張繼保的後塵遭到天打雷劈。1926 年臺北黃
塗活版所出版的〈最新勸世文歌〉：「……打虎不如親兄弟，出陣還須父子
兵……爺有三年多辛苦，娘有三年受苦辛，左邊乾處孩兒睡，右邊濕處娘眠

〔註36〕劉復、李家瑞等編：《中國俗曲總目稿》，頁 373。

〔註37〕不註作者：〈滿江紅懷胎報娘恩〉，俗曲 Tc12-170（臺北：傅斯年圖書館善本
室，不註出版年月）。封面寫〈上海新編・勸報娘恩〉、前後兩張、銅元四枚
等字樣。標點乃筆者所加。

身，一日食娘三合乳，三日食娘九合漿，點點食娘身上血，娘親老來面皮黃……不信但看簷前水，點點落地無差池。」〔註38〕以及1959年新竹市竹林書局刊行的客語說唱〈廣東劉不仁不孝歌〉：「若要兒孫孝順我，我今先孝二雙親，從今十惡一善改，不敢不孝二雙雙親。不孝罪惡大，天地不容情。奉勸人人行孝道須要學个古賢人：學得孟宗哭竹冬生筍；王祥求鯉雪上眠；又學丁蘭刻木為父母；姜安送米奉娘親；再學楊香來打虎，捨命救父親；學得二十四孝者，郭巨埋兒天賜金。羊有跪乳恩深報，但看目連大尊者，入去地獄救母上天庭。不孝爺娘罪惡大，行孝父母百福臨。」〔註39〕都可看到「父母恩重」、「報恩」的主題，和這首〈滿江紅懷胎報娘恩〉也有相類似的內容。

　　另外《俗文學叢刊》第365冊有〈二十四孝歌〉內容收錄有：1929年高雄三成堂石版印刷的M-493〈最新二十四孝歌·上本〉；以及1927年臺北王金火發行黃塗活版所印刷的M02-034〈新編二十四孝歌·下本〉，內容就是敘述二十四孝的故事：(1)大舜耕田，(2)曾參痛心，(3)閔損拖車，(4)鹿乳供親，(5)負米養親，(6)戲彩娛親，(7)漢文帝嘗藥，(8)背母逃難，(9)為母埋兒，(10)賣身葬父，(11)行傭供母，(12)姜詩進鯉，(13)丁蘭刻木事親，(14)扇枕溫衾，(15)聞雷泣墓，(16)哭竹生筍，(17)懷橘遺親，(18)打虎救父，(19)吳猛飼蚊，(20)臥冰求鯉，(21)嘗糞憂心，(22)乳姑不怠，(23)棄官尋母，(24)滌親溺器，歌末還奉勸世間人說：「生身恩重必須償，禽有烏鴉最善良；返（反）哺鴉母恩義重，雖是禽鳥有見長。獸類知孝羊最重，跪落食乳好形容；作（做）子若是忘孝養，不如禽獸敗倫常。」〔註40〕1960年，邱阿專唱的〈十月懷胎〉也唱道：「……四腳落地畜類都曉得想，羊子愛食著厥姆乳都來曉得雙膝跪在厥姆面前項；你看鳥雀烏鴉仔一般樣，因為來孵子，毛仔退光毋會飛出來外洋，因為烏鴉子曉得飛出外洋銜蟲轉，銜轉分了厥姆嚐。」〔註41〕從文中亦可見「二十四孝」對說唱文學的深遠影響。

〔註38〕王金火發行：〈最新勸世文歌〉（臺北：黃塗活版所，1926年3月），頁1～6。收錄《俗文學叢刊》366冊，頁541～555「說唱·客家傳仔」中。

〔註39〕不明作者：〈中部地震勸世文／廣東語劉不仁不孝歌〉（新竹：竹林書局，1959年1月），頁5～7。

〔註40〕中央研究院歷史語言研究所俗文學叢刊編輯小組：《俗文學叢刊》第365冊（臺北：新文豐，2000年），頁135～163。

〔註41〕邱阿專演唱：〈十月懷胎〉，1960年由遠東唱片行出品。

　　在中國某些地區喪父做齋法事時也唱「二十四孝」的故事，例如廣東省同冠水流域有一首〈男人行孝〉歌〔註42〕：

昔日唐僧去取經，取出一份報恩經。

宣唸報恩經一卷，特來報答父母恩。

正月行孝是目連，有金有銀甚榮華。

娘道我兒家不富，收拾資財作生涯。

二月行孝是董永，董永家貧自贖身。

父母雙親都死了，殯葬無錢賣自身。

三月行孝是黃香，黃香獻扇思親娘。

百蟲思念王娘血，白玉獻乳思爺娘。

四月行孝是丁蘭，丁蘭刻木為爺娘。

日想我母音容像，夜思親娘斷肝腸。

五月行孝是雙松，雙松奉乳救家娘。

家娘年老難開口，松氏奉乳救家娘。

六月行孝是安安，安安送米救親娘。

一日三餐當三合，思念親娘好惶惶。

七月行孝是孟紅，孟紅割肉奉老娘。

老母開口思古肉，半食半罵不孝娘。

八月行孝是孟宗，孟宗哭竹筍生冬。

孝敬父母天地動，正賜度苦救我娘。

九月行孝是王祥，王祥臥冰雪滿堂。

家中我娘思海味，捨身葬雪救親娘。

十月行孝是口（閔）子，口（閔）子推車身內寒。

家中後母無慈念，平步推車最淒湟（悽惶）。

奉勸書友齊孝順，父母年老莫遠行。

十一月行孝是顏回，顏回攻書習文章。

十二月行孝是趙娘，趙娘救母往外鄉。

趙娘剪髮街上賣，殯葬父母上路忙。

行孝還生孝順子，忤逆還生忤逆兒。

────────────

〔註42〕據田野調查及所見文獻顯示，中國大陸地區母喪多唱〈十月懷胎〉，和喪父時所唱的不同。臺灣人喪母時唱〈血盆懺〉、〈十月懷胎〉。

在生父母須當敬，莫向死後哭鬼神。

千哭萬哭哭張紙，千拜萬拜拜爐香。

靈前供養般般有，不見佢父親口嚐。

十二月行孝都說盡，孝心普下萬代傳。〔註43〕

這首喪歌引用目連、董永、黃香、丁蘭、雙松、安安、孟紅、孟宗、王祥、閔子、顏回、趙五娘的孝行來勸說為人兒女應當行孝。雖然人物和傳統的「二十四孝」稍有出入，但是目標是一致的。

另外漢代的孝子姜詩因為母命難違而將賢妻龐氏女休離，妻子欲自盡恰被白雲庵主所救，隨其返回尼庵。其子安安，七歲即送米入庵堂給母親。除了前揭文鼓詞〈二十四孝〉及喪鼓〈男人行孝〉有所記載外，福州平話〔註44〕也有〈三孝記〉〔註45〕；《中國俗曲總目稿》有「五966姜安安送米　北平　石十一頁」〔註46〕的俗曲；1934年，嘉義和源活版曾出版的《最新二十四孝姜安送米全集》；1959年、1971年，新竹竹林書局亦以《二十四孝姜安送米全六本》名義再度出版；五〇年代，鈴鈴唱片又曾請劉蕭雙傳、曾緞妹、黃嬌蘭、彭榮妹、徐桂蘭合錄採茶劇《姜安送米》；月球唱片亦曾出版過客家採茶劇《姜安送米》。可見姜安送米故事對說唱藝術影響頗深。又〈十想渡子〉也唱：「愛想當初姜安子，七歲送米到庵堂」由此可知〈娘親渡子〉亦受到〈二十四孝〉的影響。

又陝西省鎮八縣也有一首「孝歌」，名為〈十二孝〉：

正月陽春自東來，蔡順深山去打柴；

娘在家中咬破指，蔡順背（揹）柴跑回來。

〔註43〕黃遠奇、蘇桂：〈同冠水流域傳統社會調查〉，譚偉倫、曾漢祥：《陽山、連山、連南的傳統社會與民俗・上》（香港：國際客家學會／海外華人資料研究中心／法國遠東學院，2006年8月），頁191～192。

〔註44〕平話：宋代說故事的人，以所說故事的題材分作四家——小說、講史、說經、合生。其中講史專說長篇歷史故事，大多是根據史書敷演成篇的，主要敘述歷代的戰爭和興廢。這類講史的底本又稱作平話（評話），是我國最早具有長篇規模的文學作品。後來這種依據史傳敷演成文的平話，成了古典長篇小說的一種體裁，名為「演義」。例如著名的三國演義，就是由平話演進來的。平話以淺近的文言寫成，或文言白話夾雜。這可能是依據史書敷演和常常要引用史書文字所受的影響。

〔註45〕中央研究院歷史語言研究所俗文學叢刊編輯小組：《俗文學叢刊》第367冊（臺北：新文豐，2000年），頁183～220。

〔註46〕劉復、李家瑞等編：《中國俗曲總目稿》，頁759～760。

二月百草才發青，子路負米養雙親；
後來一旦升榮貴，猶念當年受苦辛。
三月楊柳綠菌茵，郭母將飯分與孫；
郭巨家貧心不忍，挖坑埋兒天賜金。
四月田中水渾渾，董永賣身葬父親；
打從槐陰樹下過，遇著仙女結爲婚。
五月龍船滿河戲，淡（郯）子深山披鹿皮；
母親一心思鹿肉，對著獵戶泪悲泣。
六月太陽正當頭，江革揹母汗長流；
江革本是行孝子，遇到賊寇命難留。
七月天氣悶沉沉，吳猛捨身餵蚊蟲；
因爲家貧无帳子，免得蚊蟲咬雙親。
八月中秋天氣和，唐氏行孝世間无；
丟下房中親生子，每日將乳奉婆婆。
九月橘柑樹上黃，陸績敬客把橘藏；
且問藏橘因何故？拿回家中奉敬娘。
十月天氣雨淅淅，孟美（姜）女兒送寒衣，
一步一腳恨一聲，萬里長城一齊崩。
冬月寒風冷難擋，孟宗哭竹泪兩行；
孝心感動天和地，哭出冬筍奉敬娘。
臘月天氣冰浸浸，王祥爲母臥寒冰；
水中鯉魚雙雙跳，拿回家中奉雙親。〔註47〕

「孝歌」古稱「挽歌」，民間俗稱「孝歌」、「喪歌」或「鑼鼓歌」，是喪葬活動中的一種風俗歌曲。這首歌據說是從湖北流傳到陝南的。〔註48〕此歌舉了蔡順、子路、郭巨、董永、郯子、江革、吳猛、唐氏、陸績、孟姜女、孟宗、王祥等十二人的孝行故事而成〈十二孝〉，可說是「二十四孝」的變體。

　　有關「二十四孝」的民歌還很多，如浙江省淳安縣的〈功德歌‧二十四

〔註47〕周正貴唱，胡遠清記：〈孝歌‧十二孝〉，中國民間歌曲集成陝西卷編輯委員會：《中國民間歌曲集成陝西卷》（北京：新華書店，1994 年 8 月），頁 1435 ～1437。
〔註48〕中國民間歌曲集成陝西卷編輯委員會：《中國民間歌曲集成陝西卷》，頁 1408 ～1409。

孝〉〔註49〕；河北省淶水縣〈喪葬儀式歌・二十四孝〉〔註50〕；甘肅省武都
縣的民歌〈王祥臥冰〉〔註51〕；甚至黑龍江省寧安縣也有滿族語的〈行孝歌〉：
「勸明公留心聽靜坐啞言，父母恩果然大如海如山；娘懷兒十個月提心吊膽，
只恐怕……何不學閔子騫受杖救母？何不學王修正臥魚感天？為人子盡孝道
親恩早報，要等到爹媽死後悔遲延。」〔註52〕。可見「二十四孝」內容、思
想遍及中國的大江南北。

三、海南儋州〈孝順歌〉

海南儋州也有一首用儋州話、【儋州調】演唱的〈孝順歌〉，此歌大約產
生於清嘉慶（1796～1820）年間，一直流傳至今。據說是儋州白馬井有一老
婦人被兒子、媳婦虐待，因激憤而編唱的一百首聯章體勸世文，每章為七
七六七七七言，一韻到底。是一首流傳時間久、範圍廣、影響大的勸世文。
〔註53〕茲摘錄其中的第36～42首：

第 36 首

為人孝道宣不盡，父母恩情聽我說：初有孕，上媽身，一月將足二
月凸〔註54〕，雨水朦朧在母肚，如般天起網綱雲〔註55〕。

第 37 首

二月將足三月盡，四月將足五月凸，成胎孕，在媽身，不動左身動
右身，重工不肯予媽做，專憂觸動到胎人。

第 38 首

五月將到六月份，六月將足七月凸，生七孔，造肉身，女男在肚尚

〔註49〕中國民間歌曲集成浙江卷編輯委員會：《中國民間歌曲集成浙江卷》，頁 724。
〔註50〕中國民間歌曲集成河北卷編輯委員會：《中國民間歌曲集成河北卷》（北京：
　　　　新華書店，1995 年 11 月），頁 1001～1002。
〔註51〕中國民間歌曲集成甘肅卷編輯委員會：《中國民間歌曲集成甘肅卷》（北京：
　　　　新華書店，1994 年 7 月），頁 312。
〔註52〕中國民間歌曲集成黑龍江卷編輯委員會：《中國民間歌曲集成黑龍江卷》（北
　　　　京：新華書店，1997 年 12 月），頁 1009～1010。此首〈行孝歌〉為十言四句
　　　　的整齊句，共有 17 個聯章。
〔註53〕中國民間歌曲集成全國編輯委員會：《中國民間歌曲集成海南卷》（北京：新
　　　　華書店，2002 年 10 月），頁 92。
〔註54〕凸：到或餘之意。
〔註55〕網綱雲：指剛形成的網狀淡雲。自此以下，有關此首〈孝順歌〉的注釋都是
　　　　抄錄原作者之解釋。

未分；沒有咱媽心血養，骨肉先向〔註56〕養成人。

第39首

八個月頭九月盡，肚皮繃丈闊成墩；要行出，怕遼人，遼了无生處
躲身；八祄裙〔註57〕是誰好著，迫勒〔註58〕媽著八祄裙。

第40首

十個月頭懷盡盡，坐下難躬得起身；心思想，外家親，欲去憂兒半
路生；床上自家多痛切，幾多不講得與人。

第41首

日子臨期在緊緊，祈望胎兒脫母身；在媽肚，撲翻身，刺揪媽肚眼
也暈；肚中攻痛如刀割，咬盡幾多媽口唇。

第42首

一陣攻來到一陣，當時沒有路倚身〔註59〕；人不醒，事不分，撲翻
床上亂紛紛，頭也不天腳不地，魂飛天外似浮雲。〔註60〕

這幾段就是在描寫母親十月懷胎的辛苦以及生產時的危險，和1954、1958年
陳火添編著的〈十月懷胎〉：「正月懷胎如露水；二月懷胎心亡（茫）亡（茫）；
三月懷胎見人影；四月懷胎結成人；五月懷胎份（分）男女；六月懷胎六經
全；七月懷胎份（分）七孔；八月懷胎重如山；九月懷胎團團轉；十月懷胎
離娘身。」〔註61〕可以說是旨趣相同。母親生產時「肚中攻痛如刀割」、「咬
盡幾多媽口唇」、「頭也不天腳不地」和〈娘親渡子〉中「親像利刀來割肚」、
「嘴上个鐵釘咬得斷」、「天上無門想愛上，地下無門想愛鑽」是異曲同工的。
它們的共同源頭實來自上揭文的敦煌民歌〈十月懷胎〉：「娘懷兒啊一個月，
不見踪影。娘懷兒啊兩個月，沙裡澄金。娘懷兒，三個月，修成血塊。娘懷
兒，四個月，才分四梢。娘懷兒，五個月，才分五梢。娘懷兒，六個月，才
觸娘懷。娘懷兒，七個月，才分七竅，娘懷兒，八個月，八寶傳身。娘懷兒，

〔註56〕先向：怎麼能。
〔註57〕八祄裙：確實不詳，疑為舊規婦女懷孕後穿的大頭筒裙。著：穿。
〔註58〕迫勒：迫不得已。
〔註59〕路：地方。倚：靠一靠。
〔註60〕佔歌唱，羊基廣等記：〈儋州話山歌・孝順歌〉，中國民間歌曲集成全國編輯
　　　　委員會：《中國民間歌曲集成海南卷》，頁82～96。
〔註61〕陳火添：〈十月懷胎〉（新竹：竹林書局，1954年不註月份），他1958年編著
　　　　的〈十月懷胎〉內容完全一樣。

九個月，打個轉身。娘懷兒，十個月，才離娘懷。」又第81～89首：

第81首

該記虞舜行孝順，開山耕種孝其親；五十歲，到中年，四時不怨苦與辛；為人孝得如他項，後世托生做聖人。

第82首

講到閔子行孝順，聖人稱讚果然真；父母愛，弟兄親，教化在家感外人；居在家中能盡孝，爹媽千講得予人〔註62〕。

第83首

董永前時行孝順，貧苦賣身葬父親；十年下，做奴人，老了无妻果係真；孝心達到天庭去，天使仙女配為倫。

第85首

孝子著宣其盡盡，王祥臥冰魚觀凸；母親病，念魚鮮，就得魚歸餵母親；吃後病情消散去，好都不要一時辰。

第86首

孟宗哭竹冬生筍，天答孝心果係真；母親病，大關真〔註63〕，竹筍醫生孝吃真〔註64〕；冬天竹是不生筍，偏有筍生予孝人。

第87首

郭巨埋兒行孝順，揹兒去埋見金凸；獨一子，繼宗身，想父全不顧本身；不是埋兒□就孝，孝心天地早日聞。

第88首

丁蘭刻木行孝順，苦情不勝講頂真；他一子，伴雙親，貴重爹媽丟本身。項時人孝如他項，歸陰返變做生人。

第89首

妻子前日行孝順，為夫君供奉其親；孟日紅是其人，親剜其肉養母親；受屈歸陰返轉世，冊封一品太夫人。〔註65〕

〔註62〕爹媽千講得予人：父母完全據以自豪地向別人誇耀。

〔註63〕大關真：很厲害、很危險、很要緊。

〔註64〕竹筍醫生孝吃真：指醫生教以竹筍作藥引。

〔註65〕佔歌唱，羊基廣等記：〈儋州話山歌·孝順歌〉，中國民間歌曲集成全國編輯委員會：《中國民間歌曲集成海南卷》，頁82～96。

這一部分的唱詞是引用「二十四孝」中虞舜、閔子、董永、王祥、孟宗、郭巨、丁蘭、孟日紅的孝心事蹟。可見這首【儋州調】的〈孝順歌〉也是受〈二十四孝〉的影響。

　　離中原甚遠的海南島之老婦在二百多年前居然唱出如此長篇的勸世文，可見〈父母恩重經講經文〉、〈十恩德〉、「二十四孝」影響之廣闊。在五、六○年代，臺灣客家藝人邱阿專（1912～1988）曾錄製許多的客語說唱唱片，如：〈大舜耕田／丁蘭刻木／孟日紅娘親〉（遠東 Jo-53 第一面）、〈郭巨埋兒／姜安送米／吳猛飼蚊〉（遠東 Jo-53 第二面）、〈十殿閻王〉（遠東 Jo-54）、〈十月懷胎〉（遠東 Jo-47 第一面）等，也都是〈父母恩重經講經文〉、〈十恩德〉、「二十四孝」故事的派生物。

四、其他

　　除此之外《中國俗曲總目稿》還收錄了許多俗曲，也都和〈娘親渡子〉有關，如〈十勸君〉：

三 220 十勸君　蘇州　木　蕪湖崇堂本　八頁

　　听（聽）唱良言一勸君，勸君莫忘父母恩；
　　父是天來母是地，父母恩情似海深。
　　當家纔知柴米貴，養兒方知父母恩；
　　十月懷胎娘辛苦，臨產之時死復生。
　　一尺三寸離娘身，乳哺三年費盡心；
　　扶養成人如世事，那有真心報娘恩？
　　報恩就是黃氏女，觀音捨眼救父親，
　　何立擋柴見佛身，目連地府救親母，
　　董永賣身葬父親，郭巨埋兒天賜金，
　　王祥臥冰魚□現，黃香扇枕父安身，
　　丁蘭刻木為父母，孟宗哭竹筍冬生，
　　為人不把父母敬，問你身從何處生？
　　聽唱良言二勸君，弟兄和氣莫生心；
　　同家過活相□助，大樹抵（底）下好遮陰。……

這首〈十勸君〉是十個勸世的齊言聯章體歌謠，列舉黃氏女、何立、目連、董永、郭巨、王祥、黃香、丁蘭、孟宗等孝子的故事，勸世間子女莫忘母親

十月懷胎之苦以及乳哺三年之辛。它的形式和內容都源自〈父母恩重經講經文〉〈十恩德〉和「二十四」孝故事。另外，還有所謂的〈大報父母恩〉：

三 ³¹²⁴ **大報父母恩**　北平　石　二頁

　　現如今人馬廣，不等一樣。也有賢也有愚，貧富不同。

　　貧與賤富與貴，各由天命。休怨天休怨地，休罵神靈。

　　在家中敬父母，天高地厚。一輩子十分恩，報答不清。

　　為娘的身有孕，懷胎十月。那一刻那一時，身得安寧。

　　身懷孕那苦處，難以表透。臨產時這性命，誰不担惊？

　　生下了小嬰兒，歡天喜地。月裡頭怕受風，佃（惦）在心中。

　　怕無乳怕上火，怕冷怕熱。從濕處抱乾處，吊膽提心。

　　剛剛的過了月，心才放下。眾親戚做滿月，共飲劉伶。

　　一兩歲吃娘乳，娘懷所抱。顧不的織紡綿，難做針工。

　　白天裡哄姣兒，有活難做。到晚上哄姣兒，敖（熬）到三更。

　　三更後才安寢，兒又拉尿。冷與熱乏與困，不怨一聲。

　　黑夜裡小兒哭，娘哄不好。不顧乏不顧困，抱到天明。

　　三四歲會玩耍，跑到門外。在外耍時候久，尋找姣生。

　　一驚兒一動兒，下（嚇）兒一跳。為娘的魂唬飛，抱抱兒童。

　　五六歲著人愛，會說會笑。有點病娘害怕，祝告神明。

　　請人暗接人看，剛剛病好。謝先生還香愿，花錢不疼。……

這首〈大報父母恩〉屬於六四言的長短句，無明顯分章，一韻到底。首段旨在勸孝，後段在敘述母親育兒的艱辛。育兒時「從濕處抱乾處，吊膽提心」的做法，很明顯的來自〈十恩德〉的「第六迴乾就濕恩」。另外，歌詞中的「白天裡哄姣兒，有活難做。到晚上哄姣兒，敖到三更。三更後才安寢，兒又拉尿。冷與熱乏與困，不怨一聲。黑夜裡小兒哭，娘哄不好。不顧乏不顧困，抱到天明。」正是〈娘親渡子〉中嬰幼兒「吱吱瀝瀝到天光」的寫照。

第四節　小　結

　　佛教約在西元 67 年正式傳入中國。佛教信徒往往脫離家族與世間的束縛，以求能不生不滅，身心俱寂所謂的涅槃境界。這種離棄父母，捨棄親情，斷絕孝養的做法，與中國自古以來的重倫理、守孝道觀念，大相牴觸。於是

有識之高僧大德，爲了避免儒家的指責，以求宏道的順利，特別將佛經與中國孝道調和、融合，甚至進一步大力倡導，乃有以「父母恩重」、「報恩」爲主旨的《父母恩重經》的產生。

《父母恩重經》因爲艱深難懂，一般庶民不易了解，於是在唐、五代時，寺廟中的高僧又把《父母恩重經》加以改變：用一種韻、散夾雜，既說且唱的方式來解說「父母恩重」、「報恩」的道理，這就是〈父母恩重經講經文〉，它是《父母恩重經》俗講的底稿；或者編成十首聯章體的歌讚，夾在俗講中或在其他場合中來傳唱，這就是〈十恩德〉。這兩者內容相似，前者較繁，後者較簡，相輔相成，誰先誰後產生尚無定論。尤其是後者，一方面因爲它形式短小，另一方面又和當時敦煌民歌〈十月懷胎〉曲詞相結合、滲透，所以傳唱得很快且流傳久遠。

〈父母恩重經講經文〉、〈十恩德〉的內容主要在闡述母親對子女有：(1)懷軀守護，(2)臨產受苦，(3)生子忘憂，(4)咽苦吐甘，(5)乳哺養育，(6)迴乾就濕，(7)洗濯不淨，(8)爲造惡業，(9)遠行憶念，(10)究竟憐愍等十種恩德，所以世間男女千萬不可辜負母親，也要孝順父親。它們的內容短小，說說唱唱且形式復沓，又符合中國人的孝道觀念，所以自唐、宋以降即普受庶民歡迎。

〈父母恩重經講經文〉、〈十恩德〉即是中國說唱藝術結合孝道文學的總源頭，它影響後代的〈懷胎寶卷〉、〈十重恩〉、〈二十四孝〉、儋州〈勸孝歌〉、喪鼓〈十月懷胎〉、《血盆經》等內容，明清時跟著先民的腳步，由中國的贛、閩、粵傳至臺灣，影響臺灣客語說唱〈娘親渡子〉、喪歌〈十月懷胎〉及民謠〈病子歌〉、〈懷胎歌〉等。

〈十重恩〉、〈二十四孝〉、儋州〈勸孝歌〉雖然沒有直接影響到〈娘親渡子〉的內容，但是它們的旨趣、母題是類似的。〈懷胎寶卷〉就非常重要了，它是〈父母恩重經講經文〉、〈十恩德〉的嫡傳，〈新刻十月懷胎寶卷〉、〈新編改良十月懷胎寶卷〉、《劉香寶卷‧懷胎寶卷》中的句子：「阿娘憔瘦損容顏，甘甜吐與姣兒吃，溫涼席上放兒眠，移乾換濕娘受苦。」即是母親對子女的「咽苦吐甘恩」、「乳哺養育恩」及「迴乾就濕恩」，這些句子在喪歌〈十月懷胎〉、〈娘親渡子〉可見其相似內容。除此之外，如「一日吃娘三轉乳，三日吃娘九餐漿。娘乳不是長江水，不是山林樹木漿。口口吃娘身上血，方得成人六尺長。」首見於寶卷，後來也常直接移植於喪歌〈十月懷胎〉、〈娘親渡

子〉中。故〈懷胎寶卷〉可說是上承〈父母恩重經講經文〉、〈十恩德〉，下啓喪歌〈十月懷胎〉、〈娘親渡子〉。

在臺灣，〈懷胎寶卷〉、喪歌〈十月懷胎〉的內容主要是經過說唱藝人蘇萬松、陳火添、邱阿專的傳唱，最後在楊玉蘭集大成之後，才醞釀成今日〈娘親渡子〉的雛型。總之，〈父母恩重經講經文〉、〈十恩德〉是中國孝道和佛教結合的產物。〈父母恩重經講經文〉是一種韻散結合的文體；〈十恩德〉是一首十個聯章的韻文歌謠，他們的表演形式，深深影響後代的中國說唱藝術；其「父母恩重」、「報恩」思想也影響後代的文學內容。除了表現在寶卷、大鼓書外，尤其對贛南〈十月懷胎〉、臺灣客語說唱〈娘親渡子〉影響更爲深遠，此部份留待下一章再繼續討論。

第三章 〈娘親渡子〉近承〈十月懷胎〉

　　〈父母恩重經講經文〉、〈十恩德〉的派生物中，流傳最廣、最深的要算俗曲〈十月懷胎〉了，它是〈娘親渡子〉血緣母親，故筆者把它稱為「近承」。中央研究院傅斯年圖書館善本室有上海協成書局《新編時調大觀・49 集・新編十月懷胎》：

> 人乃天地配三才，父親母親共（供）養兒成胎，
> 為人要把二老雙親來敬，你身從何是何處來？
> 爺的恩情都還好報，娘的恩情似如海樣深！
> 你若還不把雙親來敬，我把個十月懷胎來唱與你聽聽：
>
> 一個月懷胎，懷在娘的身，好一似露水飄落在花心，花前露水容顏來改變，要想還原萬萬又不能。
>
> 二個月懷胎懷在娘的身，好一似雨露飄落在江心，雨雪好比江中浮萍草，飄飄蕩蕩未曾來長根。
>
> 三個月懷胎懷在娘的身，是男是女左右兩肢分，三餐茶飯無心來吃下，端起碗來作了惡（噁）心。
>
> 四個月懷胎，懷在娘的身，獨坐在廂房缺少精神，多少針線無心思來做，提起線來吊（掉）下一根針。
>
> 五個月懷胎，懷在娘的身，獨睡在，牙床上，難得起身，天晴日間多好過，陰天下雨骨頭骨節疼。
>
> 六個月懷胎，懷在娘的身，三伏炎天熱壞了多少人？知心腸妯娌們幫同奴家來做事，不知道的小姑娘他（她）說奴家裝病哼！

七個月懷胎，懷在娘的身，爬高下底（低）自己要當心，走起吓路來不敢跨步子大，又恐怕驚動腹中小姣生。

八個月懷胎，懷在娘的身，小姣兒在腹中一陣陣的疼，肚子疼得能有巴斗大，兩腿又腫活像琉璃燈。

九個月懷胎，懷在娘的身，娘家行禮來催生，養下了男孩兒公婆多歡喜，養下了女孩兒多是別人家的人。

十月懷胎要降生，臨養之時九死一生，渾身好比山崩並地裂，眼前好比地獄門，一陣陣疼來疼了一個死，兩陣陣疼了一個昏。知心的丈夫心腸疼軟了，點起蠟燭焚起香，快快生快快養，免得一家大小挂念在心腸，是男是女落下了地，大香大燭送子又催生。〔註1〕

這是一首長短句的民歌，開始八句是總綱「勸孝」；接下來九個聯章敘述母親懷胎之苦；最後一章是描述母親生產之苦：「渾身好比山崩並地裂，眼前好比地獄門。」傅斯年圖書館善本室另有一首〈梳庄（妝）臺調‧十月懷胎〉：

一個月懷胎懷在娘的身，這一點露水珠滴落在花心，花見露水彥（顏）色變，要想還原萬萬也不能。

兩個月懷胎懷在娘身，一點餘血聚在腹內中，好一似塘內浮萍草，飄飄蕩蕩未成長根。

三個月懷胎在娘身，是男是女左右分，三餐茶飯未飽一頓，端起碗來作惡（噁）心。

四個月懷胎在娘身，坐在香（廂）房懶站起身，從有針線無心做，拿起線來忘記針。

五個月懷胎在娘身，獨在牙床難以起身，天晴日子還好過，天陰日子橫身骨頭疼。

六個月懷胎在娘身，三伏炎天熱壞人。知心嫂子幫住（助）我來做，不知趣姑子說我裝病哼！

七個月懷胎在娘身，扒（爬）高上低自己存神，走起路來不敢跨大步，尤恐產後動腹內小姣生。

〔註1〕 不著錄作者：《新編時調大觀49集‧新編十月懷胎》（上海：協成書局，未註明出版年月），中央研究院傅斯年圖書館善本書室 TC18-218。

八個月懷胎在娘身，小姣兒就在腹內撐，肚子撐了有個燒箕大，兩腿腫的（得）好像琉璃燈。

九個月懷胎在娘身，媽家行禮來催生，生個男孩兒公婆也歡喜，生下女孩兒傍人家的人。

十月懷胎要降生，臨盆之時命只得二三分，渾身好比山崩地又轟（裂），兩腿蹬開好像地獄門，一陣疼來疼個死，二陣疼來疼一個昏。丈夫的心腸被我疼軟了，點燭焚香口內祝告神，求菩薩保佑快快生，一家老少免罣在心，是男是女生下來罷，大香大燭答謝神靈。一尺三寸抱在娘懷，好容易痲麻豆症扶侍過來，惟人要把父母敬，忤逆不孝身從何處來？〔註2〕

此首和前者內容大同小異，只不過是把勸孝的部份「一尺三寸抱在娘懷，好容易痲麻豆症扶侍過來，惟人要把父母敬，忤逆不孝身從何處來？」擺在尾端，而前者的設問「你身從何是何處來？」放在句首而已。在中國境內，諸如此類的〈十月懷胎〉歌謠非常多，且分佈廣。【梳妝臺調】目前仍活躍於客家戲曲、八音中，內容對臺灣客語說唱〈娘親渡子〉有直接的影響。所以在此特闢一章討論之。

第一節　俗曲〈十月懷胎〉的形式和內容

〈十月懷胎〉因各地民情不同而有不同的稱呼，有〈懷胎〉、〈懷胎歌〉、〈小懷胎〉、〈懷胎調〉、〈拾月懷胎〉、〈十月懷胎經〉、〈十月懷胎歌〉、〈十月懷胎〉、〈十月花胎〉、〈育兒經〉、〈僧侶歌〉等名稱，其中以〈十月懷胎〉命名的最多。

筆者目前搜集到的〈十月懷胎〉共有63首（見附錄3）：雲南省1首、新疆省1首、寧夏省7首、陝西省5首、山西省2首、河南省2首、河北省5首、北京市2首、湖南省10首、湖北省1首、江蘇省1首、浙江省3首、江西省7首、貴州省1首、福建省3首、廣東省3首、臺灣省6首、不明省份3首。除了臺灣人陳火添編著的〈十月懷胎〉和張進科抄本〈十月懷胎〉完全一樣外，其他的61首內容沒有完全一樣的，可見〈十月懷胎〉內容的多元以

〔註2〕　不著錄作者：〈梳庄臺調·十月懷胎〉（臺北：中央研究院傅斯年圖書館善本書室，不著錄出版年月），TC12-170。

及流佈的廣闊。

一、〈十月懷胎〉的形式

〈十月懷胎〉的形式相當多元，茲以句長、篇章、歌唱形式概述之。

（一）句長

依句子字數的長短，可分爲雜言的長短句，和字數整齊的五言、七言的整齊句兩種：

1. 長短句

〈十月懷胎〉的句長，有的是長短句。例如，河北省曲陽縣的民歌〈懷胎〉：

> 芒種節來麥梢兒黃，大麥小麥齊上場，王二嫂妳懷著胎把場來上啊，自己籭來自己揚，一天打麥忙又忙，不知道孩子他受得什麼罪？五個月幼苗兒離開了娘。

> 第二回懷胎懷了十月整，養了個娃娃白又胖，高興得王二嫂合不上嘴，請妗子兒叫姥娘，三天抱著看燈光，不知不曉四六風，緊治慢治就一命兒亡。〔註3〕

這首歌，句長相當自由：第一章是8、7、11、7、7、11、10言；第二章是10、8、10、7、7、7、9言。又如陝西省洛川縣的〈懷胎〉：

> 石榴葉兒青，花開幾日紅，家丟下一女未曾許配人。

> 媒婆常來走，爹娘不開口，不知道銀兩要呀要多少？

> 白的稱一斤，黃的稱三兩，你與奴尋上個好呀好女婿。

> 八月許了親，九月娶過門，姐兒一見他喜呀喜心中。

> 懷胎正月正，姐兒未知情，又比方水澆蔥苗苗扎下根。〔註4〕

這首〈懷胎〉每一章的前兩句都是五言，第三句以十字句爲主。又貴州省獨山縣也有一首〈懷胎調〉：

> 懷胎一個正月正，奴家不知因。水上浮萍實實不定根。情郎實實不定根。懷胎一個二月多，奴家不好說。新來媳婦是臉皮薄。新來媳

〔註3〕 佚名唱，宋晨明記：〈懷胎（二）〉，中國民間歌曲集成河北卷編輯委員會：《中國民間歌曲集成河北卷》，頁778。

〔註4〕 佚名唱，林裡記：〈懷胎〉，中國民間歌曲集成陝西卷編輯委員會：《中國民間歌曲集成陝西卷》，頁257。

婦是臉皮薄。〔註5〕（下略）

這首〈懷胎調〉可看作7、5、9、9的長短句，第四句都是第三句的重句。

2. 整齊句

〈十月懷胎〉的句長以整齊句居多。有五言的，例如浙江省慶元縣的〈十月懷胎〉：

懷胎正月正，奴奴孕在身，飄洋過海呀，奴奴一條心。〔註6〕

又陝西商南縣的〈十月懷胎〉：

懷胎正月正，奴家不知情，水面上浮萍，輕輕紮下根，輕輕紮下了根。〔註7〕

又福建省龍溪縣〈十月懷胎〉：

懷胎正月正，奴奴有了身，飄洋過海呀，奴奴一條情。

懷胎二個月，奴奴不敢說，說出真真呀，心跳臉皮紅。

懷胎三月三，奴奴巧梳妝，梳妝打扮呀，思想我才郎。

懷胎四月八，奴家拜菩薩，菩薩保佑呀，生下個小孩童。

懷胎五月五，奴家口中苦，思想楊梅呀，吃了三四五。

懷胎六月六，奴家洗衣服，腳尖尖鞋短短，實在難離身。

懷胎七月半，奴家算一算，算來來算去去，有了一大半。

懷胎八月半，八月桂花香，風吹吹桂花花，時時送香來。

懷胎九月九，奴家疼肚子，痛來來痛去去，不知幾時生？

懷胎十月滿，奴家快臨盆，叫一聲親寶貝，快快生下來。

丈夫請來看，婆婆快進房，是男呀是女呀，快來看一看。

丈夫請來看，婆婆快進房，是男呀是女呀，取個好名來。〔註8〕

陝西省和福建省的〈十月懷胎〉都可算是五言的整齊句。除了五言的，還有七言的整齊句。例如湖南省華容縣有一首母喪時孝子唱的〈十月懷胎〉：

一月懷胎在娘身，無蹤無影又無形，

〔註5〕 岑子明唱，潘明揮記，中國民間歌曲集成貴州卷編輯委員會：《中國民間歌曲集成貴州卷》（北京：新華書店，1992年2月），頁162～163。

〔註6〕 姚良恕唱，李農林等記：〈懷胎〉，中國民間歌曲集成浙江卷編輯委員會：《中國民間歌曲集成浙江卷》，頁428。

〔註7〕 嚴正啓唱，張丹鳳等記：〈十月懷胎〉，中國民間歌曲集成陝西卷編輯委員會：《中國民間歌曲集成陝西卷》，頁1237。

〔註8〕 楊大光唱，佚名記：〈十月懷胎〉，中國民間歌曲集成福建卷編輯委員會《中國民間歌曲集成福建卷》（北京：新華書店，1996年3月），頁978～979。

　　有蹤有影難見面，不覺有孕在娘身。
　　二月懷胎在娘身，飲食起居不安寧，
　　坐臥不適身疲乏，疑是病魔來纏身？
　　三月懷胎在娘身，你娘百般都思盡，
　　思想酸桃並酸果，又思胡椒打湯飲。
　　四月懷胎在娘身，坐在地下懶起身，
　　好順丈夫拉一把，忤逆丈夫哼幾聲。
　　五月懷胎在娘身，五荒六月汗淋淋，
　　母在房中做針線，一下熱倒兩個人。
　　六月懷胎在娘身，行路好像半空雲，
　　朦朧不知天早晚，猶如南柯夢裏人。
　　七月懷胎在娘身，睡在床上懶翻身，
　　睡到五更雞鳴曉，一夜哼喚到天明。
　　八月懷胎在娘身，少食飯菜少精神，
　　茶飯不敢多吃口，羅裙不敢緊纏身。
　　九月懷胎在娘身，東南西北路難行，
　　起心想往娘家走，又怕孩子路上生。
　　十月懷胎在娘身，兒在母腹要降生，
　　手也動來腳也蹬，抓娘肝膽痛娘心。〔註9〕

這首〈十月懷胎〉的每章開端詞都是「～月懷胎在娘身」，復沓的音樂性甚強。
「思想酸桃並酸果，又思胡椒打湯飲」其實是後世〈病子歌〉的部分內容；「兒
在母腹要降生，手也動來腳也蹬，抓娘肝膽痛娘心」和陳火添〈娘親渡子勸
世文〉：「在娘肚中未出世，絞娘心肝絞娘腸」的旨趣也是一樣。

　　又如廣東梅遼客家人遇到母喪時，所唱的喪歌〈十月懷胎經〉（又名〈育
兒經〉）：

　　昔日唐僧去取經，取下報恩一份經，
　　報恩經中十二字，字字行行寫分明。
　　昔古有個目連僧，擔經挑母去修行，

〔註9〕李松慶唱、蕭金城記：〈十月懷胎〉，中國民間歌曲集成湖南卷編輯委員會：
　　　《中國民間歌曲集成湖南卷》（北京：新華書店，1994年10月），頁1074～
　　　1075。

經在前頭背了母，母在前頭背了經。
將經將母橫挑去，山林竹木兩邊分，
右肩擔得皮血破，左肩擔得血淋身。
借問靈山多少路？十萬八千亦有零，
不說十萬八千路，再加十萬亦要行。
去到靈山見佛祖，取出一卷大藏經，
先取大藏經一卷，後取半卷懷胎經。
養兒不知娘受苦，養女可知母苦辛，
堂前椅子輪流坐，媳婦也有做婆時。
且看簷前滴滴水，點點滴來不差池，
孝順之人生孝子，忤逆之人生逆兒。
十月懷胎從頭起，從頭一二說分明。

正月懷胎如露水，桃李開花正逢春，
猶如水上浮萍草，不知生根不生根。
二月懷胎不計時，臉皮黃瘦眼落眶，
眼矇不見穿針線，插在花鞋懶去尋。
三月懷胎三月三，三餐茶飯吃兩餐，
三餐茶飯不思進，盡想酸味解口淡。
四月懷胎漸漸成，臉黃肌瘦目無神，
少壯懷胎猶能耐，老來骨瘦軟如棉。
五月懷胎分男女，是男是女總成人，
是男是女不去想，只想快快得降生。
六月懷胎三伏天，燒茶煮水懶向前，
廳堂掃地身難轉，平地猶如上高山。
七月懷胎正六（立）秋，有如梧桐釣金鉤，
八幅羅裙長安帶，那個懷胎心不憂。
八月懷胎桂花香，夏種夏收亂忙忙，
胎兒腹中轉團團，性命擔心見閻王。
九月懷胎重如山，蹲下容易起來難，
左手如抓娘心肺，右手如抓娘心肝。
十月懷胎兒當生，胎兒上下轉團團，

呼娘上天天無路，喊爹下地地無門。

是男是女盼生早，免得難生失魂魄。〔註10〕

這首〈十月懷胎〉和贛南的儀式說唱類喪歌：「正月懷胎如露水，桃李開花正逢春，猶如水上浮萍草，不知生根不生根……五月懷胎分男女……九月懷胎重如山」至今在臺灣客語喪歌仍傳唱；「左手如抓娘心肺，右手如抓娘心肝」、「呼娘上天天無路，喊爹下地地無門」很相近，在陳火添〈娘親渡子勸世文〉、〈娘親渡子〉都可見到類似的句子。

湖南華容縣以及廣東梅寧的〈十月懷胎〉，都是典型的七言的整齊句，不但句長、句式影響了〈娘親渡子〉，內容也受其滲透。

又如雲南劍川縣白族民間藝人也唱〈十月懷胎〉：

知我說始那肯聽，爹母情比海深冷。爹母悶情理天務，用告心奴記。

樣摻肯乃殺冒額，爹母用樣汗大肯。本管苟眼布奎咒，阿斗爹母們。

爹母冒情說勞朵，用某唱自曲摻知。好知眼殺小夠大，樣說悶原因。

樣初三許樹生樹，土私押摸難生克。善冬不孝某得得，押山養育恩。

靠時喝母心奴血，餓時吃母心奴給。母摻當得千斤擔，居溫青菜色。

先殺阿旺奴說肯：

一月懷胎天水生，猶如水上浮萍草，未知可生根？

二月懷胎地生虎，做乃委乃生氣們，等保知仁溫知迷，處針汗押得。

三月懷胎成一團，昌悲三頓押想吃，居務想用吃酸那，三許吃點心。

四月懷胎摻肯重，雜摻萬給汝冷冷，年輕婦女利難金，何況彥歲眞？

五月懷胎分男女，子咒女利南山得，子利朽乃女利朽，舍彥哭摻子。

六月懷胎無干很，抽紀碗利難抽克，背樓古利漫達梯，夠務汗押得。

七月懷胎秋季長，做乃委冷生氣們，居很害使難挨特，想用吃李知。

八月懷胎某成眼，悶手悶夠利育克，母腹育生摻難過，汝自育育生。

九月懷胎生得毛，坐特勞自南對克，昌悲想用鬥吃介，要咒子努冷。

十月懷胎時刻票，腹很子女開出生，摻肯雜乃是便趁，冷牙南經冷。

溫工朋很出迷賢，治報牙知按緊克，本愛子利本愛女，體用記害得。

初怕記害得務實，務心三長兩短冷，摻努知汝居務叫，女眼情冷奔。

〔註10〕 楊民生：〈梅邊客家人文習俗〉，譚偉倫主編：《樂昌縣的傳統經濟、宗教與宗教文化》（香港：國際客家學會／法國遠東學院／海外華人資料研究中心，2002年2月），頁216～217。

因等光務欠哭摻，居務叫咒子細冷，阿時見得子女眼，得黃金生生。
記朵怎肯悶時注，初用小心緊扣趁，悶母沾等用大高，務心摻雖冷。
請便悶努乳母眼，山某恩乳告眼知，請票告彥過勞自，悶母悶乳知。
閉夫是害統者十，十夫是害初用革，用説工夫鬥夠害，體達自補克。
子眼計害阿眉自，剪悶等補洗悶給，高某天紀利彥旺，東南利西北。
三月自悶細賣迎，衣背利九根硬冷，六月對對七月坐，自奧眼奧給。
母眼而七做莊稼，阿彥使乳告本恩，做客當要更肉扣，當使子女吃。
怕某計卡利更冷，怕某出麻疹豆疹，階等比努怕跌反，記冷拉悶手。
子女夠成七歲怒，供某讀書買筆，想旺悶務成眼眼，送彥學堂很。
某聰明自爹母歡，嘔氣初怕某蠢笨，苦讀寒窗想功名，善冬名謀知。
汗子汗女押輕易，彥彥友友奴操心，爲子爲女奴操心，毛利苦把克。
樣坐善冬成眼眼，爹母用樣汗大克，摸克心口努告咪，用報父母恩。

〔註11〕

這首白族流傳的〈十月懷胎〉是七言整齊句的變體，句式爲 7、7、7、5，用了許多白族方言，詞彙和形式和一般漢族的〈十月懷胎〉差別較大，不過描寫母親的十個恩德以及勸孝的旨趣是一致的，例如：

1. 一月懷胎天水生，猶如水上浮萍草，未知可生根：和廣東梅寧及贛南的〈十月懷胎〉一樣，把胎兒著床視爲「浮萍草」，擔心它不曉得生根否？

2. 三月懷胎成一團，昌悲三頓押想吃，居務想用吃酸那，三許吃點心：描寫害喜的口味變化，和閩、客的〈病子歌〉都類似。

3. 汗子汗女押輕易，彥彥友友奴操心，爲子爲女奴操心，毛利苦把克：相當於〈十恩德〉的「遠行憶念恩」和「究竟憐愍恩」。

（二）篇章

〈十恩德〉是十個篇章，所以典型的〈十月懷胎〉也是月令的十個聯章體。如湖南省永興縣的〈十月懷胎〉：

懷胎正月正，娃娃上了身，娃娃上了身。
懷胎二月二，娃娃有兩月，娃娃有兩月。

〔註11〕雲南劍川縣白族民間藝人唱本：〈十月懷胎〉，《中國西南文獻叢書・第五輯・西南少數民族文字文獻第 15 卷》（蘭州：蘭州大學出版社，2003 年未註明月份），頁 502～511。

懷胎三月三，三餐茶飯減兩餐，三餐茶飯減兩餐。

懷胎四月八，告訴爹和媽，多養雞和鴨。

懷胎五月五，娃娃有了半肚，娃娃有了半肚。

懷胎六個月，娃娃長骨節，娃娃長骨節。

懷胎七月半，奴把日子算，算來正差兩月半。

懷胎八月八，告訴爹和媽，多送雞和鴨。

懷胎九月九，娃娃快到手，浸缸好甜酒。

懷胎十月正，娃娃養下地，娃娃養下地。〔註12〕

又如湖南省冷江市民歌〈十月懷胎〉：

懷胎正月正，奴家不知音，懷胎正月不知假和眞！

懷胎二月二，奴家不好説，説來説去眞是不好説！

懷胎三月三，奴家進房間，梳妝打扮打扮出房門。

懷胎四月八，奴家把信搭，搭信爹娘多餵雞和鴨。

懷胎五月五，奴家過端午，吃了楊梅過個好端午。

懷胎六月六，奴家做衣服，獨自煩躁眞是不好過。

懷胎七月半，奴家把日子算，算來算去還差兩月半。

懷胎八月八，奴家敬菩薩，保護奴家生個好娃娃。

懷胎九月九，肚子痛憂憂，是男是女快些生下地。

懷胎十月十，娃娃生下地，恭喜賀喜快快去報喜。〔註13〕

此兩首都是十章，但是63首〈十月懷胎〉當中，也有唱單曲的，如河北省平山縣〈懷胎〉：

臘月裡梅花開，開開人人愛，奴奴想撅朵花兒戴，恐怕觀花的來。

〔註14〕

又陝西省綏德縣〈懷胎〉：

女兒十七八，要到婆婆家，黃河岸水深深，苗苗扎下一道根。〔註15〕

〔註12〕曹務雲唱，徐望超記：〈十月懷胎〉，中國民間歌曲集成湖南卷編輯委員會：《中國民間歌曲集成湖南卷》，頁917。

〔註13〕郭柳堂唱，魏涓涓記：〈十月懷胎〉，中國民間歌曲集成湖南卷編輯委員會：《中國民間歌曲集成湖南卷》，頁795。

〔註14〕梁銀懷唱，江玉亭記：〈懷胎（一）〉，中國民間歌曲集成河北卷編輯委員會：《中國民間歌曲集成‧河北卷》，頁776～777。

〔註15〕佚名唱，林裡記：〈懷胎〉，中國民間歌曲集成陝西卷編輯委員會：《中國民間歌曲集成陝西卷》，頁256。

也有四個聯章的，如河北省張北縣〈懷胎〉：

> 奴家十七八，花園裡去看花，二老爹娘他給我尋上個婆婆家。
>
> 懷胎正月正，血花花染奴身，黃河岸上水飄沖，苗苗扎下根。
>
> 懷胎二月二，東家媽媽想起杏兒，叫丈夫上大街，你給我買上點兒。
>
> 懷胎三月三，想他娘的杏乾乾，奴家心上軟顫顫，你給我買上半斤。
>
> 懷胎四月四，奴家也要你聽的，這四月天的酸榴榴，你給我買上幾把。〔註16〕

這首是四個聯章之前，加一個開頭，屬於四個聯章的變體。也有唱六個聯章的，如河北省石家莊市的〈十月懷胎〉：

> 懷胎正月正，奴家我肚子疼，從小裡到如今，沒有害過這樣的病。
>
> 懷胎二月多，奴家我不敢說，不想吃，不想喝，嘴裡還吐白沫。
>
> 懷胎三月三，奴家我嘴發乾，叫丈夫你稱冰糖，稱上三兩三。
>
> 懷胎四月八，奴家我掐指甲，掐一掐，算一算，一命歸陰間。
>
> 懷胎五月五，奴家我嘴發苦，叫丈夫你稱鴨梨，稱上五兩五。
>
> 懷胎六月六，奴家我想吃肉，叫丈夫你去割肉，割上六兩六。〔註17〕

也有些會在十個月令聯章之前、之後或是前後都加唱詞的，例如陝西省鳳縣民歌〈十月懷胎〉：

> 豇豆葉兒青，花開小桃紅，家中有一女，未曾許給人。
>
> 家中有一女，未曾許給人。
>
> 十月說成親，十一月接過門，專等妳臘月裡，臘梅花兒紅。
>
> 專等妳臘月裡，臘梅花兒紅。
>
> 懷胎正月正，懷得不知因，水面上浮萍兒，未曾扎下根。
>
> 水面上浮萍兒，未曾扎下根。
>
> 懷胎二月二，二月裡梅花落，小媳婦懷胎著，實在臉皮薄。
>
> 小媳婦懷胎著，實在臉皮薄。

〔註16〕霍占海唱，江玉亭記：〈懷胎（二）〉，收錄中國民間歌曲集成河北卷編輯委員會：《中國民間歌曲集成河北卷》，頁779～781。

〔註17〕馮文林唱，李力等記：〈十月懷胎〉，中國民間歌曲集成河北卷編輯委員會：《中國民間歌曲集成河北卷》，頁776～777。

懷胎三月三，茶飯懶得餐，我有心上牙床，眠上一眠。

我有心上牙床，眠上一眠。

懷胎四月八，進廟把香插，雙膝忙跪倒，叫一聲女菩薩。

雙膝忙跪倒，叫一聲女菩薩。

懷胎五月五，姐兒顯了懷，奴有心酸杏兒，吃上二十五。

奴有心酸杏兒，吃上二十五。

懷胎六月半，手扳指頭算，算來算去，懷了多半年。

算來算去，懷了多半年。

懷胎七月七，七月裡刮秋風，刮得奴家渾身冷，骨頭關節疼。

刮得奴家渾身冷，骨頭關節疼。

懷胎八月八，收拾轉娘家，娘家我媽媽，忙把雞兒殺。

娘家我媽媽，忙把雞兒殺。

懷胎九月九，實在懷得苦，小孩在肚裡，打了個跟頭。

小孩在肚裡，打了個跟頭。

懷胎十月整，娃娃要出懷，疼也疼得很，疼得滿床滾。

疼也疼得很，疼得滿床滾。

老婆娘妳出去，丈夫你進來，你在神面前，給奴許上個願。

你在神面前，給奴許上個願。

表兒揭三張，香兒看三根，娃娃跌落地，連連叫三聲。

娃娃跌落地，連連叫三聲。

雞蛋打一雙，白米加紅糖，再到我娘家去，快把喜報上。

再到我娘家去，快把喜報上。

三步并兩步，來到丈人家，跪稟老雙親，得了個外孫娃。

跪稟老雙親，得了個外孫娃。〔註18〕

這首〈十月懷胎〉就是在一月至十月十個篇章之外，加了「豇豆葉兒青，花開小桃紅……專等妳臘月裡，臘梅花兒紅。」未婚前少女懷春情節；以及「老婆娘妳出去，丈夫你進來……跪稟老雙親，得了個外孫娃。」生產時、生產

〔註18〕壬志發唱，李振中等記：〈懷胎〉，中國民間歌曲集成陝西卷編輯委員會：《中國民間歌曲集成陝西卷》，頁753～754。

後報喜訊的的情節。也有不是月令聯章的,如陝西省洛川縣〈懷胎〉:

> 石榴葉兒青,花開幾日紅,家丟下一女未曾許配人。
>
> 媒婆常來走,爹娘不開口,不知道銀兩要呀要多少?
>
> 白的稱一斤,黃的稱三兩,你與奴尋上個好呀好女婿。
>
> 八月許了親,九月娶過門,姐兒一見他喜呀喜心中。
>
> 懷胎正月正,姐兒未知情,又比方水澆蔥苗苗扎下根。〔註19〕

這一首著重在說媒、訂親、嫁娶的經過,最後才點出初懷孕的懵懂與驚喜。和一般一至十月懷胎情節不太一樣。

(三)歌唱形式與音樂

〈十月懷胎〉演唱的方式,大都是「單曲重頭」,所謂「單曲重頭」就是在聯章體中,每一首歌所用的音樂都是相同。另外,幾乎每一首歌也用了許多虛字,如「哪、呀、喲、啊」的拖腔。也有用「增句」的和聲,如湖南省邵陽縣〈十月懷胎〉:

> 懷胎正月正,奴家不知音,水中的浮萍實實未落根。
>
> 叫一聲乾哥哥,叫一聲王媽媽,水中的浮萍實實的未落根。
>
> 懷胎二月過,奴家在繡房坐,少年的懷胎實實臉皮薄。
>
> 叫一聲乾哥哥,叫一聲王媽媽,少年懷胎實實臉皮薄。
>
> 懷胎三月三,實在不動餐,三餐茶飯只想動兩餐。
>
> 叫一聲乾哥哥,叫一聲王媽媽,三餐茶飯只想動兩餐。
>
> 懷胎四月八,上訴爹和媽,多餵頭牲少餵水中鴨。
>
> 叫一聲乾哥哥,叫一聲王媽媽,多餵頭牲少餵水中鴨。
>
> 懷胎五月五,實在懷得苦,只想楊梅吃下滿心腹。
>
> 叫一聲乾哥哥,叫一聲王媽媽,只想楊梅吃下滿心腹。
>
> 懷胎六月六,六月是三伏,我勸我郎搭一個對面鋪。
>
> 叫一聲乾哥哥,叫一聲王媽媽,我勸我郎搭一個對面鋪。
>
> 懷胎七月半,請一個先生算,左算右算還差兩月半。
>
> 叫一聲乾哥哥,叫一聲王媽媽,左算右算還差兩月半。

〔註19〕 佚名唱,林裡記:〈懷胎〉,中國民間歌曲集成陝西卷編輯委員會:《中國民間歌曲集成陝西卷》,頁257。

懷胎八月八，現在懷得差，左差右差差一個好娃娃。

叫一聲乾哥哥，叫一聲王媽媽，左差右差差一個好娃娃。

懷胎九月九，娃娃肚裏抖，是男是女打一個筋斗。

叫一聲乾哥哥，叫一聲王媽媽，是男是女打一個筋斗。

懷胎十月足，娃娃地上哭，我勸我郎多辦點新衣服。

叫一聲乾哥哥，叫一聲王媽媽，我勸我郎多辦點新衣服。〔註20〕

「叫一聲乾哥哥，叫一聲王媽媽」即是增句，同時，每一章的末句，都是第三句的重複，這種復沓，也可造成語言、音樂的聲情效果。又如江西省寧都縣喪事〈懷胎歌〉：

正月懷胎如露水，生流水，桃李花開正逢春，有情我的哥，荷花生流水那個彎山流水轉，好像水上浮根草，生流水，未知生根不生根？有情我的哥，荷花生流水那個彎山流水轉。

二月懷胎不知時，生流水，手軟腳懶步難移，有情我的哥，荷花生流水那個彎山流水轉，眼前不見穿花線，生流水，放下花鞋難起身。有情我的哥，荷花生流水那個彎山流水轉。

三月懷胎三月三，生流水，三餐茶飯食兩餐，有情我的哥，荷花生流水那個彎山流水轉，餐餐茶飯不想食，生流水，思想楊梅到嘴邊。有情我的哥，荷花生流水那個彎山流水轉。

四月懷胎枇杷黃，生流水，心中思想枇杷嘗，有情我的哥，荷花生流水那個彎山流水轉，雙手扳到（倒）枇杷椏，生流水，又怕扼著小娃娃。有情我的哥，荷花生流水那個彎山流水轉。

五月懷胎分男女，生流水，是男是女心中想，有情我的哥，荷花生流水那個彎山流水轉，是男是女思想起，生流水，未知是女是兒郎？有情我的哥，荷花生流水那個彎山流水轉。

六月懷胎三伏天，生流水，烹茶煮飯懶向前，有情我的哥，荷花生流水那個彎山流水轉，堂前掃地身難轉，生流水，行路活像上高山。有情我的哥，荷花生流水那個彎山流水轉。

〔註20〕覃小蘭唱，朱之凡記：〈十月懷胎〉（地花鼓），中國民間歌曲集成福建卷編輯委員會：《中國民間歌曲集成湖南卷》，頁601～602。

七月懷胎正立秋，生流水，梧桐樹上掛金鉤，有情我的哥，荷花生流水那個彎山流水轉，金鉤掛在梧桐樹，生流水，低頭容易抬頭難。有情我的哥荷花生流水那個彎山流水轉。

八月懷胎桂花香，生流水，五穀上倉亂忙忙，有情我的哥，荷花生流水那個彎山流水轉，白米不敢吃個飽，生流水，羅裙不敢緊繫腰。有情我的哥，荷花生流水那個彎山流水轉。

九月懷胎月將滿，生流水，懷胎肚裏滾滾翻，有情我的哥，荷花生流水那個彎山流水轉，左轉三下是男兒，生流水，右轉三下是女人。有情我的哥，荷花生流水那個彎山流水轉。

十月懷胎當落月，生流水，懷胎肚裏似火熱，有情我的哥，荷花生流水那個彎山流水轉，牙齒咬得鐵釘斷，生流水，花鞋踩得地頭穿。有情我的哥，荷花生流水那個彎山流水轉。〔註21〕

這首〈懷胎歌〉每一篇章中的奇數句後加「生流水」，偶數句後加「有情我的哥，荷花生流水那個彎山流水轉」都是「增句」，「增句」的和聲有復沓的效果。

　　〈十月懷胎〉本是民歌性質，所以歌者大都用其本身熟悉的曲腔來演唱，如寧夏同心縣的〈十月懷胎〉〔註22〕用【五更調】演唱；浙江嵊縣的〈十月懷胎〉〔註23〕用【宣卷調】演唱；浙江安吉縣的〈十月懷胎歌〉〔註24〕用【寶卷調】演唱；貴州獨山縣的〈懷胎調〉〔註25〕用【懷胎調】演唱；傅斯年 Tc12-170〈十月懷胎〉用【梳妝臺調】演唱。臺灣地區的〈十月懷胎〉大都唱【平板】、【平板什唸子】。其中的【五更調】、【懷胎調】、【梳妝臺調】、【病子歌】目前仍保存於客家戲曲、八音中。

〔註21〕羅玉清、黃小蓮唱，彭墨文、謝燕青記：〈懷胎歌〉，中國民間歌曲集成江西卷編輯委員會：《中國民間歌曲集成江西卷》（北京：新華書店，1996 年 3月），頁 1280～1281。

〔註22〕同心縣〈十月懷胎〉，《中國歌謠集成寧夏卷》（北京：新華書店，2000 年 12月），頁 237～238。

〔註23〕嵊縣〈十月懷胎〉，《中國民間歌曲集成浙江卷》（北京：新華書店，1993 年），頁 560～561。

〔註24〕安吉縣〈十月懷胎歌〉，《中國民間歌曲集成浙江卷》（北京：新華書店，1995年 12 月），頁 320～321。

〔註25〕貴州獨山縣〈懷胎調〉，《中國民間歌曲集成貴州卷》（北京：新華書店，1995年 12 月），頁 162～163。

二、〈十月懷胎〉的內容及分類

深究一下 63 首〈十月懷胎〉的內容，依其功能和表演方式，個人把它分爲兩類：一爲抒情歌謠類，一爲儀式說唱類。前者直接源自敦煌民歌〈十月懷胎〉，以娛樂爲主、沒有濃厚的「父母恩重、勸孝」教條，仍處小調性質，日治之前就已發展成臺、閩地區的〈病子歌〉〔註 26〕。後者是說唱文學〈父母恩重經講經文〉、〈十恩德〉、〈懷胎寶卷〉的嫡傳，在喪葬、跳覡儀式中勸世，已是屬於說唱藝術範疇了，後來成爲〈娘親渡子〉的重要素材之一。當然有些〈十月懷胎〉不能截然劃分，把它分類乃是便於說明的權宜做法。

（一）抒情歌謠類

抒情歌謠類的〈十月懷胎〉，筆者把它定位在這些歌謠未受「父母恩重」、「報恩」等桎梏，只是單純地描寫胎兒在母體發育的過程，或母體懷孕時生理的變化等等，並沒有大聲疾呼母親懷胎、產子、育子是如何的辛苦，並告誡做人子女該如何地報答的曲子，這種曲子以娛樂爲重。如湖南省桃源縣民歌〈十月懷胎〉：

> 正月懷胎正月正，奴家不知音，不知浮萍生根不生根？
> 二月懷胎二月過，奴家不知覺，日夜只想茶湯喝。
> 三月懷胎三月三，茶飯都不沾，上坡下坡腳手軟。
> 四月懷胎四月八，拜上爹和媽，多餵雞來少餵鴨。
> 五月懷胎五月五，實在懷得苦，酸的吃得五斤五。
> 六月懷胎六月正，實在懷不得，全是情哥做的孽。
> 七月懷胎七月半，情哥把命算，算來算去是惘然。
> 八月懷胎八月八，求神把香插，保護奴家生一個乖娃娃。
> 九月懷胎九月九，實在懷得醜，肚裏的娃兒打筋斗。
> 十月懷胎十月正，娃娃要降生，好似鯉魚跳龍門。〔註 27〕

這首〈十月懷胎〉以母親第一人稱自述：剛懷孕時，也沒把握胎兒是否已著床？懷孕後，味口不好，總覺得無精打采，並且老是想吃酸的；眼見肚子慢慢隆起，於是交待爸媽要及早養雞，以備坐月子之用；快要臨盆時，胎兒在

〔註 26〕 李獻章：《臺灣民間文學集》（臺北：文光出版社，1970 年），頁 147～150。
〔註 27〕 陳月娥唱，□冰清記：〈十月懷胎〉，中國民間歌曲集成湖南卷編輯委員會：《中國民間歌曲集成湖南卷》，頁 861。

母親肚裡拳打腳踢的；十月懷胎滿，好似鯉魚跳龍門，一則以喜，一則以憂。它是純粹抒情的歌謠，並無「勸孝」的意味。又河南省新野縣民歌〈懷胎〉也是如此：

> 懷胎正月正，奴家也不知音，娃娃你本是，俺家那一條根。
> 懷胎二月多，小奴家臉皮薄，說來說去呀，小奴家懶得說！
> 懷胎三月三，臉皮起黑斑，飯也懶得吃呀，碗也懶得端。
> 懷胎四月八，小奴家回娘家，早抱雞子晚抱鴨，小奴家回娘家。
> 懷胎五月五，嘴裏酸又苦，飯也懶得吃呀，路也懶得走。
> 懷胎六月六，想吃細牛肉，一對筷子拿在手，筷子都淌淌溜。
> 懷胎七月半，想吃木瓜梨，想吃快點拿在手，實實拿不裏。
> 懷胎八月八，想吃水上漂，崛起肚子兒落著腰，不夠我人吃消。
> 懷胎九月九，娃子打跟頭，打來打去呀，小奴家可不受悠。
> 懷胎十月十，娃子見了面，大人用眼瞅，娃子橫唧溜。〔註28〕

這首〈懷胎〉描寫初次懷胎的母親，覺得很不好意思。身心起了許多變化：臉皮起黑斑、飯也懶得吃，專想吃一些怪食物，例如：細牛肉、木瓜梨、水上漂等。胎動時著實不好受，十月生下娃兒，總算大功告成。這首歌未受「父母恩重」、「報恩」思想的影響。又如北京懷柔縣的民歌〈十月懷胎〉：

> 正月懷胎正月正，姐兒頭發懵，從小我做閨女，沒得過這樣兒病。
> 二月懷胎二月多，小奴家不敢說。不想吃不想喝，順嘴的流白沫。
> 三月懷胎三月三，小奴家嘴發乾，叫丈夫你給買閬薑，買上個三兩三。
> 四月懷胎四月半，小奴家掐指算，掐一掐我算一算，一命可交給了天。
> 五月懷胎五月五，小奴家嘴發苦，叫丈夫你給稱紅糖，稱上了五兩五。
> 六月懷胎六月六，小奴家不好受，叫丈夫你給數核桃，數上了六百六。
> 七月懷胎七月七，小奴家把頭低，思一思我想一想，這事可怨自己。
> 八月懷胎八月八，小奴家撿棉花，腰又粗來肚又大，貓腰也貓不下。

〔註28〕熊胖唱，王振亞記：〈懷胎〉，中國民間歌曲集成河南卷編輯委員會：《中國民間歌曲集成河南卷》（北京：新華書店，1997年12月），頁679～680。

九月懷胎九月九，小孩子打跟頭，翻上來打下去，小奴家眞難受。

十月懷胎十月整，小奴家肚子疼，叫丈夫快點燈，小孩子要落生。

〔註29〕

這首〈十月懷胎〉也是以第一人稱「奴家」的身分唱出十個月懷胎的生理變化：害喜時眞是難受，總老是想吃閩薑、紅糖、核桃等，腰也變粗了；生產時，肚子疼痛難受。綜觀這首歌，也是用白描的手法敘述懷孕心情，無強烈「勸孝」思想。又寧夏省靈武縣也有一首男女對唱的〈十月懷胎〉：

女：懷胎正月正，雪花飄上身，黃河沿上水冰草，苗苗扎下根。

男：我的個人，聽我說分明，聽說妳是懷上孕，我實在很高興。

女：懷胎二月二，梅花遍地落，只覺得身乏困，瞌睡也是多。

男：我的個人，聽我說分明，妳的身子已不空，好好養精神。

女：懷胎三月三，茶飯懶得貪，米飯不想吃，麵飯子解不了饞。

男：我的個人，聽我說分明，想吃啥來妳說來，明天我給妳買。

女：懷胎四月八，妻兒害娃娃，想起酸杏子，吃它兩三把。

男：我的個人，聽我說分明，明天早上到園中，揪它個兩三捧。

女：懷胎五月五，晝夜想老母，想只想盼只盼，盼不到眼面前。

男：我的個人，聽我說分明，明天一早備上驢，去把妳媽請。

女：懷胎六月六，想吃羯羊肉，不要肥來不要瘦，二膘子正合口。

男：我的個人，聽我說分明，明天我到市上去，買它個兩三斤。

女：懷胎七月七，瓜菜市上齊，想吃一串水葡萄，大果子長把梨。

男：我的個人，聽我說分明，明天我到市上去，各樣買幾斤。

女：懷胎八月八，出懷的肚子大，一心心想吃個，油餅子泡西瓜。

男：我的個人，聽我說分明，明天先把油餅炸，再買個大西瓜。

女：懷胎九月九，手扶炕沿走，只覺得肚子裡，上下打跟斗。

男：我的個人，聽我說分明，恐怕是小胎兒，早晚要離身。〔註30〕

〔註29〕 蕭振生唱，劉振寶、鍾松林採錄，劉振寶記：〈十月懷胎〉，中國民間歌曲集成北京卷編輯委員會：《中國民間歌曲集成北京卷》（北京：新華書店，1994年11月），頁728～729。

〔註30〕 楊瑞珍、謝瑞珍唱，尚立亞、楊安林記：〈十月懷胎〉，中國民間歌曲集成寧夏卷編輯委員會：《中國民間歌曲集成寧夏卷》（北京：新華書店，1992年1

這首歌和男女對唱的〈病子歌〉很類似，其中的「我的個人」是無意義的增句。綜觀這四首〈十月懷胎〉只有敘述母親「病子」時的生理及味口變化，以及胎兒在母體發育狀況，完全是一種生活歌，沒有濃濃的說教味道。像這樣性質的〈十月懷胎〉在中國各省還非常多。

　　1954 年，臺灣新竹人陳火添編著的〈十月懷胎〉說：「三月懷胎三月三，懷胎娘子心頭貪（淡）；三餐茶飯無想食，想食楊梅當時酸。四月懷胎結楊梅，楊梅樹下結成胎，口中有想楊梅食，難得楊梅跌下來。」1961 年，邱阿專唱的〈十月懷胎〉：「阿姆結髮有身項，一月二月無相干。三月到四月專想愛食來口裡酸。」這兩首〈十月懷胎〉皆和前面大陸原鄉〈十月懷胎〉有相似之處。賴碧霞亦曾收錄了一首〈懷胎歌〉：

> 懷胎喜歡歡，奴家心歡喜，思想啊郎君啊，綾羅帳內眠。
> 懷胎喜歡歡，奴家心歡喜，思想啊懷胎啊，到低（底）男也女。
> 懷胎三月三，奴家心頭驚，青春啊年少啊，變到面皮黃。
> 懷胎四月長，奴家心茫茫，思想啊想食啊，鳳梨口味香。
> 懷胎五月五，奴家心中苦，思想啊楊梅啊，未食三四五。
> 懷胎六月六，奴家真艱苦，思想啊鞋尖啊，腳細難移步。
> 懷胎七月秋，奴家真無修，思想啊想食啊，麻豆文旦柚。
> 八月秋風涼，奴家拜月光，思想啊保佑啊，奴家愛健康。
> 懷胎九月長，肚大真郎（閬）碰，思想啊寸步啊，難移苦難當。
> 懷胎十月中，奴家肚子痛，思想啊生產啊，日期到來臨。〔註31〕

這首〈懷胎歌〉是屬於五言四句的聯章體，它的開端語「懷胎三月三」、「懷胎五月五」、「懷胎六月六」等和河北石家莊市的〈十月懷胎〉、河北張北縣的〈懷胎〉、河北尚義縣的〈懷胎〉、寧夏賀蘭縣的〈十月懷胎〉、寧夏靈武縣的〈十月懷胎〉、寧夏同心縣的〈九月懷胎〉、陝西商南縣的〈十月懷胎〉、陝西安康市的〈十月懷胎〉、湖南臨湘縣的〈十月懷胎〉、湖南桑植縣的〈十月懷胎〉、湖南津市市的〈十月懷胎〉、湖南永興縣的〈十月懷胎〉、湖南祁陽縣的〈十月懷胎〉、湖南冷江市的〈十月懷胎〉、湖南邵陽縣的〈十月懷胎〉、福建龍溪縣的〈十月懷胎〉等的開端語完全一樣，可見賴碧霞的〈懷胎歌〉和這些省份的〈十月懷胎〉也有關聯。

月），頁 204～205。
〔註31〕賴碧霞：《台灣客家民謠薪傳》（臺北：樂韻出版社，1993 年 8 月），頁 93。

　　懷孕婦女的食慾往往會產生特殊的變化，一般來說喜歡吃酸的食物，稱之為「發子」（bod` zii`）或「病子」（piang zii`）。「發子」時，孕婦想吃的食物也會因為各地氣候、物產不同，而有所差別。茲將相關的〈十月懷胎〉中孕產食物整理如下：

〔表3-1〕中國各地〈十月懷胎〉孕產食物分析表

省份	出　　　處	歌　名	孕　產　食　物
北京	(2)《中國民間歌曲集成北京卷》，頁 728 ～729，懷柔縣	十月懷胎	閩薑、紅糖、核桃
	(3)《中國民間歌曲集成北京卷》，頁 729 ～730，海淀	十月懷胎	閩薑、冰糖
河北	(4)《中國民間歌曲集成河北卷》，頁 776 ～777，石家莊市	十月懷胎	冰糖、鴨梨、肉
	(6)《中國民間歌曲集成河北卷》，頁 779 ～781，張北縣	懷胎	杏乾、酸溜溜的東西
	(7)《中國民間歌曲集成河北卷》，頁 781 ～783，尚義縣	懷胎	槽子糕、酸毛杏、杏乾、肥羊肉、西瓜、黑籽
河南	(8)《中國民間歌曲集成河南卷》，頁 679 ～680，新野縣	懷胎	細牛肉、木瓜梨、水上漂
	(9)《中國民間歌曲集成河南卷》，頁 680 ～681，宜陽縣	十月懷胎	酸梅杏
新疆	(11)《中國民間歌曲集成新疆卷》，頁 763 ～764，哈薩克自治縣	十月懷胎	酸杏蛋、水蘿蔔、芥末拌涼粉
寧夏	(13)《中國民間歌曲集成寧夏卷》，頁 453，賀蘭縣	十月懷胎	酸毛杏、五花肥羊肉
	(14)《中國民間歌曲集成寧夏卷》，頁 204 ～205，靈武縣	十月懷胎	酸杏子、五花羯羊肉、水葡萄、大果子長把梨、油餅子、西瓜
	(16)《中國歌謠集成寧夏卷》，頁 237～238，同心縣	十月懷胎【五更調】	酸杏子、水蘿蔔、羯羊肉、大果子長把梨
	(17)《中國歌謠集成寧夏卷》，頁 238～240，同心縣	九月懷胎	酸杏子、水蘿蔔、羯羊肉、熱饅頭
山西	(19)《中國民間歌曲集成山西卷》，頁 702，湘汾縣	懷胎	酸杏乾、豬羊肉
陝西	(25)《中國民間歌曲集成陝西卷》，頁 1235 ～1236，安康市	十月懷胎	酸梅

湖南	(27)《中國民間歌曲集成湖南卷》，頁 1074〜1075，華容縣	十月懷胎	酸桃、酸果、胡椒湯
	(28)《中國民間歌曲集成湖南卷》，頁 643，臨湘縣	十月懷胎	辣蘿蔔、雞、羊肉
	(32)《中國歌謠集成湖南卷》，頁 467，永興縣	懷胎歌	楊梅、醋、薑、鯉魚、雞湯
	(34)《中國民間歌曲集成湖南卷》，頁 829，祁陽縣	十月懷胎	鰍魚煮豆腐
	(35)《中國民間歌曲集成湖南卷》，頁 795，冷江市	十月懷胎	楊梅
	(36)《中國民間歌曲集成湖南卷》，頁 601〜602，邵陽縣	十月懷胎	楊梅
福建	(37)《中國民間歌曲集成福建卷》，頁 978〜979，龍溪縣	十月懷胎	楊梅
	(38)《中國民間歌曲集成福建卷》，頁 1189，松溪縣	十月懷胎	楊梅
江西	(41)《中國民間歌曲集成江西卷》，頁 1388〜1391，南康縣	十月懷胎	酸醋、楊梅、牛肉炒子薑、閹雞湯
	(42)《中國民間歌曲集成江西卷》，頁 1280〜1281，寧都縣	懷胎歌	楊梅、枇杷
	(43)彭月生〈石上鎮的墟市、寺廟與民間風俗〉，收錄劉勁峰主編《寧都縣的宗教、廟會與經濟》，頁 191〜193	十月懷胎歌	酸辣的食物、楊梅
	(44)《中國民間歌曲集成江西卷》，頁 553〜555，崇仁縣	十月懷胎	梅子、杏子
	(45)《中國民間歌曲集成江西卷》，頁 1173〜1174，遂川縣	懷胎歌	楊梅
	(47)姚榮滔〈興國縣的跳覡風俗〉，收入羅勇、林曉平《贛南廟會與民俗》，頁 157〜158	十月懷胎	楊梅
江蘇	(48)高國藩《敦煌民俗與民俗流變——中國民俗探微》，頁 443〜444，江蘇句容茅山蔣家莊	十月懷胎	仙桃、石榴、菊花酒
臺灣	(55)張進科抄本（新竹關西林德富提供）（客語）	十月懷胎	楊梅
	(56)1954、1958 年，陳火添〈拾月懷胎〉新竹：竹林書局（客語）	拾月懷胎	楊梅

(57) 客家歌謠專輯第三集，頁 39～40 （客語）	十月懷胎	楊梅
(58) 賴碧霞《台灣客家民謠薪傳》，頁 92～ 93	懷胎	楊梅、鳳梨、麻豆文旦柚

由上表可知，北方和南方孕婦所嗜好吃的食物，共通點是「酸」的，但同中有異：

華北：槽子糕、酸毛杏、杏乾、肥羊肉、西瓜、黑籽、閩薑、紅糖、核桃等。

塞外：酸杏子、五花羔羊肉、水葡萄、大果子長把梨、油餅子、西瓜等。

華中、華南：楊梅、醋、薑、鯉魚、雞湯等。

臺灣：楊梅、鳳梨。

也由此可知，孕婦所嗜好吃的食物和當地出產的食材有關。上表的〈十月懷胎〉內容其實就是客家、閩南小調〈病子歌〉的先驅。鐘珮煖《傳統孕產及文學作品研究》〔註 32〕、林昭惠《玉珍漢書部〈最新病子歌〉研究》〔註 33〕都認為〈十月懷胎〉、〈病子歌〉乃是閩南孕產方面的歌謠，殊不知〈病子歌〉、抒情歌謠類的〈十月懷胎〉，兩者名異實同。〈病子歌〉應該是從清代開始流行於臺、閩地區，至今閩南、客家仍傳唱不絕。有關〈病子歌〉的刊本很多，茲將較重要的刊本整理如下〔註 34〕：

1. 《新奇病子歌》，清代刊本，中央圖書館。
2. 《益春病子歌》，秀峰館，陳香。
3. 〈思食病子歌〉，《新奇雜歌》（木刻本），中研院「閩南語俗曲唱本歌仔冊」編號 10。
4. 〈新刊思食病子歌〉，《新樣桃花過渡、臺灣種蔥、病囝懷胎、鬧□守寡合歌》，廈門‧榮記書局，中研院「閩南語俗曲唱本歌仔冊」編號 86。
5. 《改良思食病子歌》，廈門會文堂，中研院「閩南語俗曲唱本歌仔冊」

〔註32〕 鐘珮煖：《傳統孕產及文學作品研究》（花蓮：花蓮教育大學民間文學研究所博士論文，2008 年 6 月）。

〔註33〕 林昭惠：《玉珍漢書部〈最新病子歌〉研究》（臺北：國立師範大學在職碩士班碩士論文，2008 年）。

〔註34〕 根據鐘珮煖：《傳統孕產及文學作品研究》，頁 319～320 和林昭惠：《玉珍漢書部〈最新病子歌〉研究》，頁 17～18 的資料整理而成。

編號 109。

6. 《改良思食病子歌》，上海開文書局，中研院「閩南語俗曲唱本歌仔冊」
編號 174。

7. 《最新病子歌》，台北光明社，中研院「閩南語俗曲唱本歌仔冊」編號
266。

8. 〈最新病子歌〉，《蕊翠新歌》，出版社及年代均不詳，傅斯年圖書館善
本室俗曲編號 AM460。

9. 《最新病子歌》，嘉義玉珍，1932，施博爾／帝大目收藏。

10. 《十月花胎‧病子歌》，台中文林，1957，王進發收藏。

11. 《十月懷胎歌》，新竹竹林，1971，波多野／史語所。

12. 《十月花胎十勸姐歌》，新竹竹林，1970，王順隆先生自藏。

13. 《十月花胎‧病子歌》，新竹竹林，1989，王順隆先生自藏。

14. 〈病子歌〉，收入胡萬川總編輯：《彰化縣民間文學集（十）》，彰化縣
立文化中心編印，民國 85 年 6 月，頁 168～171。

15. 〈病子歌〉，收入胡萬川總編輯：《彰化縣民間文學集（三）》，彰化縣
立文化中心編印，民國 83 年 6 月，頁 206～211。

16. 〈病子歌〉，收入胡萬川總編輯：《大甲鎮閩南歌謠（二）》，臺中縣政
府編印，民國 84 年 1 月。

客語有聲資料也不少，如 1966 年，劉玉子曾錄製〈四季花〉（又名〈病
子歌〉）：

> 正月裏來新年時，娘今病子無人知。阿哥問娘食麼个？愛食豬腸炒
> 薑絲。愛食　去買。愛食豬腸炒薑絲，哪哎唷炒薑絲唷！
>
> 二月裏來係春分，娘今病子頭暈暈。阿哥問娘食麼个？愛食果子煎
> 鴨春。愛食　去買。愛食果子煎鴨春，哪哎唷煎鴨春唷！
>
> 三月裏來三月三，娘今病子心頭淡。阿哥問娘食麼个？愛食酸澀虎
> 頭柑。愛食　去買。愛食酸澀虎頭柑，哪哎唷虎頭柑唷！
>
> 四月裏來日頭長，娘今病子心頭茫。阿哥問娘食麼个？愛食楊梅口
> 裏酸。愛食　去買。愛食楊梅口裏酸，哪哎唷口裏酸唷！
>
> 五月裏來係端陽，娘今病子面子黃。阿哥問娘食麼个？愛食鹹粽搵
> 白糖。愛食　去買。愛食鹹粽搵白糖，哪哎唷搵白糖唷！

六月裏來熱難當，娘今病子苦難當。阿哥問娘食麼个？愛食仙草泡糖霜。愛食　去買。愛食仙草泡糖霜，哪哎唷泡糖霜唷！

七月裏來係立秋，娘今病子眞無修。阿哥問娘食麼个？愛食竹筍煲鯏鰍。愛食　去買。愛食竹筍煲鯏鰍，哪哎唷煲鯏鰍唷！

八月裏來月團圓，娘今病子眞可憐。阿哥問娘食麼个？愛食月鴿剁肉圓。愛食　去買。愛食月鴿剁肉圓，哪哎唷剁肉圓唷！

九月裏來係重陽，娘今病子餓斷腸。阿哥問娘食麼个？愛食豬肝煮粉腸。愛食　去買。愛食豬肝煮粉腸，哪哎唷煮粉腸唷！

十月裏來係立冬，娘今病子肚裏空。阿哥問娘食麼个？愛食麻油炒雞公。愛食　去買。愛食麻油炒雞公，哪哎唷炒雞公唷！

十一月來又一冬，手揇孩兒笑容容。阿哥問娘愛麼个？愛若**同**衫揹帶裙。愛就　去買。愛若**同**衫揹帶裙，哪哎唷揹帶裙唷！

十二月來又一年，手揇孩兒笑連連。阿伯問娘愛麼个？愛若絲線來穿錢。愛就　去買。愛若絲線來穿錢，哪哎唷來穿錢唷〔註35〕

1968 年，賴碧霞、羅石金也錄製客語〈病子歌〉，由美樂唱片行出版：

男：正月裏來新年時	女：娘今病子無人知
阿哥問娘食麼个	愛食豬腸炒薑絲
愛食　去買	合：愛食豬腸炒薑絲　哪哎唷　炒薑絲　唷
男：二月裏來係春分	女：娘今病子頭暈暈
阿哥問娘食麼个	愛食果子煎鴨春
愛食　去買	合：愛食果子煎鴨春　哪哎唷　煎鴨春　唷
男：三月裏來三月三	女：娘今病子心頭淡
阿哥問娘食麼个	愛食酸澀虎頭柑
愛食　去買	合：愛食酸澀虎頭柑　哪哎唷　虎頭柑　唷
男：四月裏來日頭長	女：娘今病子心頭茫
阿哥問娘食麼个	愛食楊梅口裏酸
愛食　去買	合：愛食楊梅口裏酸　哪哎唷　口裏酸　唷

〔註35〕劉玉子：〈四季花〉（苗栗：美樂唱片行，1966 年 10 月），M-013 HL-213 B
面。

男：五月裏來係端陽　　　　女：娘今病子面子黃
　　阿哥問娘食麼个　　　　　　愛食鹹粽搵白糖
　　愛食　　去買　　　　　合：愛食鹹粽搵白糖　哪哎唷　搵白糖　唷

男：六月裏來熱難當　　　　女：娘今病子苦難當
　　阿哥問娘食麼个　　　　　　愛食仙草泡糖霜
　　愛食　　去買　　　　　合：愛食仙草泡糖霜　哪哎唷　泡糖霜　唷

男：七月裏來係立秋　　　　女：娘今病子眞無修
　　阿哥問娘食麼个　　　　　　愛食竹筍煲鰗鰍
　　愛食　　去買　　　　　合：愛食竹筍煲鰗鰍　哪哎唷　煲鰗鰍　唷

男：八月裏來月團圓　　　　女：娘今病子眞可憐
　　阿哥問娘食麼个　　　　　　愛食月鴿剁肉圓
　　愛食　　去買　　　　　合：愛食月鴿剁肉圓　哪哎唷　剁肉圓　唷

男：九月裏來係重陽　　　　女：娘今病子餓斷腸
　　阿哥問娘食麼个　　　　　　愛食豬肝煮粉腸
　　愛食　　去買　　　　　合：愛食豬肝煮粉腸　哪哎唷　煮粉腸　唷

男：十月裏來係立冬　　　　女：娘今病子肚裏空
　　阿哥問娘食麼个　　　　　　愛食麻油炒雞公
　　愛食　　去買　　　　　合：愛食麻油炒雞公　哪哎唷　炒雞公　唷

男：十一月來又一冬　　　　女：手抱（揇）孩兒笑容容
　　阿哥問娘愛麼个　　　　　　愛若同衫揹帶裙
　　愛就　　去買　　　　　合：愛若同衫揹帶裙　哪哎唷　背帶裙　唷

男：十二月來又一年　　　　女：手抱（揇）孩兒笑連連
　　阿伯問娘愛麼个　　　　　　愛若絲線來穿錢
　　愛就　　去買　　　　　合：愛若絲線來穿錢　哪哎唷　來穿錢　唷

〔註36〕

這兩首〈病子歌〉很明顯地受到大陸生活歌〈十月懷胎〉的影響，旨趣相同，只不過因為生長環境以及物產不同，女人懷胎時想吃的東西不同罷了：河南婦人想吃細牛肉、木瓜梨、水上漂；北平婦人想吃閩薑、核桃、紅糖；寧夏

〔註36〕賴碧霞、羅石金：〈病子歌〉（苗栗：美樂唱片行，1968 年 1 月），M-116 HL-372 B 面。

婦人想吃酸杏子、羯羊肉、水葡萄、油炸餅、西瓜；臺灣婦人想吃「豬腸炒薑絲、果子煎鴨春、酸澀虎頭柑、楊梅口裏酸、鹹粽搵白糖、仙草泡糖霜、竹筍煲鰗鰍、月鴿剁肉圓、豬肝煮粉腸、麻油炒雞公」，也和陳火添〈十月懷胎〉、邱阿專〈十月懷胎〉有傳承關係。所以，有些客家歌手如竹東人陳清臺、陳寶蓮等就把〈病子歌〉又稱爲〈十月懷胎〉。

閩南語的〈病子歌〉的形式和內容，和客語的〈病子歌〉也很雷同，如廖瓊枝演唱、男女對唱的〈病子歌〉內容：

> 正月算來囉，桃花開，娘今病子無人知。君今問娘囉，要食什麼？
> 要食山東香水梨。要食我去買。你買給我食！唉呦俺某喂。
>
> 二月算來囉，田草清，娘今病子面青青。君今問娘囉，要食什麼？
> 要食生蚵來打生。要食我去買。你買給我食！唉呦俺某喂。
>
> 三月算來囉，人播田，娘今病子心艱難。君今問娘囉，要食什麼？
> 要食老酒即大瓶。要食我去買。你買給我食！唉呦俺某喂。
>
> 四月算來囉，日頭長，娘今病子面帶黃。君今問娘囉，要食什麼？
> 要食仙草滴白糖。要食我去買。你買給我食！唉呦俺某喂。
>
> 五月算來囉，人扒船，娘今病子心憂悶。君今問娘囉，要食什麼？
> 要食五香雙羔潤。要食我去買。你買給我食！唉呦俺某喂。
>
> 六月算來囉，六毒天，娘今病子無張遲。君今問娘囉，要食什麼？
> 要食新出紅荔枝。要食我去買。你買給我食！唉呦俺某喂。
>
> 七月算來囉，秋風來，娘今病子心礙礙。君今問娘囉，要食什麼？
> 要食豬肺炒鳳梨。要食我去買。你買給我食！唉呦俺某喂。
>
> 八月算來囉，是中秋，娘今病子面憂憂。君今問娘囉，要食什麼？
> 要食麻豆文旦柚。要食我去買。你買給我食！唉呦俺某喂。
>
> 九月算來囉，九葡萄，娘今病子無奈何。君今問娘囉，要食什麼？
> 要食羊肉炒黑棗。要食我去買。你買給我食！唉呦俺某喂。
>
> 十月算來囉，人收冬，孩兒落土腹內空。君今問娘囉，要食什麼？
> 要食麻油炒雞公。要食我去買。你買給我食！唉呦俺某喂。〔註37〕

〔註37〕廖瓊枝演唱：〈病子歌〉，林谷芳主編：《本土音樂的傳唱與欣賞》（宜蘭：國立傳統藝術中心籌備處，2000年12月），頁280～289。

這首〈病子歌〉孕婦嗜吃的食物，有中國產的「山東香水梨」、「五香雙羔潤」，臺灣出產的「生蚵」、「仙草」、「紅荔枝」、「麻豆文旦柚」，也有客家名菜「豬肺炒鳳梨」（又名「鹹酸甜」）、「麻油炒雞公」，可說是中國、閩、客食材的大集合，也可知三者之間有滲透的情形。

綜上可知，抒情民謠類的〈十月懷胎〉是由敦煌民歌〈十月懷胎〉而來，沒有受到〈父母恩重經講經文〉、〈十恩德〉宗教「勸孝」思想的滲透，完全是孕婦懷孕過程的心情、生理寫照。它流播在中國大江南北，於是產生了許多變異本，後來又發展成〈病子歌〉，在臺、閩地區廣為流行。在今日的臺灣客家，〈十月懷胎〉、〈病子歌〉仍非常活躍，不論是歌詞或曲腔常為採茶劇團及山歌班傳唱，甚至成為客家八音的演奏曲目之一。〔註38〕

（二）儀式說唱類

中國大陸某些地區會把〈十月懷胎〉當作喪禮之歌。例如廣東省梅寧的老人逝世後，辦理喪事的過程一般是守屍、入殮、守靈、出殯等。守靈時，大部分會要死者兒孫披麻戴孝，由師爺引著繞靈，邊哭邊爬，匍匐於祖堂之上下廳，俗稱「爬沙」，以盡兒孫最後的孝道。如死者是女人，則道士會唱唸〈十月懷胎經〉（又名〈育兒經〉）：

> 昔日唐僧去取經，取下報恩一份經，
> 報恩經中十二字，字字行行寫分明。
> 昔古有個目連僧，擔經挑母去修行，
> 經在前頭背了母，母在前頭背了經。
> 將經將母橫挑去，山林竹木兩邊分，
> 右肩擔得皮血破，左肩擔得血淋身。
> 借問靈山多少路？十萬八千亦有零，
> 不說十萬八千路，再加十萬亦要行。
> 去到靈山見佛祖，取出一卷大藏經，
> 先取大藏經一卷，後取半卷懷胎經。
> 養兒不知娘受苦，養女可知母苦辛，
> 堂前椅子輪流坐，媳婦也有做婆時。

〔註38〕有關【懷胎腔】曲詞可參考鄭榮興：《臺灣客家三腳採茶戲研究》，頁167；【懷胎老腔】在頁168；【病子歌】在頁187。

且看檐前滴滴水，點點滴來不差池，
孝順之人生孝子，忤逆之人生逆兒。

十月懷胎從頭起，從頭一二説分明：
正月懷胎如露水，桃李開花正逢春，
猶如水上浮萍草，不知生根不生根。
二月懷胎不計時，臉皮黃瘦眼落眶，
眼矇不見穿針線，插在花鞋懶去尋。
三月懷胎三月三，三餐茶飯吃兩餐，
三餐茶飯不思進，盡想酸味解口淡。
四月懷胎漸漸成，臉黃肌瘦目無神，
少壯懷胎猶能耐，老來骨瘦軟如棉。
五月懷胎分男女，是男是女總成人，
是男是女不去想，只想快快得降生。
六月懷胎三伏天，燒茶煮水懶向前，
廳堂掃地身難轉，平地猶如上高山。
七月懷胎正六（立）秋，有如梧桐釣金鉤，
八幅羅裙長安帶，那個懷胎心不憂。
八月懷胎桂花香，夏種夏收亂忙忙，
胎兒腹中轉團團，性命擔心見閻王。
九月懷胎重如山，蹲下容易起來難，
左手如抓娘心肺，右手如抓娘心肝。
十月懷胎兒當生，胎兒上下轉團團，
呼娘上天天無路，喊爹下地地無門。
是男是女盼生早，免得難生失魂魄。〔註39〕

這首〈十月懷胎〉的內容可分兩大部分：「昔日唐僧去取經⋯⋯忤逆之人生逆兒。」和張祖基《中華舊禮俗・齋公拜血盆〔註40〕之歌》〔註41〕類似，旨在

〔註39〕楊民生：〈梅邊客家人文習俗〉，譚偉倫主編：《樂昌縣的傳統經濟、宗教與宗教文化》（香港：國際客家學院／法國遠東學院／海外華人資料研究中心，2002年2月），頁216～217。

〔註40〕拜血盆：房學嘉《客家民俗》（廣州：華南理工大學，2006年1月），頁64：拜血盆是以唱爲主的科儀。齋　坐於鼓旁，伴隨鼓唱誦《血盆經》。其主旨在於安慰亡者，勸解生者，追憶往昔，祝福來日。其時，孝子手捧香爐，懷抱魂幡，不停地磕頭禮拜。母死要拜血盆，來自目連救母之傳説。楊士賢：《慎

勸孝;「十月懷胎從頭起……免得難生失魂魄」為十月懷胎過程。

　　〈十月懷胎〉除了當作喪堂儀式歌外,在經濟不發達、交通極不便利的江西省銅鼓西河片山區,人死之後,往往不能開始超渡,中間還要經過一系列的程序,如:到外地採購、籌措資金等。於是自死亡至治喪、還山有一段很長的時間,為了不讓孝家冷場,鄰居會自動前來「唱夜歌」。「唱夜歌」和唱山歌相似,只是內容是專唱給死人聽的,同時是未開家奠的,才會有人去「唱夜歌」。夜歌的主要內容有〈進十二重門〉、〈八仙過海〉、〈董永行孝〉、〈孟姜女尋夫〉和〈十月懷胎〉。〔註42〕

　　又根據姚榮滔〈興國縣的跳覡風俗〉指出:在江西省的興國縣還流傳一種由太上老君創立,經西漢茅盈三兄弟研究而成的,至唐、宋更趨成熟的跳覡(tiau sang)活動。此活動是由為人禱祝鬼神的男巫擔任,男巫一般人稱之為「茅山道士」,他們不做打醮、超度亡魂等法事,也不唸經,也不用嗩吶、鑼鼓等,而只用牛角、小鑼等。覡師往往根據不同對象有不同程式,通常有藏禁〔註43〕、暖禁〔註44〕、開禁〔註45〕、包花〔註46〕、贖魂〔註47〕、破胎

終追遠——圖說臺灣喪禮》(臺北:博揚文化事業,2008年11月),頁82:舉行「打血盆」時,釋教法師會先以沙土砌成「血盆池」,並於沙土的中央放置一碗血水,藉以代表亡者因生育所流的污血。再由扮演「目連尊者」,引領孝眷人等濟渡亡魂,並讓子女代母親飲血水,以此感念養育之情。最後,法師持錫杖擊破整座「血盆池」,以免往後還有亡者必須在此受苦,且回向給亡者,使其速往無量佛光剎。

〔註41〕張祖基:《中華舊禮俗》(日本東京:日本崇正會「中華舊禮俗」紀念出版與贈書委員會,1984年),頁157~162。

〔註42〕藍松炎:〈銅鼓西河片的本地習俗〉,劉勁峰、賴文峰主編:《銅鼓縣的傳統經濟與民俗文化・上》(香港:國際客家學會/海外華人資料研究中心/法國遠東學院/嶺南大學族群與海外華人經濟研究部,2006年10月),頁118~173。

〔註43〕藏禁:幼兒身體虛弱,病魔纏身,從而請覡師避邪消災的一種形式。從「開禁」至「打油火」的注解都來自姚榮滔〈興國縣的跳覡風俗〉。

〔註44〕暖禁:小孩藏禁以後,或每年一次,或三年一次,或五年一次再請覡師跳覡,每跳一次,則在禁缸內增加一些五色種子,以鞏固藏禁的成果。

〔註45〕開禁:就是藏禁小孩長大成人結婚生子後,為他的小孩藏禁,而他自己便開禁的一種形式。

〔註46〕包花:有些年輕父母生下頭胎小孩,到第二胎生下之後,頭胎便夭折。第三胎生下之後,第二胎又夭折,俗稱「見花樹」,這時便請覡師前來作法的一種形式。

〔註47〕贖魂:有的小孩病魔纏身,認為他的魂魄已經跑掉,而請覡師把他的魂贖回來的一種形式。

〔註48〕、遞保狀〔註49〕、打油火〔註50〕等。他們做法事時，除了請神比較嚴肅外，很多場合都以演唱山歌和表演一些比較低俗的節目以逗觀眾，故道士做法事時很少人觀看，而覡師做法事時往往圍得水洩不通。例如，在破胎時，往往先由一覡師男扮女裝，和另一覡公對唱興國傳統情歌〈綉褡連〉，繼而唱〈東河山歌‧祝讚山歌〉、情歌〈南河山歌〉。稍微休息之後，再做正壇的工夫——準備草扎孕婦，一隻母雞或十顆雞蛋，覡公手拿師刀，邊唱〈十月懷胎〉邊在草人孕婦的肚子筆劃，一共是十月篇章。每唱一首，就在草人肚上劃一下，等唱完十月，就將母雞的肚皮破了，將草人燒掉。如果是用雞蛋，則每唱一首，就將一顆雞蛋斬破，唱完懷胎歌，就算把胎破了，從此以後，小孩便能健康成長。它的〈十月懷胎〉唱詞是這樣的：

> 正月懷胎如露水，露水滴入蓮葉心；
> 恰似水口浮萍草，唔曉生根不生根。
> 二月懷胎上娘身，桃花開放正逢春；
> 孩兒懷在娘身上，頭昏眼花步難行。
> 三月懷胎娘知音，恰似竹林發嫩筍；
> 三餐茶飯唔想食，只想楊梅口中吞。
> 四月懷胎分男女，是男是女心擔憂；
> 但求平安多吉慶，菩薩面前上香油。
> 五月懷胎又成人，花開花落出山林；
> 全身骨節都酸痛，時時刻刻生悶心。
> 六月懷胎生六根，六根四大分得清；
> 茶飯唔敢食恁飽，圍裙唔敢緊繫身。
> 七月懷胎生七孔，七孔八竅生分明；
> 上樓下地輕輕走，只怕驚動孩兒身。
> 八月懷胎長髮根，大肚累累重千斤；

〔註48〕 破胎，就是小孩生下後，認為他的魂魄又投到其他懷孕女子身上，因而導致小孩身體虛弱。於是請覡師破去孕婦所懷的胎，把他的魂魄招回來的一種形式。

〔註49〕 遞保狀：人已到病危狀態，即將赴黃泉時，由覡師請村中有權勢之人，一般要十個人，來為病人向陰間擔保的一種形式。

〔註50〕 打油火：認為所住的房屋不乾淨，常常鬧鬼，於是請覡師驅鬼避邪的一種形式。

廳堂掃地身難轉，床上歇眼難起身。
九月懷胎似鱉山，抬頭容易低頭難；
心中思想娘家去，又怕孩兒路上生。
十月懷胎當要生，娘在房中叫連天；
一陣叫來兩陣苦，三陣痛來似油煎。
孩兒在身團團轉，如同利刀扎心肝；
牙齒咬得鐵釘斷，雙腳踏得地皮穿。
娘親呼天天不應，娘親喊地地不靈；
閻王面前隔重紙，地獄之間隔扇門。
結髮丈夫心不忍，洗手焚香拜神靈；
一拜天地神和佛，二拜南海觀世音。
求神拜佛來保佑，是男是女早離身；
百般願心都許過，始聽孩兒叫一聲。
孩兒落地叫兩聲，夫妻兩人才放心；
孩兒落地叫三聲，合家老小笑盈盈。
金盆倒水來洗起，圍裙包裹在娘身；
娘身血水流滿地，痛死陰間又還魂。
十月懷胎娘辛苦，多年哺育更艱辛；
左邊燥蓆孩兒睡，右邊濕蓆母安身。
一日吃娘三次乳，三日吃娘幾次漿；
點點吃娘心頭血，未曾年老面皮黃。
養崽（子）不知娘辛苦，養女曉得娘恩情；
父母在世不孝敬，死後啼哭哄鬼神。
若是不報父母恩，屋簷滴水照傷痕；
父是天來母是地，孝敬父母理當然。
水有源來樹有根，為人切莫忘根本；
敬了堂前生身母，無須南海朝觀音。
子女若是不孝順，活在世間枉為人；
若是為人有教（孝）道，子孫發達萬事興。

興國縣的跳覡活動，從開頭到結束，往往通宵達旦。在興國縣，〈十月懷胎〉
不但可作跳覡破胎表演，而且也可在女子過世後，其子女請道士為母超度亡

魂，在「拜血盆」時演唱。〔註51〕在石城的閭山教也有類似的跳新年覡和跳整病覡的民俗活動。〔註52〕

興國縣的這首〈十月懷胎〉具有上承〈父母恩重經講經文〉、〈十恩德〉、〈懷胎寶卷〉，下啓〈娘親渡子〉的重要地位。「十月懷胎娘辛苦，多年哺育更艱辛；左邊燥蓆孩兒睡，右邊濕蓆母安身。一日吃娘三次乳，三日吃娘幾次漿；點點吃娘心頭血，未曾年老面皮黃。」在〈懷胎寶卷〉、〈娘親渡子〉都有類似的句子，即是指母親對子女的「乳哺養育」、「迴乾就濕」恩惠。「牙齒咬得鐵釘斷，雙腳踏得地皮穿。娘親呼天天不應，娘親喊地地不靈。」則是〈懷胎寶卷〉所無，贛南地區的〈十月懷胎〉和臺灣的〈娘親渡子〉都傳承了它的說法。

另外，在廣東省樂昌縣的老坪石一帶，民間做道場，遇死者為女性也要破血盆、破地獄，還要遊四門，唱〈十月懷胎〉或〈二十四孝歌〉，並增加唸經拜懺的次數。除了老坪石外，三溪、黃圃、白石、梅寧、廊田、五山以及九峰等地，也流行所謂的「師公戲」（又稱「師道戲」）〔註53〕，它常見的劇目中就有《孟宗哭竹》、《安安送米》、《王祥求鯉》、《目連救母》、《二十四孝》、《三孝堂》等；音樂的曲牌也有〈十月懷胎調〉。師公戲的表演藝術，生、旦、丑、淨行當齊全，不僅形象生動，生活氣息和宗教色彩濃厚，而且各個行當的表演，對手姿、腳位、身段動作，都有一定的講究與規範。〔註54〕

這種「師公戲」和興國縣、石城的「跳覡」是一致的，使得〈十月懷胎〉由悲情地勸說，躍升為宗教的表演藝術。除此之外，「師公戲」演出的習俗：打鬧場〔註55〕、祭臺除煞儀式〔註56〕和打加官〔註57〕。這些模式和內容都影

〔註51〕 姚榮滔：〈興國縣的跳覡風俗〉，羅勇、林曉平主編：《贛南廟會與民俗》（香港：國際客家學會／海外華人研究社／法國遠東學院，1998年12月），頁142～158。

〔註52〕 賴盛庭：〈石城的閭山教〉，羅勇、勞格文主編：《贛南地區的廟會與宗族》（香港：國際客家學會／海外華人研究社／法國遠東學院，1997年3月），頁174～196。

〔註53〕 師公戲淵源於古代祭祀歌舞，其形成與傳唱依附於法事活動，由師公和花鼓藝人聯合演出，常見於廟會、醮會、酬神、還願等宗教場合，師公在內設壇做法事、藝人在外面的廟台上演出。因此，又有「內壇法事，外臺戲」之說。

〔註54〕 羅其森：〈老坪石的民俗文化與宗教藝術〉，譚偉倫、曾漢祥主編：《韶州府的宗教、社會、與經濟、宗教與民俗・上》（香港：國際客家學會／海外華人研究社／法國遠東學院，2000年1月），頁137～147。

〔註55〕 打鬧場：又稱打鬧臺，即用全套打擊樂在演出之前先演奏一輪或成套的鑼鼓

響後代客家戲劇、喪俗與俗文學。

　　這一儀式說唱類的〈十月懷胎〉大部分分布於贛南，對福建、廣東、臺灣的〈十月懷胎〉有直接影響，故下面第二至五節將陸續討論之。

第二節　贛南的儀式說唱類〈十月懷胎〉

　　〈娘親渡子〉的唱詞大多移植自陳火添〈十月懷胎〉、〈娘親度（渡）子勸世文〉、邱阿專〈十月懷胎〉，這在下一章中再申論。而陳火添〈十月懷胎〉、〈娘親度（渡）子勸世文〉以及邱阿專〈十月懷胎〉主要傳承自大陸原鄉儀式說唱類的〈十月懷胎〉。

　　由前揭文已知〈十月懷胎〉除了作消遣性的日常心情抒發之外，大都用在跳覡、唱夜歌，或喪事祭拜亡母時用。尤其是當喪鼓，在文獻上紀錄是這樣：

1. 江西省南部于都縣喪俗：「亡魂係女性，還要增添『拜血盆』（也稱『拜血懺』）」〔註58〕

2. 江西省南部崇義上堡的道教薦亡法事，女喪有〈目連救母〉（又稱「破沙」、「拜血盆」）內容。〔註59〕

3. 江西省西北部銅鼓西河片喪俗：大約分開靈、成服發奏、豎幡、結壇、開燈、啟師、繫家神、繫案神、結界、接佛、繫四府、拔亡、破地獄……等程序，其中的「開燈」便常以〈十月懷胎〉為介燈詞，「破地獄」、「誦經」時也要唸《血盆經》。〔註60〕

點，以製造演出氣氛和聚集觀眾。

〔註56〕祭臺除煞儀式：由師公在臺上設一香案，擺上三牲供品，舉行開天窗，調靈官、起五福、調財神、驅五溫等法事活動。

〔註57〕打加官：在正式演出前加演一齣啞劇式節目，每當加官鑼一響，藝人即伴著節奏作身段，走加官步，分別向觀眾一一展示，諸如：一品當朝、福祿壽喜、天官賜福、招財進寶等，以表示相邀主人的祝福。

〔註58〕子羽：〈于都民俗拾零〉，羅勇、林曉平主編：《贛南廟會與民俗》，頁252～274。

〔註59〕劉勁峰：〈崇義上堡的民間道教文化〉，劉勁峰著：《贛南宗族社會與道教文化研究》（香港：國際客家學會／海外華人研究社／法國遠東學院，2000年1月），頁247～248。

〔註60〕藍松炎：〈銅鼓西河片的本地風俗〉，劉勁峰、賴文峰著：《銅鼓縣的傳統經濟與民俗文化》（香港：國際客家學會／海外華人研究社／法國遠東學院，2006

4. 江西省西北部銅鼓東河片喪俗：婦女過世有「拜血盆」的儀式，僧人會唱〈十月懷胎歌〉。〔註61〕

5. 江西省寧都石上的喪俗：「道士爲亡者招魂，如果亡者是婦女，還要加唱〈十月懷胎歌〉。」〔註62〕

6. 廣東省北部連州潭源洞喪俗：「如果故老婦，幾個女兒要『咬碗』，爭認母親，還要『爬沙』……和尙唱〈十月懷胎歌〉，歌頌母親的功勞；又唱〈二十四孝歌〉，警示子孫牢記母親恩典。」〔註63〕

7. 廣東省北部興寧市喪俗：「停屍期間，要拜懺、繞靈、繞棺，婦女要打血盆。……如果是有錢有勢的人，還做七天七夜的『燈』，反覆唱〈亡魂曲〉。」〔註64〕

8. 廣東省北部連州九陂喪俗：「遇女喪要做〈十月懷胎〉這首法事。」〔註65〕江西遂川城廂喪俗：「男喪五七要『打沙灘』。女喪三七要『撲血湖』（又稱『洗血盆』），反覆唱〈十月懷胎歌〉。」〔註66〕

9. 廣東省樂昌縣的梅寧喪俗：女人過世，道士會念〈十月懷胎經〉（又名〈育兒經〉）。〔註67〕

年 10 月），頁 118～174。

〔註61〕 朱可三：〈銅鼓東河片的客家習俗〉，劉勁峰、賴文峰著：《銅鼓縣的傳統經濟與民俗文化》，頁 175～204。

〔註62〕 彭月生：〈石上鎮的墟市、寺廟與民間風俗〉，劉勁峰著：《寧都縣的宗族、廟會與經濟》（香港：國際客家學會／海外華人研究社／法國遠東學院，2002 年 10 月），頁 191～192。

〔註63〕 黃兆星、雷紹香：〈潭源洞的宗教活動和傳說〉，譚偉倫、曾漢祥主編：《連州的傳統經濟、宗教與民俗・上》（香港：國際客家學會／海外華人研究社／法國遠東學院，2005 年 6 月），頁 162～163。

〔註64〕 羅康：〈興寧市寧中鎮鵝湖區情摭拾〉，房學嘉主編：《梅州河源地區的村落文化》（香港：國際客家學會／海外華人研究社／法國遠東學院，1997 年 11 月），頁 141～164。

〔註65〕 龍坤章、徐名波、譚爲專：〈九陂客家傳統村落文化〉，譚偉倫、曾漢祥主編：《連州的傳統經濟、宗教與民俗・下》（香港：國際客家學會／海外華人研究社／法國遠東學院，2005 年 6 月），頁 515。

〔註66〕 郭贛生：〈遂川城廂的婚喪習俗與遺風雜俗〉，劉勁峰、耿艷鵬主編：《吉安市的宗教、經濟與文化》（香港：國際客家學會／海外華人研究社／法國遠東學院，1998 年 12 月），頁 480。

〔註67〕 楊民生：〈梅寧客家人文習俗〉，譚偉倫主編：《樂昌縣的傳統經濟、宗教與宗教文化》（香港：國際客家學會／海外華人研究社／法國遠東學院，2002 年 2 月），頁 161～240。

10. 廣東省陽山縣：女人過世，破地獄法事時，道士口中念〈十月懷胎經〉、
〈目連經〉，孝子孝女爬行。〔註68〕

11. 福建西北的建寧喪俗：遇死者為女人，念《血盆經》時，孝子要喝血
水，道士唱〈十月懷胎〉歌，孝子要跟隨道士圈待，以減輕母親生育
罪，速昇天堂，做功德時，也要加念〈盂蘭盆經〉、《血盆經》以及〈水
懺〉。〔註69〕

由以上可得到一個訊息：把〈十月懷胎〉當作儀式喪歌主要是在客家人
的大本營江西省和廣東省，大陸其他省甚少把〈十月懷胎〉當喪歌。在筆者
找到的63首〈十月懷胎〉，有21首是儀式喪歌，佔了三分之一。而江西省的
7首〈十月懷胎〉完全是儀式喪歌，江西省的7首，又佔了全體儀式歌的三分
之一。這七首歌非常重要，以下將陸續論述之。

目前筆者掌握的江西省儀式歌〈十月懷胎〉共有7首：江西省中部崇仁
縣1首，其餘6首都是在南部。崇仁縣〈十月懷胎〉歌詞是這樣：

正月懷胎正月春，杏花樹，肚中娃娃上了身。
叫聲我的夫，肚中娃娃上了身。

二月懷胎是花朝，是花朝，頭暈眼花實難熬。
叫聲我的夫，頭暈眼花實難熬。

三月懷胎三月三，三月三，三餐茶飯並兩餐。
叫聲我的夫，三餐茶飯並兩餐。

四月懷胎是立夏，是立夏，祖宗保佑生個男娃娃。
叫聲我的夫，祖宗保佑生個男娃娃。

五月懷胎是端陽，是端陽，梅子杏子味道香。
叫聲我的夫，梅子杏子味道香。

六月懷胎三伏天，三伏天，肚中的娃娃受熬煎。
叫聲我的夫，肚中的娃娃受熬煎。

〔註68〕蘇桂：〈陽山縣黃坌傳統社會與寺廟〉，譚偉倫、曾漢祥主編：《陽山、連山、連南的傳統社會與民俗·下》（香港：國際客家學會／海外華人研究社／法國遠東學院，2006年8月），頁381〜471。
〔註69〕轟德仁：〈淺談建寧道教〉，楊彥杰主編：《閩西北的民俗宗教與社會》（香港：國際客家學會／海外華人研究社／法國遠東學院，2000年12月），頁356〜383。

七月懷胎七月半，七月半，肚中的娃娃還有二月半。

叫聲我的夫，肚中的娃娃還有二月半。

八月懷胎八月八，八月八，肚中的娃娃生頭髮。

叫聲我的夫，肚中的娃娃生頭髮。

九月懷胎九月九，九月九，肚中的娃娃伸腳手。

叫聲我的夫，肚中的娃娃伸腳手。

十月懷胎十月整，十月整，瓜熟蒂落見我兒身。

叫聲我的夫，瓜熟蒂落見我身。〔註70〕

這首〈十月懷胎〉喪歌，比較類似抒情民謠類的〈十月懷胎〉，沒有很濃的悲傷以及教訓味道，和其他 6 首差別很大。這 6 首包括：寧都縣 2 首，興國縣 1 首，南康市 1 首，遂川縣 2 首。它們的地理位置頗靠近，會互相滲透是可以理解的。南康市 1 首女葬喪事歌〈十月懷胎〉和其他 5 首差異較大，茲摘錄於下：

盤古分天至如今啊，叫娘親，生男育女是婦人。叫娘親報娘恩啊，
十月懷胎身苦楚啊，叫娘親，聽我從頭說原因啊。叫娘親報娘恩呀！

正月懷胎蒙露生啊，叫娘親，桃子開花正當春。叫娘親報娘恩啊，
急水灘上浮根草啊，叫娘親，未知生根不生根啊？叫娘親報娘恩呀！

二月懷胎上娘身啊，叫娘親，懷胎娘子面皮紅。叫娘親報娘恩啊，
頭髮披披懶梳髻啊，叫娘親，腳穿花鞋懶抽跟啊。叫娘親報娘恩呀！

三月懷胎三月三啊，叫娘親，三餐茶飯並兩餐。叫娘親報娘恩啊，
餐餐茶飯不想食啊，叫娘親，思想房中酸醋盎啊。叫娘親報娘恩呀！

四月懷胎梅子黃啊，叫娘親，梅子樹下乘風涼。叫娘親報娘恩啊，
思想採個梅子食啊，叫娘親，又怕扼壞孩兒郎啊。叫娘親報娘恩呀！

五月懷胎分男女啊，叫娘親，七拱（孔）八竅便成人。叫娘親報娘
恩啊，是男是女心中想啊，叫娘親，未知何日投生養啊？叫娘親報
娘恩呀！

六月懷胎進伏天啊，叫娘親，三餐燒火怕向前。叫娘親報娘恩啊，

〔註70〕張鳳蓮唱、周瑞林等記，中國民間歌曲集成江西卷編輯委員會：《中國民間歌曲集成江西卷》，頁 553～555。

手拿芒掃懶掃地啊，叫娘親，輕輕移步靠門前啊。叫娘親報娘恩呀！

七月懷胎秋天涼啊，叫娘親，請到裁縫做衣裳。叫娘親報娘恩啊，
八幅羅裙長安帶啊，叫娘親，長長安帶繫身上啊。叫娘親報娘恩呀！

八月懷胎桂花香啊，叫娘親，懷胎娘子面皮黃。叫娘親報娘恩啊，
手拿水鉤來挑水啊，叫娘親，身重足輕路難行啊。叫娘親報娘恩呀！

九月懷胎是重陽啊，叫娘親，思想牛肉炒子薑。叫娘親報娘恩啊，
食了牛肉猶是可啊，叫娘親，又想閹雞來燉湯啊。叫娘親報娘恩呀！

十月懷胎是立冬啊，叫娘親，懷胎娘子叫肚痛。叫娘親報娘恩啊，
頭陣痛來平平過啊，叫娘親，二陣痛來苦難當啊。叫娘親報娘恩呀！

〔註71〕

這首〈十月懷胎〉主題也是描寫母親十月懷胎的辛苦以及懷孕後生理的變化：
剛懷孕時有如朝露，又有如「急水灘上的浮根草」，心中忐忑不安。接著描述
害喜時，「頭髮披披懶梳髻」、「三餐茶飯並兩餐」，家事都懶得做，只想吃梅
子、牛肉炒子薑和閹雞燉湯。肚子漸大，昔日的衣裳已穿不下，只好請裁縫
師來做衣裳，八幅羅裙也不敢繫太緊，以免壓迫到胎兒。十月懷胎期滿，孩
子要降生，陣痛更是痛苦難當。

這首歌的內容可說兼具抒情民謠類和儀式說唱類的性質，有〈病子歌〉
的味道，又有強烈的勸孝呼告：「叫娘親」、「叫娘親報娘恩呀」，這些口令是
增句，也使得原來的七言四句整齊句，如「盤古分天至如今，生男育女是婦
人；十月懷胎身苦楚，聽我從頭說原因」、「正月懷胎蒙露生，桃子開花正當
春；急水灘上浮根草，未知生根不生根啊？」變成了雜言八句。在音樂上，
也形成復沓的效果；在內容上蒙上一層濃濃的勸孝教育意味。這和其他五首
贛南的〈十月懷胎〉內容、形式又不相同。其他的五首，依其形式把它分成
兩組來說明：

〔註71〕朱躍論、朱躍語唱，鍾達煌記：〈十月懷胎〉，中國民間歌曲集成江西卷編輯
委員會：《中國民間歌曲集成江西卷》，頁1388～1391（注，頁1391：此歌為
女人死後做道場時唱。此曲傳聞為明、清道士移植加工，用於女性老人去世
做祭祀時演唱。其形式為坐唱：一人領唱、一人伴唱。首尾伴有打擊樂「扁
鼓、大鑼、鈸、雲鑼」，唱時每兩拍的強拍上敲一下木魚。）

一、寧都縣〈十月懷胎〉

〔表 3-2〕江西寧都石上鎮〈十月懷胎歌〉和寧都市〈懷胎歌〉對照表

甲： 彭月生：〈石上鎮的墟市、寺廟與民間風俗〉，收錄劉勁峰主編：《寧都縣的宗教、廟會與經濟》，2002 年，頁 191～193	乙： 江西卷編輯委員會：《中國民間歌曲集成江西卷》（北京：新華書店，1996 年 3 月），頁 1280～1281
〈十月懷胎歌〉	寧都喪事歌〈懷胎歌〉
正月懷胎一路（露）水，到底是假還是真， 一月難辨孕上身，左思右想難自信。 荷花成流水喲，萬山流水轉。	正月懷胎如露水，生流水，桃李花開正逢春， 有情我的哥，荷花生流水那個彎山流水轉， 好像水上浮根草，生流水，未知生根不生根？ 有情我的哥，荷花生流水那個彎山流水轉。
二月懷胎正逢春，手軟腳軟人懶動。 三餐飯菜無口味，心中只想酸辣充。 荷花成流水喲，萬山流水轉。	二月懷胎不知時，生流水，手軟腳懶步難移， 有情我的哥，荷花生流水那個彎山流水轉， 眼前不見穿花線，生流水，放下花鞋難起身。 有情我的哥，荷花生流水那個彎山流水轉。
三月懷胎三月三，三餐茶飯吃兩餐， 重輕事情無想做，只想床上睡一番。 荷花成流水喲，萬山流水轉。	三月懷胎三月三，生流水，三餐茶飯食兩餐， 有情我的哥，荷花生流水那個彎山流水轉， 餐餐茶飯不想食，生流水，思想楊梅到嘴邊。 有情我的哥，荷花生流水那個彎山流水轉。
四月懷胎楊梅黃，一心只想楊梅嘗（嚐）， 雙手攀倒楊梅枝，又怕傷著肚中寶。 荷花成流水喲，萬山流水轉。	四月懷胎枇杷黃，生流水，心中思想枇杷嚐， 有情我的哥，荷花生流水那個彎山流水轉， 雙手扳到（倒）枇杷椏，生流水， 又怕扼著小娃娃。有情我的哥， 荷花生流水那個彎山流水轉。
五月懷胎分男女，手摸腹中分左右， 頭痛肚痛腳又腫，時痛時落受苦辛。 荷花成流水喲，萬山流水轉。	五月懷胎分男女，生流水，是男是女心中想， 有情我的哥，荷花生流水那個彎山流水轉， 是男是女思想起，生流水，未知是女是兒郎？ 有情我的哥，荷花生流水那個彎山流水轉。
六月懷胎三伏天，三餐茶飯食一餐， 吃飯好比吞沙子，吃酒比藥更難咽。 荷花成流水喲，萬山流水轉。	六月懷胎三伏天，生流水，烹茶煮飯懶向前， 有情我的哥，荷花生流水那個彎山流水轉， 堂前掃地身難轉，生流水，行路活像上高山。 有情我的哥，荷花生流水那個彎山流水轉。
七月懷胎正立秋，自從上孕萬事丟， 鞋子不連衣懶縫，花針如今也生銹。 荷花成流水喲，萬山流水轉。	七月懷胎正立秋，生流水，梧桐樹上掛金鉤， 有情我的哥，荷花生流水那個彎山流水轉， 金鉤掛在梧桐樹，生流水，低頭容易抬頭難。 有情我的哥，荷花生流水那個彎山流水轉。

八月懷胎是中秋，人人能見腹中有， 已分男女娘不知，孕滿十月自分明。 <u>荷花成流水喲，萬山流水轉。</u>	八月懷胎桂花香，生流水，五穀上倉亂忙忙， 有情我的哥，<u>荷花生流水那個彎山流水轉</u>， 白米不敢吃個飽，生流水，羅裙不敢緊繫腰。 有情我的哥，<u>荷花生流水那個彎山流水轉</u>。
九月懷胎是重陽，雙手抱肚樓難上， 坐下容易起來難，平地走路比上坡難。 <u>荷花成流水喲，萬山流水轉。</u>	<u>九月懷胎月將滿</u>，生流水，懷胎肚裏滾滾翻， 有情我的哥，<u>荷花生流水那個彎山流水轉</u>， 左轉三下男兒，生流水，右轉三下是女人。 有情我的哥，<u>荷花生流水那個彎山流水轉</u>。
<u>十月懷胎月已滿</u>，寶寶肚中把身轉， 腹痛難忍喊不停，<u>牙齒咬得鐵釘斷</u>。 是男是女早早生，免得痛煞你娘親。	<u>十月懷胎當落月</u>，生流水，懷胎肚裏似火熱， 有情我的哥，荷花生流水那個彎山流水轉， <u>牙齒咬得鐵釘斷</u>，生流水，花鞋踩得地頭穿。 有情我的哥，荷花生流水那個彎山流水轉。

由比較可知，甲和乙屬於同一來源，內容和形式有許多相似之處：

（一）內容方面

都是以月份、節氣加上母親的生理變化來描寫母親十月懷胎之苦：「正月懷胎如露水」是說受精卵剛在母體著床時，初為人母者，不太有把握且小心翼翼；到了懷孕二個月、三個月時「手軟腳軟」、胃口很不好，經常是「三餐茶飯食兩餐」；四個月時想吃酸的；五個月時已可分出懷的是男娃還是女娃；六月三伏天的季節，天氣炎熱，有孕在身更是難熬「烹茶煮飯懶向前」、「吃飯好比吞沙子」；七月立秋、八月中秋，家家戶戶忙著秋收，娃兒也大多了；九個月時「懷胎肚裏滾滾翻」、「坐下容易起來難」；十月懷胎已滿，陣痛時，母親腹痛難忍，若是有鐵釘在身，母親的牙齒也可以將它咬斷。

（二）形式方面

1. 分為十個聯章，開端語為：「正月懷胎如露水……十月懷胎……」。
2. 增句相同「荷花成流水喲，萬山流水轉。」具有復沓、和聲的音樂效果。
3. 基本架構為七言整齊句，因為各加增句，即成為雜言體。十個聯章，組組轉韻，標準模式是一、二、四句要押韻，第三句不押。也有是一、二句同押，三、四句另押一韻的情形，押韻相當寬鬆。

甲和乙最大不同之處：在於甲是雜言六句一章；乙是雜言十句一章。乙比甲多出的句子主要在增句「生流水」、「有情我的哥」。「荷花成流水喲，萬山流水轉。」意思是勸慰亡者要放下人世間的一切牽掛，一切如同荷花隨流

水漂去，轉個彎，名利都是一場空。甲和乙這些增句是別的〈十月懷胎〉找不到的，頗有特色。

　　總之：甲和乙詞句稍有出入，形式、內容大致相同，可歸爲同一來源。尤其是描寫母親生產時的苦楚的句子「牙齒咬得鐵釘斷，花鞋踩得地頭穿。」爲贛南、廣東、臺灣的〈十月懷胎〉共同所有，〈娘親渡子〉也繼承此說法，可見它們彼此間有密切關聯。

二、遂川〈懷胎歌〉、興國〈十月懷胎〉

〔表3-3〕江西遂川〈懷胎歌〉、遂川城廂〈懷胎歌〉、興國〈十月懷胎〉
　　　　對照表

唱本＼情節	丙：蕭有清唱、蕭大蛟記，中國民間歌曲集成江西卷編輯委員會：《中國民間歌曲集成江西卷》，1996 年 3月，頁 1173～1174	丁：郭贛生：〈遂川城廂的婚喪習俗與遺風雜俗〉，收錄劉勁峰、耿艷鵬：《吉安市的宗教、經濟與文化》，2005 年 2 月，頁 512～515	戊：姚榮滔：〈興國縣的跳觀風俗〉，收入羅勇、林曉平：《贛南廟會與民俗》，1998年 12 月，頁 157～158
開篇	遂川〈懷胎歌〉	遂川城廂〈懷胎歌〉（節選） 昔日唐僧去取經， 取得一卷胚胎經。 報恩經上好苦楚， 句句都是說女人。 丟開閑言休要唱， 且唱胚胎受苦身。	興國縣〈十月懷胎〉
懷胎	正月懷胎如露水， 桃子開花正逢春； 猶如水上浮萍草， 未知生根不生根。 二月懷胎上娘身， 腳麻手痹懶動身； 手拿花鞋懶得做， 頭髮飛飛懶梳整。 三月懷胎三月三， 三餐茶飯吃兩餐； 三餐茶飯不想吃， 心想楊梅口中酸。 四月懷胎漸漸生， 遍身骨節都痛酸；	正月胚胎如露水， 桃李開花正逢春； 猶如水上浮萍草， 未知生根不生根？ 二月胚胎不計時， 手足麻痹步難移； 眼昏不見穿針繫， 皮包骨瘦受苦身。 三月胚胎三月三， 三餐茶飯吃兩餐； 三餐茶飯不想吃， 只思楊梅口中酸。 四月胚包漸漸生， 全身骨肉也周酸；	正月懷胎如露水， 露水滴入蓮葉心； 恰似水口浮萍草， 唔曉生根不生根？ 二月懷胎上娘身， 桃花開放正逢春； 孩兒懷在娘身上， 頭昏眼花步難行。 三月懷胎娘知音， 恰似竹林發嫩筍； 三餐茶飯唔想食， 只想楊梅口中吞。 四月懷胎分男女， 是男是女心擔憂；

	青年懷胎猶自可， 中年懷胎實可憐。	少年胚胎猶自可， 老來胚胎實可憐。	但求平安多吉慶， 菩薩面前上香油。
	五月懷胎分男女， 七孔八竅都生成； 是男是女心中疑， 何日何時來降生？	五月胚胎分男女， 七孔八竅變成人； 是男是女心中想， 未知何日來降臨？	五月懷胎又成人， 花開花落出山林； 全身骨節都酸痛， 時時刻刻生悶心。
	六月懷胎三伏天， 燒茶弄飯懶向前； 堂中掃地身難轉， 行路當得上高山。	六月胚胎三伏天， 燒茶煮飯難向前； 廳堂掃地身難轉， 行路當得上高山。	六月懷胎生六根， 六根四大分得清； 茶飯唔敢食甘飽， 圍裙唔敢緊繫身。
	七月懷胎是秋天， 娘育孩兒在腹間； 八幅羅裙長安帶， 緊繫腰間好育生。	七月胚胎已立秋， 好似梧桐帶金鉤； 八幅羅裙去安帶， 緊紮腰帶好臨盆。	七月懷胎生七孔， 七孔八竅生分明； 上樓下地輕輕走， 只怕驚動孩兒身。
	八月懷胎桂花香， 米穀上倉忙又忙； 為娘懷胎多辛苦， 面黃肌瘦實難當。	八月胚胎桂花香， 五穀場上亂忙忙； 娘有胚胎多辛苦， 面瘦皮黃苦難當。	八月懷胎長髮根， 大肚累累重千斤； 廳堂掃地身難轉， 床上歇眼難起身。
	九月懷胎重如山， 低頭容易抬頭難； 茶飯不敢多吃飽， 上下不便亂步艱。	九月胚胎重如山， 低頭容易起頭難； 茶飯不敢多吃飽， 上下不敢亂步行。	九月懷胎似鼈山， 抬頭容易低頭難； 心中思想娘家去， 又怕孩兒路上生。
	十月懷胎將要養， 兒在肚中轉團團； 左手翻娘肚內腸， 右手扯娘肚內肝。	十月胚胎十月滿， 子在肚中翻翻轉； 左手翻娘心中腸， 右手翻娘肚內肝。	十月懷胎當要生， 娘在房中叫連天；
生產		一陣痛來一陣苦， 兩陣痛來苦更長。 口叫床神床不應， 魂魄吊在閻王門。 牙齒咬得鐵釘斷， 兩足踏得地皮穿。 好似餓虎來索命， 痛得我娘實可憐。 丈夫心中思量想， 洗手焚香拜祖先。 又許南海觀世音， 救苦救難救我妻。 又請道士畫符法，	一陣叫來兩陣苦， 三陣痛來似油煎。 孩兒在身團團轉， 如同利刀扎心肝； 牙齒咬得鐵釘斷， 雙腳踏得地皮穿。 娘親呼天天不應， 娘親喊地地不靈； 閻王面前隔重紙， 地獄之間隔扇門。 結髮丈夫心不忍， 洗手焚香拜神靈； 一拜天地神和佛， 二拜南海觀世音。 求神拜佛來保佑， 是男是女早離身；

		催生符法對茶吞。 孩兒落地叫一聲， 好似雲開看日明。	百般願心都許過， 始聽孩兒叫一聲。 孩兒落地叫兩聲， 夫妻兩人才放心； 孩兒落地叫三聲， 合家老小笑盈盈。 金盆倒水來洗起， 圍裙包裹在娘身； 娘身血水流滿地， 痛死陰間又還魂。
撫育		生育苦楚未學了， 又說撫育長成人。 日裏抱兒猶自可， 夜裏抱兒苦更深。 左邊溫去右邊轉， 右邊溫去冷冰冰。 若是兩邊都濕了， 抱兒胸前到天明。 ……	十月懷胎娘辛苦， 多年哺育更艱辛； 左邊燥蓆孩兒睡， 右邊濕蓆母安身。 一日吃娘三次乳， 三日吃娘幾次漿； 點點吃娘心頭血， 未曾年老面皮黃。
勸孝		看我今晚堂中坐， 明日山中土內人； 今晚暫留停一宿， 繞棺三陣聽粗言。 三殿官女血湖罪， 五殿官男惡善爲； 血湖地獄好傷心， 千般苦楚萬般眞。 世上只有修善好， 十殿閻王笑哈哈； 陰陽異路無相見， 若要相逢夢中來。 胚胎苦楚難說盡， 簡單說與眾人聽。 大聲呼， 救苦天尊。	養崽不知娘辛苦， 養女曉得娘恩情； 父母在世不孝敬， 死後啼哭哄鬼神。 若是不報父母恩， 屋檐滴水照傷痕； 父是天來母是地， 孝敬父母理當然。 水有源來樹有根， 爲人切莫忘根本； 敬了堂前生身母， 無須南海朝觀音。 子女若是不孝順， 活在世間枉爲人； 若是爲人有教（孝）道， 子孫發達萬事興。

由上表可知：丙和丁是同一來源，懷胎部份幾乎相同，丁比丙多了「開篇」、「生產」、「撫育」、「勸孝」情節；丙有 280 字，丁有 600 字，丁比丙描寫詳細。至於戊和丙、丁在「懷胎」部份，雖形式相同，但詞句出入較大。丁、戊在「生產」、「撫育」情節的詞句較類似。戊有 616 字，和丁字數相當。

　　甲、乙、丙、丁、戊這五首贛南的〈十月懷胎〉是儀式說唱類〈十月懷胎〉喪歌的總源頭，其開篇詞爲「正月懷胎如露水，桃李開花正逢春；猶如水上浮萍草，未知生根不生根？」不但把懷孕比喻爲露水、水上浮萍草，爲人母者小心翼翼的心情表露無遺，同時它也成爲贛南〈十月懷胎〉上承〈懷胎寶卷〉，下啓《血盆經》、〈娘親渡子〉的重要標誌。

　　甲、乙、丙偏重懷胎部份，內容較簡；丁、戊還多了「生產」、「撫育」、「勸孝」的情節，內容較繁。它們和〈父母恩重經講經文〉、〈十恩德〉、〈懷胎寶卷〉、〈娘親渡子〉，更密不可分，例如：

1. 「十月懷胎娘辛苦，多年哺育更艱辛；左邊燥蓆孩兒睡，右邊濕蓆母安身。」即是母親對子女的「乳哺養育恩」、「迴乾就濕恩」。此種說法從〈父母恩重經講經文〉、〈十恩德〉、〈懷胎寶卷〉、贛南的〈十月懷胎〉一直傳承至〈娘親渡子〉。

2. 「一日吃娘三次乳，三日吃娘幾次漿；點點吃娘心頭血，未曾年老面皮黃。」文句首見於〈懷胎寶卷〉，後來的《血盆經》、陳火添〈十月懷胎〉、〈娘親渡子〉也採用此文句。

3. 「牙齒咬得鐵釘斷，雙腳踏得地皮穿。娘親呼天天不應，娘親喊地地不靈。」首見於這五首贛南的〈十月懷胎〉，後來陳火添〈十月懷胎〉、〈娘親渡子〉也採用。

　　可見這五首贛南的〈十月懷胎〉是眞正臺灣陳火添〈十月懷胎〉、〈娘親渡子〉以及〈娘親渡子〉的直接血源母親。贛南是客家先民南遷的重要過渡地帶，是儀式說唱類〈十月懷胎〉的孕育、發展的溫床，主要原因是：

1. 江西省爲客家方言的大本營，贛南的五首〈十月懷胎〉屬於江西客家方言區的作品。〔註72〕

2. 江西在先秦時期是「吳頭楚尾」之地，崇巫卜、重鬼神之風，具有悠久的歷史；客家民間十分濃厚且普遍的鬼神信仰，也和江西地方文化

〔註72〕房學嘉等編著：《客家文化導論》（廣州：花城出版社，2002年2月），頁72。江西省客家方言主要分部在贛南的興國、寧都、石城、瑞金、會昌、尋鄔、安遠、全南、龍南、定南、信豐（不包括縣城嘉定鎮和城郊的部分農村）、大余、崇義、上猶、贛縣、于都等十七個縣和西北的銅鼓縣、修水縣的大部分鄉鎮。此外萍鄉、廣昌、永豐、吉安、泰和、萬安、遂川、井岡山、寧岡、永新、萬載、宜豐、奉新、靖安、高安、武寧、橫峰等縣市的部份鄉鎮均講客家方言。

風尙有關；〔註 73〕

3. 臺灣在清朝道光年間即有客家三腳採茶戲〔註 74〕的演出紀錄，而贛南就是客家三腳採茶戲的主要發源地〔註 75〕。藝人何阿文（1858～1921）〔註 76〕常往返臺灣、中國兩地，帶回許多歌本，並在新竹的關西、北埔教戲。所以〈十月懷胎〉由江西隨著客家人遷徙的腳步流向福建、湖南、江蘇，並傳入臺灣。傳播者身分應該可分兩種：一爲採茶藝人，一爲道士、師公或香花和尙。贛南的〈十月懷胎〉向臺灣的流播，在本章的第五節中將繼續論證。

第三節　贛南儀式說唱類〈十月懷胎〉向福建的流播

福建省儀式歌〈十月懷胎〉，目前搜集到的有兩首：

〔表 3-4〕福建松溪〈十月懷胎〉、建寧〈十月懷胎〉對照表

唱本 情節	己： 羅火金唱，範淑揚、楊慕震記：〈十月懷胎〉，中國民間歌曲集成福建卷編輯委員會：《中國民間歌曲集成福建卷》（北京：新華書店總店北京發行所，1996 年 3 月 1 版），頁 1189	庚： 聶德仁：〈淺談建寧道教〉，楊彥杰主編：《閩西北的民俗宗教與社會》，2000 年 12 月，頁 370
十月 懷胎	松溪縣〈十月懷胎〉	建寧〈十月懷胎〉 （原文每月的只抄兩句）

〔註 73〕房學嘉等編著：《客家文化導論》（廣州：花城出版社，2002 年 2 月），頁 128～137 第五章〈客家文化的形成〉。

〔註 74〕客家三腳採茶戲：是以二旦一丑敷演張三郎賣茶的十個小戲群：前七齣爲《上山採茶》、《勸郎賣茶》、《送郎綁傘尾》、《糶酒》、《勸郎怪姐》、《茶郎回家》、《盤茶盤堵》；後三齣爲《問卜》、《桃花過渡》、《十送金釵》。可參考鄭榮興：《台灣客家三腳採茶戲研究》以及國立傳統藝術中心出版之 DVD：《三腳採茶唱客音：傳統客家三腳採茶串戲十齣》（宜蘭：國立傳統藝術中心，2007 年 6 月）。

〔註 75〕鄭榮興：《台灣客家三腳採茶戲研究》（苗栗：財團法人慶美園文教基金會，2001 年 2 月）。

〔註 76〕何阿文：藝人尊稱爲採茶戲的祖師爺，爲福建人，遷台後住新竹的竹北一堡。他有五個重要弟子：梁阿才、阿才丑、卓清雲、何火生、阿浪旦。有關何阿文生平事蹟，可參考鄭榮興：《台灣客家三腳採茶戲研究》，頁 51～57，以及陳運棟：〈由客家九腔十八調談到何阿文〉，譚元亨主編：《海峽兩岸客家文化論》（香港：中國評論出版社，2006 年 2 月），頁 331～342。

	正月懷胎一路（露）水，百草逢春正出芽，百草逢春沒露面，不知生根不生根？	正月懷胎如露水，桃李開花正逢春。
	二月懷胎不吉（及）時，手軟腳軟步難行，頭髮蓬鬆懶難梳，笨手笨腳繡花難。	二月懷胎不計時，手酸腳軟步難行。
	三月懷胎三月三，三頓茶飯吃兩餐，三頓茶飯不想吃，只想楊梅口中酸。	三月懷胎三月三，三餐茶飯吃兩餐。
	四月懷胎有楊梅，楊梅樹下結成堆，手捧楊梅哈哈笑，又怕損害孩兒身。	四月懷胎漸漸成，渾身骨節更痠疼。
	五月懷胎分男女，七孔八竅變成人，是男是女心中想，不知何日得成人？	五月懷胎分男女，七孔八竅（竅）便成人。
	六月懷胎三伏天，三頓茶飯吃兩頓，茶飯不敢多吃飽，吃飽好像羅漢身。	六月懷胎三伏天，燒茶燒水懶向前。
	七月懷胎正立秋，八幅羅裙掛金鉤，八幅羅裙銅鞍帶，銅鞍帶上娘子身。	七月懷胎正立秋，好似梧桐掛金鉤。
	八月懷胎去洗衫，抬頭難來低頭難，好比爛頭青草樣，如同平地上高山。	八月懷胎桂花香，五穀上倉亂忙忙。
	九月懷胎是重陽，家家點火碌忙忙，家家點火忙碌碌，懷胎娘子面皮黃。	九月懷胎重如山，低頭容易起頭難。
	十月懷胎月中滿，肚子已經圓圓轉，牙齒咬得鐵釘斷，雙腳踩得地皮穿。生下兒來叫二聲，伯伯聽到笑哈哈，生下已經叫二聲，公公洗臉去點香。	十月懷胎將將滿，子在腹中轉團團。一陣痛來一陣死，二陣痛來沒主張。結髮（髮）丈夫心不忍，洗手焚香禱（禱）告天。
撫育		先許東嶽山寶蓋，後許南海掛長幡。長幡寶蓋都許了，繡房產下小童嬌。辛勤養到成年日，就有媒人說婚姻。擇定良時并吉日，邀親擺宴娶新人。娶得媳婦到門前，廳堂花燭拜祖先。一拜天地過往神，二拜家堂祖先靈。
勸孝		媳婦歸來半個月，丈夫面前說是非。一夜聽得枕上言，說得娘親大不賢。二夜聽得枕上語，說得娘親大不是。娘親說話大不信，單信嬌妻枕上言。娘親伸手想來打，倒罵老娘老乞婆。老乞婆來老乞婆，一日三餐嘴又多。等到老娘身死後，滿堂親眷哭汪汪。靈前燒紙靈前哭，能有幾個傷心腸。血盆經中句句念（唸），字字行行說女人。懷胎因果說不盡，略說幾句勸孝心。

　　己、庚十月懷胎部份可說幾乎相同，只不過庚本多了「撫育」和「勸孝」的情節。兩者都是七言的整齊句，有許多詞句都傳承了贛南丁、戊本的〈十月懷胎〉，如：描寫秋天月色「好似梧桐掛金鉤」；描寫母親生產痛苦異常的「低頭容易起頭難」、「牙齒咬得鐵釘斷，雙腳踩得地皮穿。」描寫公公或丈夫看見女人陣痛，急得「洗手焚香禱告天」等。

第四節　贛南儀式說唱類〈十月懷胎〉向廣東的流播與蛻變

　　隨著客家移民的腳步，江西儀式歌〈十月懷胎〉也向廣東流佈。茲將筆者目前掌握到的〈十月懷胎〉資料摘錄如後：

〔表 3-5〕廣東梅遼〈十月懷胎經〉、陽山黃坌〈十月懷胎〉對照表

	唱本	辛： 楊民生：〈梅遼客家人文習俗〉，收錄譚偉倫主編：《樂昌縣的傳統經濟、宗教與宗教文化》，2002 年 2 月，頁 216～217	壬： 蘇桂：〈陽山縣黃坌傳統社會與寺廟〉，收錄譚偉倫、曾漢祥主編：《陽山、連山、連南的傳統社會與民俗·下》，2006 年 8 月，頁 451～454
十月懷胎經	開篇	昔日唐僧去取經，取下報恩一份經； 報恩經中十二字，字字行行寫分明。 昔古有個目連僧，擔經挑母去修行； 經在前頭背了母，母在前頭背了經。 將經將母橫挑去，山林竹木兩邊分； 右肩擔得皮血破，左肩擔得血淋身。 借問靈山多少路？十萬八千亦有零； 不說十萬八千路，再加十萬亦要行。 去到靈山見佛祖，取出一卷大藏經； 先取大藏經一卷，後取半卷懷胎經。 養兒不知娘受苦，養女可知母苦辛； 堂前椅子輪流坐，媳婦也有做婆時。 且看檐前滴滴水，點點滴來不差池； 孝順之人生孝子，忤逆之人生逆兒。 十月懷胎從頭起，從頭一二說分明。	
	懷胎	<u>正月懷胎如露水，桃李開花正逢春</u>； <u>猶如水上浮萍草，不知生根不生根。</u> 二月懷胎不計時，臉皮黃瘦眼落眶； 眼矇不見穿針線，插在花鞋懶去尋。	<u>正月懷胎成水路（露），桃李開花正當時</u>； <u>心中升起浮根草，未知生草是生苗。</u> 二月懷胎不及時，手酸腳軟懶穿衣； 頭髮蓬松（鬆）懶梳洗，腳穿羅鞋懶拖泥。

		三月懷胎三月三，三餐茶飯吃兩餐； 三餐茶飯不思進，盡想酸味解口淡。 四月懷胎漸漸成，臉黃肌瘦目無神； 少壯懷胎猶能耐，老來骨瘦軟如棉。 五月懷胎分男女，是男是女總成人； 是男是女不去想，只想快快得降生。 六月懷胎三伏天，燒茶煮水懶向前； 廳堂掃地身難轉，平地猶如上高山。 七月懷胎正六（立）秋，有如梧桐釣金鉤； 八幅羅裙長安帶，那個懷胎心不憂。 八月懷胎桂花香，夏種夏收亂忙忙； 胎兒腹中轉團團，性命擔心見閻王。 九月懷胎重如山，蹲下容易起來難； 左手如抓娘心肺，右手如抓娘心肝。 十月懷胎兒當生，胎兒上下轉團團； 呼娘上天天無路，喊爹下地地無門。 是男是女盼生早，免得難生失魂魄。	三月懷胎三月三，三餐茶飯食兩餐； 茶飯不思空肚餓，只思果子口中嚼。 四月懷胎定根因，母親骨肉軟如棉； 在娘肚中四個月，強如得病在高床。 五月懷胎分男女，七孔八竅肚中藏； 兒在肚中滾滾轉，不知何日兒降生？ 六月懷胎三伏天，竈頭燒火懶向前； 睡下眠床身難起，隨身骨肉軟綿綿。 七月懷胎正當秋，心中歡喜肚中愁； 八幅羅裙長繫帶，強中垂病在心中。 八月懷胎桂花香，田禾大熟便收成； 只怕我兒在肚內，辛苦累得似乾薑。 九月懷胎在娘身，在娘肚內重千斤； 遠親遠戚娘不怕，恐怕孩子途中生。 十月懷胎月足滿，娘在房內苦難當， 叫娘上天天無路，叫娘下地地無門。 牙齒咬得鐵釘斷，腳底磨得鐵皮穿； 洗手燒祖案香先，低頭禮拜祖先神。 願我祖先來扶助，是男是女早來生。 得陣孩兒生下地，娘在房中不知人， 孩兒下地哭一聲，合家方可得落心。
十 月 懷 胎 經	撫 育		浴盆打水來洗起，羅裙抱攬在娘身。 一日吮娘三度乳，三日食娘九度漿； 口口吃娘身上血，點點吃娘身上漿。 娘乳不是長流水，不是深山樹木漿； 生男不知娘辛苦，養女方知父母恩。 十月懷胎娘苦楚，三年哺乳母殷勤； 春天養兒容易過，夏天炎熱累娘身。 秋天養兒憂失卻，多天雪水洗兒裙； 洗淨衣裳歸家裏，冷得娘手似乾薑。 夜晚抱兒床上睡，胸中吃乳不離身； 三更半夜賴屎尿，屎床尿蓆不能乾。 為子為女眠濕蓆，濕床濕蓆母安身， 將兒安在乾處睡，母親眠在濕蓆床， 若是兩處都濕盡，雙手扶兒肚上安。 養得孩兒成長大，送入學堂習文章； 早早請媒定媳婦，又恐年老難定親。

勸孝		娶得媳婦行孝順，早晚茶水奉幾輪？ 若是媳婦不行孝，父母年老靠何人？ 唯有父母恩難報，人子當報父母恩。 生女便生王氏女，生男便學目連僧。 目連和沿（顏）知母苦，恩娘不見唸彌陀。 一月懷胎誦一輪，一記傳與世間人； 十八地獄都尋過，看經唸佛救娘親。 你敬爺娘十六兩，後代子孫敬一斤。 爲人便把娘親報，有兒不報是奸人。 在生父母不恭敬，死後何勞敬鬼神。 在世便把恩情報，死後修齋度母魂。 靈前供養千般有，不見我娘親口嚐。 七七修齋共追薦，超昇我母上西天。 太子當初號釋迦，半夜偷城去出家。 四十九年功德滿，巍巍端坐寶蓮花。 行孝目連大尊者，救母上天出沉輪。
	〈西方經〉 西方路上一座橋，這頭踩著那頭搖， 行善之人橋上過，作惡之人倒下橋。 西方路上三座橋，金橋銀橋奈何橋， 金橋之上唐天子，銀橋上面黃氏娘， 奈何橋下劉氏女，銅蛇鐵狗把身咬。 西方路上一坵田，半邊青草半邊蓮， 行善之人蓮上坐，作惡之人草下眠。 西方路上一對鵝，口含青草念彌陀， 畜牲都有修行道，人不修行怎奈何？ 西方路上一條街，兩個孩兒哭哀哀， 借問孩兒何事哭？父親死後永不回。	〈目連經〉（道士端神主牌行唱） 且說目連原出處，荷擔報答我娘恩。 我家越州蘭山縣，荷擔門下長其身。 九歲出家離鄉去，年登十五去修行。 荷擔和尚心堅固，不能移步出山門。 不覺荷擔身染病，忽然得病在其身。 辭拜父母出門去，相別鄉鄰去修行。 荷擔和尚去行順，擔經擔母上西天。 擔上西天佛國路，未知何日到靈山。 惟有父母恩難報，擔經擔母淚漣漣。 擔得經先背了母，擔得母先背了經。 若然見了經共母，難見靈山佛世尊。 不免擔來橫擔去，深山樹木分兩邊。 分開兩邊經共母，荷擔引來上西天。 行得路遙頭又渴，上得山高肚又饑。 饑時上山吃松柏，渴時下巖飲清泉。 我在母懷九個月，當得老母九年長。 左肩擔得血皮破，右肩擔得血淋身。 擔得皮崩血見骨，要到靈山見世尊。 山中偶遇一老丈，你在山中是砍樵？ 借問靈山多少路？十萬八千有餘程。 慢慢擔身慢慢去，慢慢擔經到靈山。 去到靈山佛會上，合掌皈依見世尊。 得見世尊求經唸，刺血寫成大藏經。 先寫大藏經一卷，後寫金剛一卷經。 寫得金剛經十五，荷擔二字在中央。 荷擔和尚知娘苦，知娘苦楚報娘恩。 去到靈山深深拜，禮拜如來共世尊。 捨身捨命高山去，高山跌下脫凡塵。 跌落無皮得無骨，只因報答我母恩。

		一朵蓮花來承起，荷擔成佛上西天。 荷擔和尚得成佛，擔經擔母上西天。 多得靈山世尊佛，佛舒恩報度娘親。 恩佈度開天道路，望引菩提九曲橋。 九朵蓮花登上品，孝男追薦謝師恩。 感賴恩光度我母，深深答謝眾師恩。

從上表可知，辛和壬都是七言的整齊句，兩者在「懷胎」的唱詞無多大的出入。最大差別在於：

1. 辛無「撫育」及「勸孝」的情節。

2. 辛有七言十五句的開篇，開篇加上〈西方經〉大約等於壬本的〈目連經〉，一般都用在喪事法會「　經過橋」的情節時唸的，一般人把這一部分又稱為〈目連經〉或《血盆經》（〈血盆懺〉）。故贛南的〈十月懷胎〉在廣東是擴大了它的範圍和內容。

3. 辛本有 672 字，壬本有 1288 字，篇幅比贛南的五篇長很多，內容也充實多了，內容除了「十月懷胎」部分之外，也擴展至「　經過橋」，甚至〈血盆懺〉的成分。

贛南的〈十月懷胎〉流播至廣東後，除了有傳承，也引起廣東說唱文學的蛻變，主要表現在香花詞文的創作以及〈血盆懺〉上：

一、香花詞文

江西的儀式說唱類〈十月懷胎〉本來多由道士、師公所傳承、表演、主導，傳到廣東後，受到佛教「香花」〔註 77〕詞文影響頗深。所謂「香花」是大陸梅州客家佛教度亡儀式的代稱，普遍流行於梅縣、蕉嶺、興寧、大埔等地，是梅州客家喪葬禮儀中的重要組成成分。王馗〈梅州佛教香花的結構、文本與變體〉研究中說：在大陸梅州的僧侶中，香花佛事一般被認為是明代何南鳳〔註 78〕編訂，距今已有三、四百年的歷史，他曾為香花創作了很多文采的詞文。〔註 79〕他編訂的香花詞文〔註 80〕，就較典雅，不再完全是民間文

〔註 77〕「香花」另有許多其他名稱：做香花、做齋、做佛事、做好事、做功德、做和尚、半夜光。

〔註 78〕興寧先賢叢書校印處《興寧先賢叢書第三冊・訒堂餘稿》（香港：圖鴻印刷公司）：何南鳳，惠州興寧縣高僧，俗姓何，名南鳳，字道見，出家後人稱「牧原和尚」或「訒堂老人」。家世業儒，他特別推崇張載和程顥、程頤，主張儒、釋同宗、不生分別，晚年雖從儒入釋，但是從不忘儒。

〔註 79〕王馗：〈梅州佛教香花的結構、文本與變體〉收錄於李豐楙主編：《民俗曲藝・

學粗獷原貌。

　　另外，在廣東客家有很多的大德高僧，把經書的內容翻譯成白話詞句，以便讓很多的群眾能夠聽懂佛法。他們也創作香花，所謂香花就是超生度死的詞文，要人們不要爭名奪利，勸化生人，度化亡人。香花不是佛經，而是「懺」。經，是釋迦牟尼說出來的；懺，是歷代高僧寫出來的，是代表佛經的意思譯出來的白話，香花則是將佛經『複白話』、用客家話唱出來。〔註81〕「香花文本，彙集了中國傳統中的歷史風物、傳說典故，以及流行於閩、粵、贛三省的民間勸善書、地方說唱文學，用通俗的教化，把傳統倫理道德與宗教義理結合起來，以彰顯出宗教安撫無助、道德維繫人生的意義。而香花儀式，則綜合了唱念做打、講說誦白，以及諸多非文字形態的民眾藝術，並結合地方社會中廣爲流行的喪葬儀軌，用形象生動的行爲表現，傳達了行動改變現實的積極態度。」〔註82〕所以廣爲民眾喜見樂聞。

二、〈血盆懺〉

　　廣東的喪俗，有的人仍用道士、覡公方式來「做齋」，有的人做「香花」。於是香花和尚又由江西儀式歌〈十月懷胎〉的基礎上，又發展成〈血盆懺〉。

　　改惡修善是佛教的根本教義，通過唸經拜佛來懺悔以往所犯的罪業。佛教的懺法起源晉代，至隋唐流行更廣〔註83〕。《血盆經》是《目連正教血盆經》

禮儀實踐與地方社會專輯》（臺北：施合鄭民俗文化基金會，第158期，2007年12月），頁104～105。

〔註80〕《梅縣香花一日兩宵全集》目錄中著錄了〈雜唱〉、〈勸善歌〉、〈偈子〉、〈論三喪〉、〈算空亡〉等關目，其實不是獨立演出香花的套路，只是提供可供選擇的詞文，例如〈雜唱〉也稱爲〈雜嘆文〉包括了〈五更〉、〈十嘆〉、〈十二月〉等詞文，實際是「救苦」、「關燈」的備選內容。而在《香花》本目錄中，除香花儀式段落外，尚有〈伏以〉、〈切以〉、〈佛號〉、〈香花〉、〈勸世文〉、〈十二月古人七式〉、〈十二歸空〉、〈五更三式〉、〈十月懷胎〉、〈十嘆二式〉、〈十衰分十別〉……這些內容亦不是獨立段落，但普遍出現在香花佛事的文書和唱念中。

〔註81〕王馗：〈梅州佛教香花的結構、文本與變體〉，收錄於李豐楙主編《民俗曲藝・禮儀實踐與地方社會專輯》（臺北：施合鄭民俗文化基金會，第158期，2007年12月），頁104～105。

〔註82〕王馗：〈梅州佛教香花的結構、文本與變體〉，頁105。

〔註83〕依《廣弘明集悔罪篇》記載：我國懺法起源於晉代，漸盛行於南北朝，自南朝梁代以來，採用大乘經典中懺悔及禮贊內容，而成之懺法以種種形式流

簡稱，又名《女人血盆經》，昔日在民間流傳甚廣，但不載於《大藏經》，載於〔唐〕建陽書林範氏版本《大乘法寶諸品經經咒》和《諸經日誦》，一般人認爲是僞經。

　　究竟什麼是血盆呢？漢文起主編的《中國民間秘密宗教辭典》〔註84〕中對此有一些解釋：目連因母劉氏四娘在生不修善果，血污褻瀆佛聖，結果墮落苦海。目連憶母辛苦可憐，到靈山哀告，乞求佛聖超度她出血湖地獄。以此爲主要內容衍化成《血盆經》。它是普渡坤道眾生唸得最多，流行最普遍的經書。

　　目前筆者搜集的《血盆經》有5種，其中1915年孟夏桃園縣中壢市圓明堂曾出版《大藏血盆經》，內容和其他四個版本差異較大，其內容如下：

> 善男信女聽原因，聽念大藏血盆經。
>
> 血盆經中非小可，業鏡臺前照分明。
>
> 業鏡臺前憑簿照，釐毫罪惡自家當。
>
> 目連尊者貌堂堂，身穿袈裟去尋娘。
>
> 手執鉢盂金禪杖，打開酆都地獄門。
>
> 十八地獄都遊盡，娘親不見好悽惶。
>
> 目連尊者實有心，一頭挑母一頭經。
>
> 挑經向前背了母，挑母向前背了經。
>
> 目連趕到羽州邊，看見血池萬丈深。
>
> 池中萬丈海深闊，不見娘身在血池。
>
> 獄主判官憑簿問，牛頭馬面四方逤。
>
> 池中婦女人無數，披枷帶鎖不離身。
>
> 目連尊者問原因，這樣婦女罪何因？
>
> 獄官答應尊者聽，都是陽間養育人。
>
> 因是生男併育女，如今血池罪臨身。

　　行者：如梁簡文帝之〈涅槃懺啓〉、〈六根懺文〉，梁武帝之〈慈悲道場懺〉、〈金剛般若懺〉、〈摩訶般若懺文〉，陳宣帝之〈勝天王般若懺文〉此諸懺法，皆依般若，涅槃、法華、金光明等經中選撰出來的。隋唐時代，佛教宗派興起，依各派所宗經典撰成種種懺法：如天台宗智顗大師之〈法華三昧懺儀〉，淨土宗善導大師撰有〈淨土法事讚〉，華嚴宗宗密大師〈圓覺道場修証儀〉等。

〔註84〕漢文起：《中國民間秘密宗教辭典》（成都：四川辭書出版社，1996年）。

生男育女罪何過？觸穢三光共神明。
披頭散髮娘當罪，都是前身不敬心。
娘在血池食血水，世間男女不知情！
普勸婦女細思量，莫將溪水洗衣裳。
日間污穢天和地，夜間污穢民星辰。
一來污穢江河水，二來觸穢海龍王。
凡眼不知清水穢，挑水煎茶供佛前。
將軍血帝記名字，善惡簿中有娘名。
等到爾娘陽壽滿，閻王差鬼拿罪人。
獄中二百十刑具，每日三催不離身。
鐵樑鐵柱鐵床板，鐵枷鐵鎖鐵又鎗。
日間銅錘打一百，夜間將他血水吞。
十槌八下娘身打，未曾男女替娘身。
陽間做錯無人認，泰山門下自承當。
寒冰地獄淨清清，刀山劍樹血淋淋。
拏到血池娘辛苦，男女陽間不知情！
披頭散髮血池叫，叫苦池中多少人。
三日不食家中飯，七日解到望鄉臺。
望鄉臺上看家鄉，何年何月轉還鄉？
家中男女披麻素，閻王不肯放還鄉。
啼啼哭哭告閻王，放轉家鄉三五年。
乞奴轉屆苦情講，看經食菜拜閻王。
閻王喝罵罪婦女，地獄誰人替汝當？
叫爾陽間修善果，爲何空手見閻王？
奉勸世間男共女，食菜替娘禮血盆。
食齋受戒三年後，免娘墜落血池中。
一拜謝娘養育恩，二拜謝娘懷胎恩，
三拜謝娘湯共水，四拜謝娘乳哺恩，
五拜東嶽泰山府，泰山都統做證明。
養男不知娘辛苦，養女方知報答恩。
父母不親誰是親？不敬爹娘敬何人？

金銀財寶有處討，爹娘死後無處尋。

人人都是爹娘養，養大成人七尺身。

食娘三擔六斗血，千辛萬苦養成人。

佛言眞語全不信，邪言哄轉就相量。

不分邪正痴呆漢，尅己傷身害爹娘。

與人相罵無好語，句句都罵爹共娘。

不孝難講公道話，不孝雖善非五常。

不孝念佛無利益，不孝空燒萬柱香。

不孝誦經無感應，不孝啼哭杻栖（悽）惶。

不孝做齋圖名利，不孝上墳好名揚。

有名無實不相應，雖然瞞人怎瞞天？

有恩不報非君子，有仇不報是賢良。

佛祖留下天堂路，人生百善孝爲先。

犬有璉（鏈）草知思主，馬能隨韁報主人。

烏鴉反哺報娘乳，爲人何不敬爹娘？

虎狼尚能知父子，蜜蜂螻蟻有君臣。

善魚夜來朝北斗，財獺皆能報本恩。

且如雎鳩之有別，爲人混亂不分明？

十月懷胎娘辛苦，三年哺乳娘辛勤。

長大成人思孝順，自然天地不虧人。

孝順之人增福壽，忤逆之人壽么貧。

孝順感動天和地，龍天不負苦心人。

上代古人行大孝，揚傳天下盡留名。

古人做與今人看，今人何不照樣行？

孝順父母生孝子，忤逆還生忤逆兒。

若要兒孫孝順我，我今先孝二雙親。〔註85〕

這首《血盆經》共是七言 144 句，主要是敘述母親死後在血湖所受的苦，以及說明爲何要拜血盆及報恩的原因。和其他四首內容血盆懺差異較大，茲將其他的四首羅列於後：

〔註85〕不註明作者：《大藏血盆經》（桃園縣中壢：圓明堂／永順印刷文具行，1915年孟夏），頁6～13。

〔表 3-6〕《客家歌謠專輯 2》、〈客家民謠〉、《梅州文獻彙編》、《中華舊禮俗》4 首〈血盆懺〉對照表

(1) 中原苗友雜誌社編印：《客家歌謠專輯 2》，1967 年 2 月，頁 55～56.	(2) 張舊前：〈客家民謠〉（《臺灣文獻》18 卷 4 期，1967 年 12 月 27 日），頁 133 又劉佐泉：《客家歷史與傳統文化》（開封：河南大學出版社，1991 年 4 月），頁 352～353	(3) 丘秀強、丘尚堯：《梅州文獻彙編》第六集（臺北市：梅州文獻社，1977 年 9 月），頁 262～263 又謝樹新等：《客家歌謠研究第七集》（苗栗：中原苗友週刊，1981），頁 14～15	(4) 張祖基：《中華舊禮俗》（東京：日本崇正會，1984 年）
〈佛曲・拜血盆〉 <u>十月懷孕在娘胎， 食娘血脈養身材， 高堂父母不敬奉， 借問身從何處來。</u> <u>父母便是生身佛， 何必靈山拜世尊，</u> 娘眠濕跡子眠乾， 洗衣換服受風寒。 正一二月落霜又落雪， 娘在河邊洗衣裳， 腳冷跳起嶺崗上， 年（手）冷縮轉袖中藏， <u>十個手指都凍壞， 十指尖尖口中嚐，</u> 父母思量子女恰似長江水，子女思量父母都無一寸長。 爲人莫做兒女身， 做到兒女正艱辛， 養男不知娘辛苦， 養女大來拜血盆。 <u>一日食娘三次乳， 三日食娘九度漿， 點點食娘身上血， 娘今老來面皮黃。</u>	〈佛曲・拜血盆〉 <u>十月懷孕在娘胎， 食娘血脈養身來， 高堂父母唔敬奉， 借問身從何處來？ 父母不親誰人親， 父母不敬敬何人，</u> <u>父母便是生身佛， 何必靈山拜世尊。</u> 娘眠濕跡子眠乾， 洗衣換裳受風寒。 正三月落霜又落雪， 娘在河唇洗衣裳， 腳冷跳起舉上企， 手冷縮轉袖中藏， <u>十個腳指都凍破， 十指尖尖口裡嚐， 一日食娘三次乳， 三日食娘九度漿。 點點食著娘身血， 娘今老來苦難當。</u> 孝順還生孝順子， 忤逆還生忤逆兒。 不信但看簷前影， 點點落地無差池。 謝天謝地謝三光， 風調雨順謝龍王。 麻衣三年成服制， 慎終追遠往西方。 父母思量子女恰似長江水，子女思量父母都無一寸長。 爲人莫做女兒身， 做到女兒甚艱辛，	〈血盆〉（節錄） <u>十月懷孕在娘胎， 食娘血脈養身材， 高堂父母不敬奉， 借問身從何處來？ 父母不親誰人親， 父母不敬敬誰人？</u> <u>父母便是生身佛， 何必靈山拜世尊。</u> 娘眠濕跡子眠乾， 洗衣換服受風寒。 正二三月落霜雪， 娘在河唇洗衣裳。 腳冷跳起嶺上企， 手冷縮轉袖中藏， <u>十個腳指都凍破， 十指尖尖口裡嚐， 一日食娘三次乳， 三日食娘九度漿。 點點食著娘身血， 娘今老來苦難當。</u> 孝順生來孝順子， 忤逆還生忤逆兒。 請看簷前瓦溪水， 點點落地麼差池。 謝天謝地謝三光， 風調雨順謝龍王。 麻衣三年成服制， 慎終追遠往西方。 父母惜子情如路， 子女思親無寸長。 爲人莫做女兒身， 做到兒女甚艱辛。	〈齋公拜血盆之歌〉 誠心來拜一頂禮： 靈山會上釋迦尊， 報答劬勞養育恩； 十月懷胎娘辛苦， 三年哺乳在胸前。 <u>一日食娘三次乳， 三日食娘九次漿。</u> 娘乳不是長江水， 不是園中苦藚漿。 點點食娘身上血， 娘身老來苦難當。 移乾就濕恩難報， 誠心齋戒拜血盆。 頂禮目連大尊者， 靈山會上釋迦尊。 誠心來拜二頂禮（略） 誠心來拜三頂禮： 陰陽造化女人身， 拋消五穀殺毛鱗； 生男育女污天地， 血路洋洋穢地神。 洗濁江河打穢井， 起頭三尺有神明。 爲人莫作女人身， 做著女人甚難辛。 九多十月霜雪大， 娘去核邊洗衣裳； 十個腳趾都凍破， 手冷縮轉身下藏。 爺娘想子長江水， 子細爺娘無寸長。 今夜焚香來禮拜， 低頭合掌拜血盆。 頂禮目連大尊者， 靈山會上釋迦尊。

(1)	(2)	(3)	(4)
	養男不知娘辛苦， 養女大來拜血盆。 不信但看深山桃花樹， 花開花謝能有幾時紅。	養男不知娘辛苦， 養女大來拜血盆。 請看深山桃花樹， 花開能有幾時紅？	誠心來拜四頂禮： 十月懷孕在娘胎， 食娘血脈養大來， 在生父母恩不報， 借爾身從何處來？ 父母便是生身佛， 何必靈山拜觀音。
綾羅才報三更鼓， 翻身不覺五點鐘，	靈雞才報三更鼓， 翻身不意五更鐘。	靈雞纔報三更鼓， 翻身不覺五更鐘。	孝順生來孝順子， 忤逆能生忤逆兒。 不信但看簷前水， 點點落地不差池 男兒長大行孝順， 女謝娘恩拜血盆。 頂禮目連大尊者， 靈山會上釋迦尊。 看起目連行大孝， 千辛萬苦報娘恩。
目連尊者去尋娘， 不知流落在何方， 天堂有路無尋處， 地獄門前哭一場。	目連等著去尋娘， 不知流落在何方？ ……	目連尊者去尋娘， 不知娘今在何方？ 渺渺茫茫遊地府， 尋娘不見轉還鄉。 若得母子重相會， 師恩累世不敢忘。	目連等著去尋娘， 不知流落在何方？ 天堂有路無尋處， 地獄門前哭一場。 若得母子重相會， 師恩永久不敢忘。 謝天謝地謝三光， 風調雨順謝龍王。 麻衣三年謝母恩， 慎終追遠往西方。 頂禮目連大尊者， 靈山會上釋迦尊。 誠心來拜五頂禮（略）

　　由上可知，(1)、(2)、(3)、(4)都是七言整齊句，內容差不多，可算是同一來源，其發育溫床是在廣東客地。四者內容、結構大致相似或相同，大致可分為：

1. 開篇：總敘人人都是母親十月懷胎，食娘血脈得以發育、長大，高堂父母不敬奉，還要敬奉誰呢？

2. 撫育：母親撫育嬰幼兒，可是備極辛苦，經常是娘眠濕跡子眠乾。又要到河邊洗尿片，若是夏天還好，若遇到落霜下雪的季節，娘在河邊洗衣裳，經常是腳冷得跳起來，十個手指都凍壞了。一日又要吃娘三次乳，三日食娘九度漿，點點滴滴都是娘的血化成的，因此娘年老了，身體常感到不適。

3. 勸孝：「孝順生來孝順子，忤逆還生忤逆兒。」因果循環，屢試不爽，要及早行孝。

　　第 4 個版本和前三個差異較大，它分爲「誠心來拜一頂禮」、「誠心來拜二頂禮」、「誠心來拜三頂禮」、「誠心來拜四頂禮」、「誠心來拜五頂禮」五個小單元，和其他版本相近的是「一頂禮」、「三頂禮」和「四頂禮」。「一頂禮」相當於開篇，「三頂禮」重點在描述母親撫育兒女的辛苦，「四頂禮」在勸孝。結構和前三首差不多，不過文句順序經常有調動。

　　〈血盆懺〉和〈十月懷胎〉的主旨一樣，都是敘述「父母恩重」，母親有「十恩德」：〈十月懷胎〉重點在描述一月至十二月懷胎的過程，而〈血盆懺〉強調母親撫育辛苦以及勸孝。兩者都是傳承自〈父母恩重經講經文〉、〈十恩德〉和〈懷胎寶卷〉，又把此一概念傳給〈娘親渡子〉，如：

1. 「娘眠濕跡子眠乾，洗衣換裳受風寒。正二三月落霜又落雪，娘在河唇洗衣裳，腳冷跳起舉上企，手冷縮轉袖中藏，十個腳指都凍破，十指尖尖口裡噆。」即是指母親對子女的「迴乾就濕」、「洗濯不淨」的辛苦與恩惠。

2. 「一日食娘三次乳，三日食娘九度漿。點點食著娘身血，娘今老來苦難當。」即是指母親對子女的「乳哺養育恩」的辛苦與恩惠。此文句首見於〈懷胎寶卷〉，後來的江西、廣東、福建的〈十月懷胎〉、〈娘親渡子〉也移植了此文句。

　　由此看來，〈十月懷胎〉、〈血盆懺〉關係密切。(1)、(2)、(3)、(4)的〈血盆懺〉是受到〈父母恩重經講經文〉、〈十恩德〉、〈懷胎寶卷〉、〈十月懷胎〉影響頗大的〈血盆懺〉，和原始的《大藏血盆經》差異很大，倒是和〈娘親渡子〉較有關。同時由第二節中，也得到一個訊息，中國人的喪葬文化中，母喪大多會唸〈十月懷胎〉，但是加唸《血盆經》的似乎流行於江西、廣東、福建等省。

　　又香花佛事中，爲了要讓普羅大眾更了解〈血盆懺〉的內容，更用許多襯字或增句，用客語白話解說、唱唸。10 號字爲襯字，( ) 中就是復白話替代的字、詞或句子：

> 十月懷孕當時時節就是在娘胎，兄弟姊妹吃親娘血脈（乳漿）養大來。高堂爺哀不敬奉（就是要孝敬爺哀），問你（兄弟姊妹當日）身從何處來？爺哀不親斷誰人正親（過），如果不敬（你的高堂）爺哀問你們兄弟姊妹去親何人？父母便是（堂前的三寶）生身佛，（孝順爺哀贏過入庵求神拜佛、拜神明）何必靈山拜世尊。愛想起小時節娘眠濕跡（尿跡）

子眠乾，洗衣服換服又怕你們兄弟姐妹受風寒。咁隊碰到〔註86〕娘坐月時節是
九冬十月（正二三月落）霜又（搭落雪）大，你的親娘（阿婆拿到
汝兜兄弟姊妹的屎裙尿褲）去到塘唇河唇洗衣裳。洗衫時節冷水浸太久腳
冷跳起石上企，手腳冰冷趕快縮轉袖中藏。十個手指（腳趾洗到開血
口）都凍畢〔註87〕，十指尖尖趕快拿到口裡噙，汝兜兄弟姊妹一日食娘不
止三次乳，三日到去到轉食娘身上九（次）度漿，吃到八隻月吃到對歲都是點
點食著娘的心頭身血哪，（你娘坐月時雞酒食得少，如今老裡一身骨頭
痛百病來哪）娘今年老面皮黃。娘乳（娘血）不是溪河古井大江水，娘乳
娘血也不是園中（種的蔬菜番茨木瓜漿）苦蕒漿。（世間爺哀愛子愛
女好比長江長流水，做子女想爺想哀沒有擔竿竹節長。世間有些養
到子女出南洋、過香港、回到家中買魚賣肉在爺娘面前低言細語做
個孝順子，世間也有養到子女討了老婆就聽老婆的話、同爺娘又吵
又鬧、又罵爺娘老裡會吃〔註88〕不會做。這樣的子女將來一定會給
雷公打。想起有爺有娘的時節就是金團寶，沒有爺娘就好像路邊生
的是蘇茅草，所以說子女就不好打爺罵娘，一定要孝順爺娘哪）……
如果你不信（就）且看（瓦坑的水）簷前水，點點落地（後面照樣跟
著是）無差遲。……（再唔信就看）深山裡的桃梅花果樹，花開（花
謝不過是）難得百日紅，（想起婦人家帶子帶女多艱辛，不講出來世
上無人知哪。家裡有四門六親來到，有酒沒菜都不敢盡心留，想起
牽男帶女三更半夜，小孩吵吵鬧鬧不覺又聽雞啼時，翻身不覺又是
五更鐘）〔註89〕……

像這樣複白話的客話〈血盆懺〉，淺顯易懂，又親切，普受未讀過書的村夫村
婦歡迎。除了〈血盆懺〉之外，〈嘆亡魂懺文〉、〈嘆亡〉、〈老正月〉（男人用）、
〈新正月〉（女人用）、〈嫩正月〉（女人用）、〈舊正月〉（男用）、〈十二歸空〉、
〈十別〉、〈嘆五更〉、〈又嘆五更〉、〈十哀兮〉、〈十嘆〉、〈春夏秋冬〉、〈起懺
一段〉、〈十殿〉、〈十懺〉、〈十三月〉、〈把酒曲〉、〈又嘆十哀兮〉、〈沐浴曲〉、

〔註86〕按：「咁隊碰到」應爲「撿採堵著」較正確。
〔註87〕按：「凍畢」應爲「凍必」較正確。
〔註88〕按：「會吃」應爲「會食」較正確。
〔註89〕王馗：〈梅州佛教香花的結構、文本與變體〉，《民俗曲藝‧禮儀實踐與地方社
會專輯》第158期（臺北：財團法人施合鄭民俗文化基金會，2007年12月），
頁138～139。

〈讀牒曲〉等〔註90〕，都是梅州有名的客話懺文，也都是由〈十月懷胎〉、〈血盆懺〉孳乳出來的，其原始源頭即〈父母恩重經講經文〉以及〈十恩德〉。總之，贛南的儀式說唱類〈十月懷胎〉到了廣東，得到蛻變，不但發展成〈血盆懺〉的「懺」，也發展成複白話的香花詞文，都是〈父母恩重經講經文〉、〈十恩德〉、〈懷胎寶卷〉的嫡傳。

第五節　贛閩粵儀式說唱類〈十月懷胎〉向臺灣的流播

　　要了解臺灣客家，必要先了解客家的移民史。對於客家移民史，根據彭欽清的研究，一般有三種說法：

1. 羅香林的五次移民論：客家先民東晉以前的居地，北起并州上黨，西屆司州弘農，東達揚州淮南，中至豫州新蔡、安豐。第一次遷移是東晉至隋唐；第二次是唐末黃巢之亂至北宋末；第三次是南宋初至明代中葉；第四次是康熙中葉至乾嘉之際；第五次是同治六年以後。

2. 陳支平客家族譜偏頗論：客家血統與閩、粵、贛等省的其他非客家漢民的血統並無明顯分別。

3. 謝重光客家文化概念論：客家是一種文化概念，而不是一種種族概念。江西、福建、四川、湖南、廣西各省都有客家人的足跡，臺灣省主要分布在臺北、桃園、新竹、苗栗、臺中、彰化、雲林、臺南、高雄、屏東、臺東、花蓮、南投、宜蘭。他認為客語方言是一種在古代漢語基礎上獨自發展演變並吸收了百越語而形成的漢語方言。〔註91〕

　　對於客家移民的歷史，一般人都比較偏向羅香林的五次移民論。客家民系的形成大約是在明代中葉，其大本營是贛南、閩西和粵東北。〔註92〕這和儀式說唱類〈十月懷胎〉茁壯、流布的地點剛好契合。「由於與中國大陸僅一水之隔，明、清兩代臺灣乃成為福建、廣東兩省移民的新天地。」〔註93〕所

〔註90〕丘秀強、丘尚堯編輯：《梅州文獻彙編第六集‧梅州天籟集佛曲客話懺文》（臺北：梅州文獻出版社，1977年9月），頁247～275。

〔註91〕彭欽清，〈客家歷史語言文化〉，民國91年在日新國小「客家種子教師研習」之講義。

〔註92〕王東：《客家學導論‧第六章客家民系的形成》（臺北：南天書局，1998年8月），頁173。

〔註93〕黃秀政等撰：《臺灣史》（臺北：五南圖書，2002年），頁1。

以〈十月懷胎〉、〈血盆懺〉等喪俗及歌謠就被先民帶至臺灣了。

臺灣有關於閩南語的〈十月懷胎〉的記載，在 1921 年片崗巖著的《臺灣風俗誌》中有一首〈僧侶歌〉，其內容就是〈十月懷胎〉：

> 正月的懷胎來，一滴甘露水。
>
> 二月的懷胎都心仔悶悶，南無阿彌陀阿阿佛。
>
> 三月的懷胎來，在照人影。
>
> 四月懷胎都結成人，南無阿彌陀於於佛。
>
> 五月懷胎分阿男阿女。
>
> 六月的懷胎分阿六臟，南無阿彌陀於於佛。
>
> 七月的懷胎分阿七仔孔。
>
> 八月的懷胎肚大曠曠，南無阿彌陀於於佛。
>
> 九月的懷胎腹肚轔轔轉。
>
> 十月懷胎都脫娘身，孩子生落。
>
> 啊，啊，啊，啊！連天哮三聲，公婆就緊走來聽。臍未斷，胞未落，娘身生命去了一大截。公婆舉香來祈願，祈去合家保平安。娘今抱子來食乳，乳今食了押胸前，南無阿彌陀佛。一歲二歲都手裡抱，三歲四歲都土腳四過趖，五歲六歲都能去 迌，七歲八歲送伊去落學。九歲十歲知人事，十一、十二、十三、十四讀冊考校成舉人，十五、十六中進士，十七、十八娶新婦。南無阿彌陀佛。〔註94〕

這首〈十月懷胎〉內容分「懷胎」、「撫育」、「教育」、「娶妻」情節，後三個內容和江西省五首以及廣東省一首的喪俗歌較不同，倒是和寧夏固原縣的〈十月懷胎〉：「……為娘男兒一歲兩歲整三歲，左面挪在右面睡。四歲五歲整六歲，你才離過娘的懷。七歲八歲整九歲，領在大街上浪一回。十歲十一整十二，送在南學裡把書念。頭一回念過百家姓，二一節念過三字經。，三一節考成王先生。」〔註95〕較相似。也和前揭文雲南劍川縣白族民間藝人唱本〈十月懷胎〉旨趣相同。它們的源頭實際都來自〈父母恩重經講經文〉：「……成長教示中又分為二：初明獎教禮儀，後說婚嫁宦學……」的概念。

〔註94〕片崗巖著，陳金田譯：《臺灣風俗誌》（臺北：眾文圖書公司，1996 年 9 月），頁 281～283。

〔註95〕中國民間歌曲寧夏卷編輯委員會：《中國民間歌曲集成寧夏卷》（北京：新華書店，1992 年 1 月），頁 207～212。

　　又中央研究院歷史語言研究所出版的《俗文學叢刊》也收錄一首〈十月懷胎〉：

> 一个（個）月日懷胎雨露朱（珠），早時含露晚猶毛，是務是毛且孟講，再省卜月是如何？二个月日懷胎分血成，娘身漸覺月經停，五臟六腑相反覆，正是病口在娘身。三个月日懷胎血成丸，心頭飽禮（裡）欲食酸，一日三餐都毛（無）味，思量果子口中吞。四个月日懷胎日漸深，是男是女未分明，梳頭洗面鏡禮（裡）照，面色青黃毛（無）精神。五个月日懷胎男女明，未生腳手先生頭，日間行動多辛苦，□酸手軟不梳頭。六个月日懷胎生六根，□日轉動二三行，男左女右殼殼轉，欲吃欲困（睏）莫離床。七个月日懷胎擔娘身，娘心歡喜也非輕，千斤萬擔務之替，此擔誰人替半肩？八个月日懷胎抱娘肝，渾身骨節重如山，恰似大石搖胎墜，猶如挑水上高山。九个月日懷胎毛髮全，何時云（雲）開見月明，日間望天毛的暗，夜間望天毛的光。十个月日懷胎已週全，惟願好日坐臨盆，生得兒童相幾面，合（闔）家大小喜團圓。〔註96〕

這首七言四句十個聯章體的〈十月懷胎〉，應該是用閩南語的詞彙書寫的，主要傳承大陸原鄉抒情民謠類的〈十月懷胎〉，無說教意味，和客家的喪俗儀式歌〈十月懷胎〉較無關係。

　　目前臺灣閩南釋教系統的喪葬法事也有唱〈二十四孝〉〔註97〕、勸世文、〈十月懷胎〉的習俗，例如在花蓮的喪葬法事中，法師就這樣唱〈十月懷胎〉：

> 一月花胎龍眼大，父母有身大受磨，袂食卜吐眞坐掛，眞眞干（艱）苦無看活。二月花胎肚員員（圓圓），一粒宛然那荔芝（枝）。田螺吐子爲子死，生子性命治水墘。三月花胎人眞善，父母懷胎干（艱）苦連。腳酸手軟歸身變，倒落眠床咳咳干。四月花胎分腳手，肚尾親像生肉瘤。爲著生子難得求，三分腹肚不時憂。五月花臺（胎）分鼻嘴，好物任食都袂肥。腳盤宛然那匱水，腰骨親像塊卜開。六

〔註96〕黃婆變編撰：〈十月懷胎〉，《俗文學叢刊》（臺北：新文豐出版社／中央研究院歷史語言研究所，2001年），頁518～519。又收錄F-014-7（鉛印本）《中國俗曲總目稿》377頁。

〔註97〕俔公大都根據不註撰人：〈二十四孝新歌〉（新竹：竹林書局，1987年初版），頁1～3的歌詞內容。

月花胎分男女兮，恐驚胎神兮慘滋。三分那是有世事，靜符緊食緊身軀。七月花胎分煞（徙）位，一日一日大肚歸。行著有時大心塊，一箇腹肚圓錐錐。八月花胎肚凸凸，早晚代志著知防。這號干（艱）苦不敢廣（講），失頭著叫人罩摸。九月花胎分振動，為著病子不成人。十月花胎苦年代，一個腹肚即大咳。想著卜生流目滓，求卜順事生出來。一家大小亂亂返，各人少想抄頭毛。摸著查埔講有秧，歡喜趙破三塊磚。生著查某面憂憂，一個面孔打結球。戰戰彩彩罔從就，無省卜恰人應酬。生了三日做完滿，油飯唇邊偆一盤。戇尪看見塊流涎，治塊想卜食雞肝。三日做了做滿月，油飯無到閣再次。戇尪愛食不敢說，伸手來塊捻雞皮。滿月做了四月日，戇尪想卜食雞翅。一日無想卜坐失（做事），好呆恁廣（講）袂朝直。閣無外久做肚祭，看見戇尪真笑科。歡喜有了袂曉講，一日親像狗吹螺。一歲二歲手裡抱，三歲四歲塗（土）腳趖。生著查某無省好，驚了別日做彪婆。五歲六歲漸漸大，有時頭燒甲耳熱。就討靈符來乎帶，看到么子真受磨。七歲八歲真肴炒（吵），一日顧伊二枝（支）腳。那是不縛就卜打，調督即袂做爭差。九歲十歲教針子（黹），驚伊四繪去庚糸。一日都著教袂是，有嘴廣申無嘴舌。十一十二著打罵，只去著那學做衫。不通食到卜做媽，手野不八提菜籃。十三十四學煮菜，一塊面椑辨兮來。別日即有好尪婿，不學到時汝著知。十五十六卜返大，驚了塊人去風花。別日卜捧人飯碗，即下孝敬乾家官。十七十八做親戚，一半歡喜一半驚。去那有緣得人痛，父母塊伊好名聲。有孝不敢討嫁粧，不孝受氣嫌無物。干乾飼子無論飯，瓊真起來真無長。飼著有孝查某子，三分代志返來行。是伊麻油菜子命，提來物件歸大廳。飼著無孝查某子，親成五十人人驚。開嘴著卜討物件，無論多少葉塊行。有孝查某行做前，出山倩人夯龍鐘。報答親恩真敢用，吩咐鼓吹倩香亭。不孝查昧真正敢，一箇親像破菜籃。來到卜甲人相罵，少想卜來討麻衫。有孝查某有情份，習工閣來做三巡。聽伊塊哮無宿（歇）困（睏），卜硯籃拔報親恩。不孝任無惜本份，無用閣卜想通春。食到汗流無宿（歇）困（睏），少想偷侃人衫裙。有孝跪塊一直哮，不孝也無目滓流。有孝等候燒靈厝，不孝查某嫌箱久。有孝查某來寄庫，不孝偷提馬茶蘇。有孝查某是真苦，

不孝愛食大腸圓。父母痛子在心頭，子孝父母放水流。尋無幾箇想
今到，分曉順情來行孝。父母生子艱苦代，有孝分人天地知。養育
深恩親像海，用心報答即應該。眾人來聽今著散，聽到即久無因單。
乎恁父母耳耳看，心肝親像打算盤。〔註98〕

這首〈十月懷胎〉是根據1989年新竹市竹林書局出版的〈十月懷胎〉（〈十月
花胎〉）來演唱的。其形式爲七言四句的整齊句，內容結構爲「懷胎」、「生
產」、「教育」、「勸孝」。「懷胎」和客家的喪歌〈十月懷胎〉的「懷胎」內容
差不多，只是閩南的辭彙和客語的詞彙不同而已。

　　這一首歌明顯地是針對生女兒來述說的，例如「生著查某（女兒）面憂
憂」，父母普遍有重男輕女觀念；女兒在成長期間，要她去「學針黹」、「學煮
荣」，深怕將來找不到好婆家，敗了父母的名聲；「飼著有孝查某子，三分代
志返來行」，是說有孝的女兒，娘家有芝麻小事，都會回來幫忙；「有孝查某
有情份，刁工閣來做三巡」，是說孝女即使父母已出殯了，還會三不五時去父
母墳上巡視巡視。所以這首〈十月懷胎〉重點擺在「教育」、「勸孝」，比前兩
首閩南語的〈十月懷胎〉不但篇幅增大很多，也多了強烈的教訓意味。

第六節　小　結

　　〈十月懷胎〉是流傳中國大江南北甚廣的民謠，它在唐、五代時就流傳
在敦煌地區。後來循著兩條途徑流傳：

（一）抒情歌謠類〈十月懷胎〉

　　保留原來〈十月懷胎〉的原貌，未受〈父母恩重經講經文〉及〈十恩德〉
的滲透，沒有「父母恩重」、「勸孝」的思想束縛，歌中只是純粹地描寫十
月懷胎胎兒的變化或孕婦口味的改變。這一類的作品後來又發展出小調〈病
子歌〉或客家八音〈病子歌〉。臺灣閩南、客家喪俗歌也有部分是唱這種內
容的。

（二）儀式說唱類〈十月懷胎〉

　　受到〈父母恩重經講經文〉、〈十恩德〉、〈懷胎寶卷〉的嚴重滲透，甚至

〔註98〕 不註撰人：〈十月懷胎〉（〈十月花胎〉）（新竹：竹林書局，1989年9版），頁
　　　1～3，收錄於楊士賢：《臺灣的喪葬法事——以花蓮縣閩南釋教系統之冥路法
　　　事爲例》（臺北：蘭臺出版社，2006年11月），頁141～143。

可說是它們的嫡傳，主要是分佈在江西、廣東、福建省，後來還發展成香花詞文、〈血盆懺〉。這一類的〈十月懷胎〉在大陸原鄉大都作喪歌或跳觀表演活動，在臺灣客家則作喪歌，許多詞句更移植在說唱〈娘親渡子〉中。其中的【懷胎老腔】、【懷胎腔】目前仍活躍於客家採茶戲曲與客家八音中。

　　〈十月懷胎〉的形式相當多元，目前找到的文獻就有 63 首之多：有五言、七言的整齊句，也有雜言的長短句；有單曲的，也有四個或十個聯章的。一般來說，以十個聯章爲正格，通常每一章一、二、四句押韻，第三句不押；演唱時多會加上「哪」、「哎」、「唷」等拖腔，也有的會加上大量的增句，如：「生流水」、「荷花生流水那個萬山流水轉」、「南無阿彌陀佛」等，造成一種音聲之美。

　　客家儀式說唱類〈十月懷胎〉、〈血盆懺〉中許多形象生動的句子，例如：母親生產時痛苦萬分，簡直是「叫娘上天天無路，叫娘下地地無門。牙齒咬得鐵釘斷，腳底磨得鐵皮穿」；撫育孩子辛苦萬分，經常是「娘眠濕跡子眠乾，洗衣換裳受風寒。正二三月落霜又落雪，娘在河唇洗衣裳，腳冷跳起石上企，手冷縮轉袖中藏，十個腳指都凍破，十指尖尖口裡噙」；孩子又是「一日食娘三次乳，三日食娘九度漿，點點食著娘身血」，導致娘今老來苦難當；「孝順還生孝順子，忤逆還生忤逆兒。不信但看簷前影，點點落地無差池」、「父母思量子女恰似長江水，子女思量父母都無一寸長」，所以「爲人莫做女兒身，做到女兒甚艱辛，養男不知娘辛苦」，母親過世時，爲人子者要拜血盆。這些句子在〈懷胎寶卷〉以及下面章節要討論的〈娘親度（渡）子勸世文〉、〈娘親渡子〉常出現。而在閩南語的〈十月懷胎〉中是找不到的，可見閩南語的〈十月懷胎〉和〈懷胎寶卷〉以及贛、粵喪俗歌〈十月懷胎〉、〈血盆懺〉是不同系統。

　　臺灣客語的〈十月懷胎〉、〈娘親渡子勸世文〉、〈娘親渡子〉則和大陸原鄉的儀式說唱類〈十月懷胎〉、〈血盆懺〉有密切關係。這一部份留待下一章繼續討論之。

第四章 〈娘親渡子〉的成型及其相關作品

　　〈娘親渡子〉是 1968 年至今流行於臺灣客家界，普受客家人喜見樂聞的勸世文，內容是描寫母親十月懷胎時嚐盡苦頭；生產時危險異常；撫育嬰幼兒，經常是迴乾就濕，方得將子撫養成人，勸說為人子女者應感恩圖報。因為它兼具形式、內容以及音樂之美，故至今仍不退流行，它是誰編創的？

　　個人曾訪問邱玉春（1949〜）、李秋霞（1953〜）、謝鎮煌（1952〜）、曾明珠（1958〜）、吳川鈴（1953〜）等人〔註1〕，他們一致認為他們唱的〈娘親渡子〉唱詞、曲調，是聽楊玉蘭〈玉蘭勸世歌〉唱片學來的。根據筆者調查楊玉蘭唱〈娘親渡子〉時，並非用「娘親渡子」命名，而是用〈玉蘭勸世歌〉命名，1968 年 12 月由美樂唱片公司發行。唱片界正式用「娘親渡子」命名乃是從邱玉春的〈娘親渡子〉唱片開始，1978 年 8 月由月球唱片行發行的。

　　楊玉蘭〈玉蘭勸世歌〉可說是目前市面上〈娘親渡子〉的範本，也是〈娘親渡子〉正式成型的界碑，換句話說也是目前市面上普遍傳唱且熱賣的〈渡子歌〉說唱內容的根據。〈玉蘭勸世歌〉是如何形成的？〈玉蘭勸世歌〉絕不會無中生有的，它是客語勸世文和說唱藝術的結晶，是〈父母恩重經講經文〉、〈十恩德〉、〈懷胎寶卷〉、〈十重恩〉、儀式說唱類〈十月懷胎〉以及〈血

〔註1〕邱玉春、李秋霞、謝鎮煌、曾明珠、吳川鈴皆是目前活躍於臺灣客家界的歌手及山歌班指導老師，皆擅唱〈娘親渡子〉。

盆懺〉的派生物，它有繼承，也有發展。本章將從臺灣客語說唱藝術的觀點切入，以楊玉蘭的師承、交友狀況，以及〈玉蘭勸世歌〉的歌詞、唱腔來追溯〈娘親渡子〉的形成與流播。

第一節　〈娘親渡子〉的形成

　　依文獻顯示〈娘親渡子〉的形成途徑是邱阿專吸收蘇萬松的〈報娘恩〉的唱腔及唱片內容，以及陳火添的〈拾月懷胎〉和〈娘親渡子勸世文〉刊本內容，編唱了〈十月懷胎〉唱片之後，再傳給楊玉蘭。楊玉蘭接受邱阿專的〈十月懷胎〉後，有所補充，再參照勸世山歌的〈十想度（渡）子〉，最後才形成她自己的作品〈玉蘭勸世歌〉（即〈娘親渡子〉的前身），所以蘇萬松是個關鍵人物。

　　蘇萬松雖不是採茶藝人，但是他從聽曲盤中學會採茶唱腔，自拉自唱，自成一格，成爲臺灣客語說唱的一代宗師，影響著說唱藝人邱阿專、陳火添、楊玉蘭、賴碧霞等人。

一、蘇萬松〈報娘恩〉

　　蘇萬松別名蘇州府，苗栗縣西湖鄉三湖村人，是大家公認的臺灣客語說唱祖師爺，他以特有的【平板·蘇萬松腔】，以小提琴自拉自唱勸世文，到各地客家庄做「撮把戲」兼賣藥，非常受到客家人歡迎。他不但培養邱阿專、羅石金、賴碧霞等後進，也是第一批到日本灌錄唱片的藝人〔註2〕之一。他的作品有：

1. 報娘恩、青年行正勸改（改良鷹標 Eagle，編號 19？？？；二版黑利家，編號 T-92）
2. 蘆花絮（改良鷹標（Eagle），編號 19？？？；二版黑利家編號 T-95）
3. 孝子堯大舜（其一）（其二）（古倫美亞，編號 80208）
4. 孝子堯大舜（其三）（其四）（古倫美亞，編號 80209）
5. 孝子堯大舜（其五）（其六）（古倫美亞，編號 80210）

〔註2〕日治時期到日本錄製唱片的除了蘇萬松外，還有林石生、范連生、何阿文、何阿添、黃芳榮、巫石安、彭阿增等；唱片內容有八音、勸世文、亂彈戲、小曲、採茶戲等。讀者可參閱楊寶蓮：《臺灣客語說唱》，頁 416～423 附錄四〈李坤城『臺灣音樂資料庫』收藏日治時期客家唱片總目錄〉。

6. 孝子堯大舜（其七）（其八）（古倫美亞，編號 80211）

7. 阿片歌（上）（中）（古倫美亞，編號 80228）

8. 阿片歌（下）、奉勸青年去邪從正歌（古倫美亞，編號 80229）

9. 救母菩薩（一）（二）（古倫美亞，編號 80254）

10. 救母菩薩（三）（四）（古倫美亞，編號 80255）

11. 兄弟骨肉親（黑利家，T-176）

12. 勸青年節浪費（黑利家，T-201）

13. 平等（一）～（四）（黑利家，T-273-274）

14. 耕作受苦歌（黑利家，T-281）

15. 夫婦相愛、小兒勤讀勸改（黑利家，T-295）

16. 朱生古論（黑利家，T-298）

17. 蘇萬松傑作集（美樂，HL-201）

18. 大舜耕田（美樂，HL-202）

19. 勸孝歌（美樂，HL-203）〔註3〕

他說唱的內容大都跟「二十四孝」以及勸世有關，和〈娘親渡子〉直接有關的是〈報娘恩〉，1930 年錄製，共 313 字，全長 3 分 3 秒。這張唱片的首版是「改良鷹標」唱片編號 FE119。此張則是由黑利家再版，編號 T-94A 的版本，作詞者不詳，編曲者周玉黨用胡琴，敲仔，鑼鼓，喇叭以及提琴等管絃樂伴奏。主要是用說唱方式勸說爲人子女要知父母養育之恩，能及時行孝：

唱【蘇萬松腔】

　　一勸 na 男 na 女 ni 世間个人 ni i，做人斯愛來孝雙 na 親 ni i。

　　一在 na 就个爺 na 哀正來个無價寶 ni i，歸仙 na 時刻斯正來無奈尋 ni i。

轉唱【平板什唸子】

　　奉勸斯世間男女郎，少年愛反想，愛來行孝雙親斯　爺娘，爺哀親情無價寶，歸仙亡了斯買來不還養〔註4〕。唸著懷胎苦，十月　个娘，在了娘親个肚屎中，食娘身上心頭肉，準飯啊食；食娘身上心頭血，

〔註3〕楊寶蓮：《臺灣客語說唱》，頁 90～93。

〔註4〕歸仙亡了斯買來不還養：意指父母一旦過世了，買再多的貢品祭拜，也來不及，無濟於事。

準茶湯。摝　三百日，天頂　來个男女子，　將來反想。對面該羊欄岡，生育　來該男女郎。<u>娘親來肚痛，可比該利刀來割呀肉，可比該利剪來剪呀腸</u>。血流滿身胎滿地，一聲心肝阿姆哀，兩聲係心肝肉，苦難當。<u>老年人來有講起，長江水流下無流上，世間只有爺哀想子女，少有个子女个想爺娘。爺娘想子个可比河壩長江水，子想就爺娘無支擔竿長</u>。

　　這首歌主要在說明母親十月懷胎時，胎兒在母親肚裡，都是吸收娘的心血；陣痛時，有如「利刀來割肉，利剪來剪腸」般的痛苦；爺娘替孩子操心可比長江的水那樣源遠流長，孩子回饋給父母的報答，連一支扁擔的長度都比不上。「食娘身上心頭肉」、「食娘身上心頭血」、「娘親來肚痛，可比該利刀來割呀肉，可比該利剪來剪呀腸」、「老年人來有講起，長江水流下無流上，世間只有爺哀想子女，少有个子女个想爺娘。爺娘想子个可比河壩長江水，子想就爺娘無支擔竿長。」主要傳承自〈懷胎寶卷〉、儀式說唱類〈十月懷胎〉以及〈血盆懺〉，普為後期的〈娘親渡子〉所引用。

　　〈報娘恩〉是三○年代蘇萬松最早的作品，正逢 1929～1931 年臺灣人嘗試以洋樂編曲伴奏的年代，蘇萬松調的勸世文也不例外，曲式基本上以【老腔平板】為基礎，開頭之唱和唸唱和後來大家熟知的【蘇萬松調】差不多，轉【什唸子】唸唱後則不大相同，可能是蘇萬松在傳統與創新間的轉換中期作品，所謂【蘇萬松調】式的勸世文在此張唱片已具雛形。〔註 5〕

　　這一張是蘇萬松自創的【蘇萬松調】勸世文的處女作，自此也開啟了蘇萬松個人以及其他人學唱【蘇萬松調】勸世文的風潮。〈報娘恩〉曲腔以【老腔平板】（【蘇萬松腔】）、【平板什唸子】為主。而楊玉蘭的〈玉蘭勸世歌〉也是用【平板】和【平板什唸子】。【平板】的前身是【老腔平板】，所以說〈玉蘭勸世歌〉唱腔受〈報娘恩〉唱腔影響。由此也可知，〈娘親渡子〉內容、音樂皆受到蘇萬松〈報娘恩〉的影響。

二、陳火添〈拾月懷胎〉、〈娘親渡子勸世文〉

　　筆者所見臺灣客家地區流傳最早的〈十月懷胎〉、〈娘親度（渡）子勸世文〉刊本是 1934 年臺南州嘉義市的和源活版所「最新出版歌冊目錄」中〈娘親度（渡）子歌〉、〈十月懷胎歌〉，因為年代的久遠，如今只見存目。

〔註 5〕引自行政院客家委員會網站：「臺灣客家音樂資料建置第二年計畫」。

　　直到 1954 年，才又見到由新竹縣新埔鎮田心里五十四號陳火添所編輯的《拾月懷胎・娘親度（渡）子勸世文》，批發處是新竹新華戲院對面的竹林書局，此歌本目前為臺東鹿野的杜建坊所收藏。

　　陳火添是何人？曾先枝（1932～）桃園縣龍潭人，是榮興客家採茶劇團資深演員兼編導。他自稱 11 歲時受舅舅魏建英（魏乾任）啓蒙開始學戲。18歲，入「新勝園」歌劇團，向戲老師蔡梅發學習前後場。21 歲，入竹東「竹勝園」戲班，專演採茶戲丑角；28 歲，開始與舊識陳火添夫婦唱山歌、走江湖賣膏藥。45 歲，與人合組「小美園」戲班。〔註6〕他自述他的才藝有兩大淵源與傳承：

　　1. 山歌：阿浪旦
　　　武術：郭天期（棋）⟩──魏乾任（舅舅）── 曾先枝 ── 鄭榮興

　　2. 填詞：陳火添── 曾先枝（可惜當年他沒抄歌詞，是鹿寮坑巫安丑、巫運丑兩兄弟負責抄山歌詞）〔註7〕

　　又苗栗三義的山歌、說唱藝人林貴水（1930～，本名林春榮）說：陳火添原爲花蓮玉里人，到新埔被人招贅，本身也算是漢文先生，常創作山歌詞、勸世文。他（指林貴水）唱的〈醒世修行歌〉就是出自陳火添之手。他還說：

> 「阿浪旦」（1899～1965，本名吳錦浪，偏名吳乾應）曾拜師何阿文（人稱阿文丑，竹東人，曾在新竹北埔授徒）、劉鐵虎（拳頭師父）。「阿浪旦」常和陳火添、張永昌（殁，若未過世，今約 105 歲，拳頭師父，有二徒弟：陳錫錦、許秀榮）、黃阿康（殁，若未過世，今約 102 歲，林春榮丈人）合作。我（林春榮）當年是跟著老丈人黃阿康跑江湖，除了和「阿浪旦」、陳火添、張永昌常碰面之外，後期也常和楊玉蘭、楊木源、阿庚丑（花蓮人）兩夫妻、阿梅丑（竹東人）合作。〔註8〕

可知，陳火添也是客語說唱藝人，和阿浪旦、楊玉蘭常合作。而阿浪旦則是三腳採茶、八音大師何阿文的高徒。又榮興採茶劇團團員黃鳳珍自述，很小就向楊玉蘭學唱〈娘親渡子〉。當年的山歌王──陳火添、彭登美、彭玉

〔註6〕參考行政院客家委員會網站，有關藝人的介紹資料。
〔註7〕2005/7/25 電話訪問曾先枝。
〔註8〕2005/7/13 電話訪問林貴水。

招、羅勤英也擅唱此歌。楊玉蘭和陳火添、邱阿專常在一起做「撮把戲」。
〔註9〕

　　綜上所述，陳火添是五〇年代相當活躍的說唱藝人兼山歌詞創作者，和
阿浪旦、張永昌、黃阿康大約同樣年紀，也常常一起合作。後一輩的曾先枝、
林貴水曾向他學習或者用他的歌詞。所以和陳火添、林貴水、邱阿專常合作
的楊玉蘭，能見到陳火添創作、編輯的〈十月懷胎〉、〈娘親渡子勸世文〉應
該也是理所當然的事。

　　竹林書局在 1958 年又再次出版〈拾月懷胎〉和〈娘親渡子〉合刊本，目
前亦由杜建枋收藏。雖然封面未註明編輯人。但是經過筆者的比對，它的
編輯人應該也是陳火添。雖然版本不同，1954 年和 1958 年的內容是完全相
同的。

（一）〈拾月懷胎〉

　　儀式說唱類〈拾月懷胎〉源出於寶卷。根據車錫倫《中國寶卷研究論集》
說：寶卷是一種由宗教及民間信仰活動相結合的講唱文學形式，可追溯到唐
代的俗講，是變文的後裔。寶卷之名首先出現在元代，清末、民初是全盛期。
今海內外公私收藏元代的寶卷共 1500 餘種，版本約有 5000 種，其中十之七
八是手抄本。〔註10〕陳火添〈拾月懷胎〉1954 和 1958 兩個版本封面皆寫〈拾
月懷胎〉，書內頁的內容都寫成〈廣東語‧十月懷胎歌〉，既然標明「廣東語」，
可見它是從廣東省流傳過來的。它是一種月令聯章形式，描寫女人從懷孕直
到十月分娩的生理變化與辛勞：

> 正月懷胎如露水，桃李開花正逢春；
> 懷胎恰似浮萍草，未知何日得相逢？
> 二月懷胎真及時，手酸腳軟步難移；
> 頭無梳來面懶洗，百物針脂（嘴）拋了裡（哩）。
> 三月懷胎三月三，懷胎娘子心頭貪（淡）；
> 三餐茶飯無想食，想食楊梅當時酸。
> 四月懷胎結楊梅，楊梅樹下結成胎；
> 口中有想楊梅食，難得楊梅跌下來。

〔註 9〕99/8/15 電話訪問黃鳳珍老師。黃鳳珍爲【榮興團】著名丑角，目前也是國立
　　　臺灣戲曲學院採茶戲科老師。
〔註10〕車錫倫：《中國寶卷研究論集》（臺北：學海書局，1997 年 5 月），頁 5～32。

五月懷胎份（分）男女，懷胎娘子苦難裡（哩）；

㸃㸃（點點）食娘身上血，七孔八竅結成人。

六月懷胎驚如山，懷胎娘子心艱難；

三餐茶飯難進口，食飽恰似上刀山。

七月懷胎是立秋，八卜（幅）羅裙串串有；

雙手難搬下腰帶，雙腳不敢踢上身。

八月懷胎重如山，懷胎正知幹（恁）艱難；

房中掃地身難則（側），又驚損失孩兒身。

九月懷胎久久長，懷胎娘娘面皮黃；

老人懷胎還靠（較）得，少年懷胎苦難當。

十月懷胎月速（數）滿，肚中孩兒碌碌番（翻）；

口中咬得鐵釘〔註11〕斷，腳穿繡鞋踏得川（穿）。

孩兒落地噭三聲，婆婆隨時出來听（聽）；

不使歡來不使喜，兩人性命一般般。

正月懷胎如露水，

二月懷胎心亡（茫）亡（茫），

三月懷胎見人影，

四月懷胎結成人，

五月懷胎份（分）男女，

六月懷胎六經全，

七月懷胎份（分）七孔，

八月懷胎重如山，

九月懷胎團團轉，

十月懷胎離娘身，

懷胎舟看十月滿，

是男是女得份（分）明；

知得養兒幹（恁）辛苦，

男婦老幼愛記心。

〔註11〕1958年版本作「鐵針」，其他的刊本、唱本都作「鐵釘」。兩者都說得通。「鐵針」較細，「鐵釘」較粗，以「鐵釘」較有誇飾效果。

人生不知行孝順，

枉費世上來做人；

忠孝兩事不記念，

黃金堆棟也閒情。

這首〈十月懷胎〉實際上包括了兩首〈十月懷胎〉的內容：第一首是用七言四句十個聯章方式，說明母親懷孕後的生理變化及辛苦，外加一章作總結：孩子瓜瓜落地，做婆婆的前來關心。「點點食娘身上血」、「懷胎娘娘面皮黃」、「口中咬得鐵釘斷，腳穿繡鞋踏得穿」等句即來自〈懷胎寶卷〉以及贛南、廣東等儀式說唱類〈十月懷胎〉的內容；「三餐茶飯無想食，想食楊梅當時酸」和〈病子歌〉的內容也相似。第二首是用七言一句十個聯章說明胎兒自著床至生下的過程，再加七言四句兩個聯章勸孝。「正月懷胎如露水，二月懷胎心茫亡茫……九月懷胎團團轉，十月懷胎離娘身。」即是源自敦煌民謠〈十月懷胎〉。

〈十月懷胎〉在臺灣的客家民間流傳很廣。新竹鹿寮坑人林德富（1935～2005）有三本大正十一年（1921）左右，他父親張進科抄錄的家傳抄本，包括〈梁山伯與祝英臺〉、〈山歌詞〉、〈山歌詞／八音工尺譜〉。其中有一首〈十月懷胎歌〉和陳火添的〈廣東語‧十月懷胎歌〉一樣。另外，1969 年苗友中原雜誌社出版的《客家歌謠專輯》第三集，第 39 至 40 頁，也有一首由秀山客編輯的〈十月懷胎〉：

正月懷胎需露水，桃李開花正逢春；

兩人平平桃李樣，未知何日來得生。

二月懷胎不及時，懷胎娘子苦難裡（哩）；

頭濃（繷）訛（鬢）排（披）難（懶）梳洗，百般針線荒了裡

（哩）。

三月懷胎三月三，懷胎娘子心頭淡；

三餐茶飯晤（毋）想食，緊想楊梅口裡淡。

四月裡來結楊梅，楊梅樹下結臺（胎）；

心中都想楊梅食，晤（毋）得樹上跌下來。

五月懷胎分男女，分男分女變成人；

係男係女心中想，未知何日得相逢？

六月懷胎三伏天，懷胎娘子眞可憐；

食飯恰似呑石子，食茶恰似上高山。

七月裡來七月秋，八卜（幅）羅裙卦（掛）金球；

羅褲唔（毋）敢長安帶，一腳不敢躍上腰。

八月懷胎苦娘身，懷胎娘子羅漢身；

堂裡掃地難轉側，驚怕物（搵）壞孩兒身。

九月懷胎菊花黃，懷胎娘娘面皮黃；

老個懷胎完（還）靠（較）得，後生懷胎苦難當。

十月裡來日當滿，懷胎娘子開便天；

牙齒咬得硬鐵斷，腳著繡鞋都著穿。

孩兒落地叫三聲，婆婆攬（揇）出笑連連；

孩兒攬（揇）在妹身上，心肝　（吾）肉切莫聲。

這首〈十月懷胎〉形式、內容和陳火添的〈十月懷胎歌〉稍有出入，少了尾段的「正月懷胎如露水，二月懷胎心亡亡（茫茫），三月懷胎見人影，四月懷胎結成人，……忠孝兩事不記念，黃金堆棟也閑情」等 18 句，兩者應該也是來自同一系統，不論形式、內容都有傳承〈懷胎寶卷〉、贛、粵客家儀式歌〈十月懷胎〉的痕跡，如「三餐茶飯唔想食，緊想楊梅口裡淡」、「食飯恰似呑石子，食茶恰似上高山」、「羅褲唔敢長安帶」、「懷胎娘娘面皮黃」、「牙齒咬得硬鐵斷，腳著繡鞋都著穿」等句子，也爲〈娘親渡子〉所吸收。

前揭文已提到，早期的客語唱片也有〈病子歌〉以〈十月懷胎〉爲題名的。五、六〇年代出版〈病子歌〉唱片的有：劉玉子（美樂 HL213，1966）、賴碧霞、羅石金對唱（美樂 HL372，1968）、湯玉蘭（美樂 HL5001，1969）、月球 MEV8125。它們的唱詞都類似，都是描寫婦女懷胎十月的辛苦，以及懷孕後生理起了變化，想吃一些酸澀古怪的食物。只有月球唱片 MEV8125 以〈十月懷胎〉爲題名，後代的山歌本也都以〈病子歌〉爲題名。〈病子歌〉和陳火添的〈拾月懷胎〉的主題一樣外，句型、詞彙落差很大：〈病子歌〉屬問答式，以娛樂爲目的；〈拾月懷胎〉屬敘述式，以勸孝爲目的，兩者分屬不同系統。

（二）〈娘親度（渡）子勸世文〉

1934 年，嘉義的和源活版所即有出版〈娘親度（渡）子勸世文〉，這作品

是從中國大陸原鄉傳入臺灣的，可惜因年代的久遠，無緣見到。今日，只能
見到竹林書局 1954 和 1958 年出版的〈娘親渡子〉，兩者內容相同，其封面都
是刻〈娘親度（渡）子〉，但是內容都是寫成〈娘親度（渡）子勸世文〉，共
429 字。其內容如後：

娘親度（渡）子苦難當　千辛萬苦　个娘

三朝七日無乳食　三光半夜愛飼糖

一來奉勸諸君少年郎　做人子兒愛曉想

在娘肚中未出世　校（絞）娘心肝　校（絞）娘腸

牙齒咬得鐵釘斷　腳穿繡鞋踏得川（穿）

想愛上天天無路　想愛落地地無門

有福養兒得人雞酒香　無福得人六片棺材枋

有錢人來度（渡）子　人講好命頭家娘　麼（無）錢人來度（渡）

子講是乞食麻（　）　羅（勞）碌娘

一日食娘三合乳　三日食娘九合漿　夬（點）夬（點）食娘身身上

血食到娘親面皮黃

孩兒細細拿來抱（揇）　有時有日屎尿疴（屙）到娘親一背聽（廳）

〔註12〕　緊緊放下拿來煥（換）　煥（換）淨隨時出河江來去洗　來

去湯（盪）

六月天時有靠（較）得　十二月霜雪大　十隻手脂（指）頭洗到血

洋洋轉到家中　听（聽）見子兒悽悽（吱吱）叫（噭）　牽得大子

來飼飯　細子來飼飯　飼得飽來　一碗飯仔冷過霜　娘親食落肚硬

娘心肝硬娘腸

養倒（著）有孝子女完（還）靠（較）得　生倒（著）無孝子兒　有

子當無養

不信但看河邊水　點點流下無流上

牛子過岡不知牛母（　）叫（叫）　出門三步無想親爺娘

生男不知娘辛苦，養女正知娘難當

少年時節不孝順　日後完（還）愛做人老爺娘

在生買得半斤四兩娘親食　當過死後棺材頭敬猪（豬）羊

千拜萬拜一張紙　千哭萬哭一爐香

有錢買有街方（坊）千般物　千金難買堂上親爺娘

朝朝靈前來奉飯　無看娘親十隻手脂（指）拿來常（嚐）

這首雜言體的勸世文，從形式來看，已經是非常成熟、完整的說唱作品；從思想和詞句上來看，它傳承了〈懷胎寶卷〉和贛、粵儀式說唱類〈十月懷胎〉、〈血盆懺〉的內容，如：「牙齒咬得鐵釘斷　腳穿繡鞋踏得川（穿）」、「想愛上天天無路　想愛落地地無門」、「一日食娘三合乳，三日食娘九合漿」、「點點食娘身上血，食到娘親面皮黃」、「六月天時有較得，十二月霜雪大，十隻手脂指頭洗到血洋洋」等，這些詞句也是邱阿專〈十月懷胎〉、楊玉蘭〈娘親渡子〉作品中的重要關鍵句子。

三、邱阿專〈十月懷胎〉

蘇萬松有一個很重要的弟子名叫邱阿專（1912～1988），新竹縣三灣人，是「遠東唱片廠」的總監、顧問，同時也是採茶兼說唱藝人。〔註 13〕師徒兩人常和「新竹師」一起做「撮把戲」。他的勸世文作品有：〈大舜耕田／丁蘭刻木／孟日紅娘親〉（遠東 Jo-53 第一面）、〈郭巨埋兒／姜安送米／吳猛飼蚊〉（遠東 Jo-53 第二面）、〈十殿閻王〉（遠東 Jo-54）、〈臺灣光復歌〉（遠東 Jo57-58）、〈十月懷胎／勸話姊嫂〉（遠東 Jo-47 第一面）、〈勸話兄弟／人心百百種〉（遠東 Jo-47 第二面）、月球唱片 MEV-8084 第十四集 A 面包括〈勸君要出嫁〉、〈勸君莫花色 1〉、〈妯娌莫吵架〉，月球唱片 MEV-8084 第十四集 B 面包括〈勸君莫娶細姨〉、〈勸君莫花色 2〉、〈勸勿偷竊〉。

這些作品有自編的，大都來自蘇萬松的唱詞，其主題主要在「二十四孝」及勸善，可知邱阿專是中國傳統勸孝說唱文學的重要發揚者。〔註 14〕經過筆者比對，其中〈勸話姊嫂〉、〈勸話兄弟〉和蘇萬松〈勸人姊嫂〉、〈勸話兄弟人〉內容、唱腔幾乎是一模一樣，亦可見他們師徒的關係密切。1961 年，邱阿專曾為遠東唱片行錄製〈十月懷胎〉，共 1412 字：

〔註 13〕訪問彭文銘和戴文聲。當年的遠東唱片廠廠址在中壢市中正路 168 號。

〔註 14〕楊寶蓮：《臺灣客語說唱》，頁 93～95。

【蘇萬松腔】

十月 na 就懷 ia 來胎 i 苦難來當 ni i，

衰過 就妻个來衰過來娘 ni i；

阿姆就來降 a 子 ni i 無所來望 ni i，

枉費 就阿 a 來姆个 ia 心就腸 ni i。

【平板什唸子】

十月懷胎日子 苦難當，

衰過 个親來斯 个娘。

阿姆結髮就有身項：

一月二月斯無相干；

三月斯到四月專想愛食來口裡酸；

五月斯到六月，阿姆斯每日食飽斯想愛斯睡眠床；

七月斯到八月，阿姆肚屎斯真像人醃缸，行路斯來毋得，閝碰斯又閝碰；

九月斯十月生產到，阿姆斯強強斯會生養。

人子斯全然斯有各樣，緊緊點著斯三支香，

當天起神並 a 起佛，起个斯註生娘，

保護子兒平順斯來下世，三朝來答就雞酒香。

轉到屋下肚屎斯一大痛，想著來實在真 a 冤枉。

阿姆牙齒斯鐵釘硬硬咬得斷，腳著繡鞋就蹬得穿。

地下無空來鑽得落，天頂無噹來蹳得上。

阿姆降著斯兩三日，阿姆斯一夜噭到光。

子兒無下世，阿姆斯降到斯汗珠水點一般樣。

衰過 个妻斯 个娘，

子兒平順斯來下世，得 个雞酒香；

毋平順來生養，得 斯四塊斯棺材 na 枋。

看著子兒斯來下世，阿姆斯心肝斯有較安，

緊緊暖盆水，分佢斯來洗盪。

身腳洗哇好，緊緊搐在斯就眠床。

子兒頭那硬硬斯分衰渡，實在斯無相干，

盡驚子兒頭燒來額痛，第一來冤枉，子兒細細乜毋會講。

衰過　个斯親來　个娘，

子無睡來斯娘無睡，阿姆斯一夜來揃到光。

子兒細細斯食娘身上血，阿姆分佢斯食到面黃黃。

一日食娘三合乳，三日斯食娘九合漿。

阿姆斯每日煩惱子，驚怕屎尿斯拉到斯歸眠床。

子睡燥來斯娘睡濕，屎尿拉到阿姆斯雪如霜。

阿姆降女正知斯娘辛苦，降子毋知來娘難當。

大家親目來同佢看，子兒細細斯同　洗，同　盪。

同　來換衣裳，換去來河壩个慢慢洗，慢慢揉來斯慢慢晾。

可比來成十月落大霜，阿姆洗得个衫褲好，洗來子兒鬧洋 a 洋。

阿姆來洗得久，一身骨節都酸軟。

轉到家中去，拿到竹篙來慢慢披，

拿到壁籬斯慢慢晾，聽著子兒亂嗷斯就 a 一場。

正手乜牽子來　子來拐，左手牽子來　子來騙，

騙得子兒恬，　飯子涼過霜。

老古言語總 a 有 a 講，講著母好來不孝就爺娘。

勸話你男夫斯女婦一堂堂：

子兒家中斯無人 a 渡，自己揹上斯就背囊。

擔頭又愛　子兒又愛揹，阿姆斯　到个背寒寒。

　到當晝下，大腸餓到斯並小腸，肚屎斯餓到斯變背囊。

轉到屋下去，屎尿拉到斯阿姆滿身就背囊。

緊緊解下來，同　來換衣裳，

衫仔換得好，子兒笑，阿姆笑，亂笑斯就一場。

衰過　个妻來斯　个娘，

渡到　俚个母得七八歲，送　入學堂。

讀書讀到个十七就八歲，愁　身邊無個妻，愁　無餔娘。

勸話你男夫斯女婦斯一堂堂，生生就不 a 孝母使碦碦做到光。

生生有个四兩豬肉分佢食，較贏死忒棺材頭上祭豬羊。

生生就不 a 孝，死忒母使一七二七三七个七七來過王。

千哭乜萬哭乜一張紙，一哭二哭乜一爐香。

這個事實斯母曉來報答，大家實在斯係有戇。

　　　俚爺哀生生母知好來惜，死忘較愛斯都難 a 講。

　　母怕屋下　有錢，歸百萬又乜來買母轉。

　　降著有孝子，無相干。降著無孝子，有養斯當無養。

　　阿姆講著佢 ia 一句，壁頂會來斯堵往上。

　　實在阿姆斯莫想著，想著斯真正會來搵內傷。

　　大家仰般又 a 恁戇，講著四腳落地斯畜類都曉得想。

　　羊子愛食著厥姆乳，都來曉得雙膝跪在厥姆來面前項。

　　你看來鳥雀，烏鴉仔一般樣，因為來孵子，毛仔退光光。

　　母會飛出斯來外洋，因為烏鴉子曉得飛出外洋銜蟲轉。

　　銜轉斯分了厥姆噌，莫講　俚人類母曉想。

　　緊斯大家愛來行孝斯　爺娘。

　　這綱人，來不孝，下二擺乜愛大家做人个老爺娘。

　　屋簷水點點對，交椅輪流坐，世上斯係流傳。

【蘇萬松腔】

　　這係來你不孝爺哀 ni i，

　　雷公敲出哇腦 na 漿 ni i。

這首〈十月懷胎〉是雜言體，它的結構、內容包括了「開篇」、「懷胎」、「生產」、「撫育」、「勸孝」、「結尾」，結構完整。邱阿專是蘇萬松得意門生，他的〈十月懷胎〉除了傳承了蘇萬松的唱腔【蘇萬松調】外，部分內容如「食娘身上心頭血」、「攔　三百日」，描寫母親十月懷胎的艱辛；「對面該羊欄岡」內的羊隻都懂得報恩，何況是萬物之靈的人類呢？這些詞句，也曾受蘇萬松〈報娘恩〉的影響。在此基礎上，因為他和陳火添是多年工作夥伴，所以這首〈十月懷胎〉實際上是大部分以陳火添〈拾月懷胎〉、〈娘親渡子勸世文〉為架構完成的。茲將三篇作品並列，並加一解釋：

〔表4-1〕邱阿專〈十月懷胎〉與陳火添〈十月懷胎〉、〈娘親渡子勸世文〉對照表

甲、邱阿專〈十月懷胎〉		乙、陳火添作品	解　釋
開篇	【蘇萬松腔】 十月 na　就懷 ia 來胎 i 苦難來當 ni i， 衰過　就妻个來衰過來娘 ni i； 阿姆就來降 a 子 ni i 無所來望 ni i， 枉費　就阿 a 來姆个 ia 心就腸 ni i。	十月懷胎	娘親度（渡）子苦難當 千辛萬苦　个娘 三朝七日無乳食 三光半夜愛飼糖	主角都是母親，甲多勸孝成分

懷孕	【平板什唸子】 十月懷胎日子　苦難當， 衰過　个親來斯　个娘。 阿姆結髮就有身項： 一月二月斯無相干； 三月斯到四月專想愛食來口裡酸； 五月斯到六月，阿姆斯每日食飽斯想愛斯睡眠床； 七月斯到八月， 阿姆肚屎斯真像人醃缸， 行路斯來毋得，閬碰斯又閬碰； 九月斯十月生產到， 阿姆斯強強斯會生養。	正月懷胎如露水，桃李開花正逢春； 懷胎恰似浮萍草，未知何日得相逢？ 二月懷胎真及時，手酸腳軟步難移； 頭無梳來面懶洗，百物針脂（帶）拋了裡（哩）。 三月懷胎三月三，懷胎娘子心頭貪（淡）； 三餐茶飯無想食，想食楊梅當時酸。 四月懷胎結楊梅，楊梅樹下結成胎； 口中有想楊梅食，難得楊梅跌下來。 五月懷胎分男女，懷胎娘子苦難裡； 點點食娘身上血，七孔八竅結成人。 六月懷胎驚如山，懷胎娘子心艱難； 三餐茶飯難進口，食飽恰似上刀山。 七月懷胎是立秋，八卜（幅）羅裙串串有； 雙手難搬下腰帶，雙腳不敢踢上身。 八月懷胎重如山，懷胎正知幹（恁）艱難； 房中掃地身難則（側），又驚損失孩兒身。 九月懷胎久久長，懷胎娘娘面皮黃； 老人懷胎還靠（較）得，少年懷胎苦難當。 十月懷胎月數滿，肚中孩兒碌碌翻； 口中咬得鐵釘斷，腳穿綉鞋踏得穿。 孩兒落地嗷三聲，婆婆隨時出來聽； 不使歡來不使喜，兩人性命一般般。 正月懷胎如露水，二月懷胎心亡（茫）亡（茫）， 三月懷胎見人影，四月懷胎結成人， 五月懷胎份（分）男女，六月懷胎六經全， 七月懷胎份（分）七孔，八月懷胎重如山， 九月懷胎團團轉，十月懷胎離娘身， 懷胎舟看十月滿，是男是女得份（分）明； 知得養兒幹辛苦，男婦老幼愛記心。 人生不知行孝順，枉費世上來做人； 忠孝兩事不記念，黃金堆棟也閑情。	甲為雜言較簡潔，經過作者改編；乙為七言四句聯章，內容傳承自大陸客地的喪俗歌〈十月懷胎〉
生產	【平板什唸子】 人子斯全然斯有各恙（樣）， 緊緊點著斯三支香， 當天起神並a起佛， 起个斯註生娘， 保護子兒平順斯來下世， 三朝來答就雞酒香。 轉到屋下肚屎斯一大痛， 想著來實在真a冤枉。	娘親渡子勸世文 一來奉勸諸君少年郎 做人子兒愛曉想 在娘肚中未出世 校（絞）娘心肝　校（絞）娘腸	甲為雜言，乙為七言整齊句；甲比乙詳盡生動。「牙齒咬得鐵釘斷，腳穿綉鞋踏得穿，想愛上天天

	阿姆牙齒斯鐵釘硬硬咬得斷， 腳著繡鞋就蹬得穿。 地下無空來鑽得落， 天頂無鼻來攀得上。 阿姆降著斯兩三日， 阿姆斯一夜噭到光。 子兒無下世， 阿姆斯降到斯汗珠水點一般樣。 衰過 个妻斯 个娘， 子兒平順斯來下世，得 个雞酒香； 毋平順來生養，得 斯四塊斯棺材 na 枋。 看著子兒斯來下世， 阿姆斯心肝斯有較安， 緊緊暖盆水，分佢斯來洗盪。 身腳洗哇好，緊緊摝在斯就眠床。	牙齒咬得鐵釘斷 腳穿綉鞋踏得川（穿） 想愛上天天無路 想愛落地地無門 有福養兒得人雞酒香 無福得人六片棺材枋	無路，想愛 落地地無 門」出自大 陸客地的喪 俗歌〈十月 懷胎〉
撫育	子兒頭那硬硬斯分衰渡， 實在斯無相干， 盡驚子兒頭燒來額痛， 第一來冤枉，子兒細細也毋會講。 衰過 个斯親來 个娘， 子無睡來斯娘無睡， 阿姆斯一夜來摝到光。 子兒細細斯食娘身上血， 阿姆分佢食到面黃黃。 一日食娘三合乳， 三日斯食娘九合漿。 阿姆斯每日煩惱子， 驚怕屎尿斯拉斯歸眠床。 子睡燥來斯娘睡濕， 屎尿拉到阿姆雪如霜。 阿姆降女正知斯娘辛苦， 降子毋知來娘難當。 大家親目來同佢看， 子兒細細斯同 洗，同 盪。 同 來換衣裳，換去來河壩个慢慢 洗，慢慢揉來斯慢慢晾。 可比成十月落大霜，阿姆洗得个衫 褲好，洗來子兒鬧洋 a 洋。 阿姆來洗得久，一身骨節都酸軟。 轉到家中去，拿到竹篙來慢慢披， 拿到壁籬斯慢慢晾，聽著子兒亂噭斯 就 a 一場。 正手乜牽子來 子來拐， 左手牽子來 子來騙， 騙得子兒恬， 飯子涼過霜。 老古言語總 a 有 a 講，講著毋好來不 孝就爺娘。 勸話你男夫斯女婦一堂堂：	有錢人來渡子人講好命頭家娘 無錢人來渡子 講是乞食 勞碌娘 一日食娘三合乳 三日食娘九合漿 點點食娘身上血 食到娘親面皮黃 孩兒細細拿來抱（摝） 有時有日屎尿疴（屙）到娘親一背聽 （聽） 緊緊放下拿來煥（換） 煥（換）淨隨時出河江來去洗 來去湯（盪） 六月天時有靠（較）得 十二月霜雪大 十隻手脂（指）頭洗到血洋洋 轉到家中 听（聽）見子兒悽悽（吱 吱）叫（噭） 牽得大子來飼飯 細子來飼飯 飼得飽來 一碗飯仔冷過霜 娘親食落肚硬娘心肝硬娘腸	旨趣相同， 兩者皆爲雜 言；餵乳洗 滌尿片的過 程皆相同。 不過甲多了 送兒上學和 娶妻的情 節，此部份 的情節，源 自〈父母恩 重經講經 文〉。「一 日食娘三合 乳，三日食 娘九合漿」 出自〈懷胎 寶卷〉以及 大陸喪俗歌 〈十月懷 胎〉

	子兒家中斯無人 a 渡，自己揹上斯就背囊。擔頭又愛　子兒又愛揹，阿姆斯　到个背寒寒。 　　到當畫下，大腸餓到斯並小腸，肚屎斯餓到斯變背囊。 轉到屋下去，屎尿拉到斯阿姆滿身就背囊。 緊緊解下來，同　來換衣裳， 衫仔換得好，子兒笑，阿姆笑，亂笑斯就一場。 衰過　个妻來斯　个娘， 渡到　俚个毋得七八歲，送　入學堂。 讀書讀到个十七就八歲，愁　身邊無個妻，愁　無舖娘。		
勸孝	勸話你男夫斯女婦斯一堂堂， 生生就不 a 孝毋使碨碨做到光。 <u>生生有個四兩豬肉分佢食，</u> <u>較贏死忒棺材頭上祭豬羊。</u> 生生就不 a 孝，死忒毋使一七二七三七個七七來過王。 <u>千哭乜萬哭乜一張紙，</u> <u>一哭二哭乜一爐香。</u> 這個事實斯曉來報答， 大家實在斯係有戇。 　俚爺哀生生毋知好來惜， 死忒較愛斯都難 a 講。 毋怕屋下　有錢， 歸百萬又乜來買毋轉。 降著有孝子，無相干。 降著無孝子，有養斯當無養。 阿姆講著佢 ia 一句， 壁頂會來斯堵往上。 實在阿姆斯莫想著， 想著斯真正會來關內傷。 大家仰般又 a 恁戇， 講著四腳落地斯畜類都曉得想。 <u>羊子愛食著厥姆乳，</u> <u>都來曉得雙膝跪在厥姆來面前項。</u> 你看來鳥雀，烏鴉仔一般樣， 因為來孵子，毛仔退光光。 毋會飛出斯來外洋，因為烏鴉子曉得飛出外洋銜蟲轉。 銜轉斯分了厥姆嚼，莫講　俚人類毋曉想。 趕緊斯大家愛來行孝斯　爺娘。 這綱人，來不孝，下二擺乜愛大家做人个老爺娘。 屋簷水點點對，交椅輪流坐， 世上斯係流傳。	養倒（著）有孝子女完（還）靠（較）得 生倒（著）無孝子兒　有子當無養 不信但看河邊水　點點流下無流上 <u>牛子過岡不知牛母（　）叫（叫）</u> 出門三步無想親爺娘 生男不知娘辛苦，養女正知娘難當 少年時節不孝順 日後完（還）愛做人老爺娘 <u>在生買得半斤四兩娘親食</u> <u>當過死後棺材頭敬豬（豬）羊</u> <u>千拜萬拜一張紙</u> <u>千哭萬哭一爐香</u> 有錢買有街方（坊）千般物 千金難買堂上親爺娘 朝朝靈前來奉飯　無看娘親十隻手脂（指）拿來常（嚐）	甲乙皆為雜言。甲以羊、烏鴉為例，乙以牛為例，普勸世人要盡孝。 甲比乙詳盡

結尾	【蘇萬松腔】 這係來你不孝爺哀 ni i， 雷公敲出哇腦 na 漿 ni i。		乙無結尾

　　由以上比較可知，邱阿專〈十月懷胎〉內容，吸收陳火添的作品主要是〈娘親渡子勸世文〉的部份，〈拾月懷胎〉部分較少；至於曲腔是否相同則不得而知。據曾先枝、黃鳳珍等表示，昔日蘇萬松、邱阿專、陳火添、楊玉蘭等都同是客家藝人，經常會碰面，陳火添的歌聲據說也很好，可惜無唱片傳世。

　　邱阿專〈十月懷胎〉已具〈娘親渡子〉的雛型，只不過因為楊玉蘭名氣較大，而且曾以〈玉蘭勸世歌〉（亦即〈娘親渡子〉）得到全省山歌比賽冠軍，歌手競相模仿，使得大家只知道有〈娘親渡子〉，而不知有邱阿專〈十月懷胎〉的存在，更遑論蘇萬松〈報娘恩〉、陳火添〈拾月懷胎〉、〈娘親渡子勸世文〉的作品。

　　楊玉蘭〈玉蘭勸世歌〉內容大部分傳承自陳火添〈娘親渡子勸世文〉、邱阿專的〈十月懷胎〉，少部分來自〈十想渡子歌〉和自編的唱詞。

四、楊玉蘭〈玉蘭勸世歌〉（即〈娘親渡子〉）

　　楊玉蘭（1920～1998）新竹縣關西人，是遠東唱片行旗下的採茶兼說唱藝人。她和先生楊木源、媳婦林梅容（1944～）自組採茶劇團。林梅容表示：大約 1964 至 1974 年間常和婆婆、邱阿專等到臺北的海山公司錄採茶劇。大部分是邱阿專講戲文兼演小丑，婆婆演苦旦，梅容本人演小旦，張福營負責文武場。〔註 15〕楊玉蘭和邱阿專有相當的合作機會。〔註 16〕故作品、心得有許多互相交流、滲透、影響的機會。曾先枝、黃鳳珍也說：昔日陳火添、邱阿專、楊玉蘭經常一起做「撮把戲」。而蘇萬松和邱阿專是師徒的關係，蘇萬松和楊玉蘭也曾在美樂唱片錄過唱片〔註 17〕，雖不能證明他兩人是

〔註 15〕98/10/29 電話訪問林梅容。
〔註 16〕邱阿專、楊玉蘭合演的作品有：〈愛國獎券歌〉（遠東 Jo23）、〈男帶桃花〉（遠東 Jo24）、〈女假有情〉（遠東 Jo25）、〈薛平貴招親〉（遠東 Jo73-74）、〈薛平貴取軍糧〉（遠東 Jo106-108）、〈梁山伯祝英臺〉（遠東 Jo81-87）、〈孟日紅〉（上集、下集）（遠東 Jo88-110）、〈梅月姑〉（遠東 Jo111-120）、〈唐僧出世〉（遠東 Jo131-135）、〈孟姜女〉（遠東 Jo145-148）、〈八角水晶牌〉（遠東 Jo149-153）、〈秦（陳）世美棄妻〉（遠東 Jo154-158）、〈偷龍轉鳳〉（遠東 Jo159-162）等。
〔註 17〕蘇萬松錄過〈大舜耕田〉、〈勸孝歌〉；楊玉蘭錄過〈楊玉蘭勸世歌〉、《陳三五

否有直接接觸，但是楊玉蘭間接受蘇萬松，直接受邱阿專影響的可能性相當
高。

1968 年 12 月，楊玉蘭曾親自編作、錄製〈玉蘭勸世歌〉，共 1190 字，全
長約 12 分 40 秒，小提琴伴奏者為湖口的張福營，胡琴伴奏者為苗栗人張慶
光，由苗栗美樂唱片公司彭雙琳出品。〈玉蘭勸世歌〉和邱阿專〈十月懷胎〉
有何關係？接下來就以〈玉蘭勸世歌〉做一編號為底本。把〈十月懷胎〉、〈玉
蘭勸世歌〉的開篇、正文、結尾的文字及音樂來比較兩者的關係：

（一）開篇

〔表 4-2〕邱阿專〈十月懷胎〉、楊玉蘭〈娘親渡子〉「開篇」比較表

情　節	邱阿專〈十月懷胎〉	楊玉蘭〈娘親渡子〉
開篇： 總敘	【蘇萬松腔】 十月 na　就懷 ia 來胎 i 苦難來當 ni i， 衰過　就妻个來衰過來娘 ni i； 阿姆就來降 a 子 ni i 無所來望 ni i， 枉費　就阿 a 來姆个 ia 心就腸 ni i。	【蘇萬松調】 1 來娘親 na 渡 li 子就係來苦難當 ni i， 【平板】 2 艱難就辛 na 苦　个 io 娘 a； 3 你都還細 io 就頭 na 燒 a 額又 na 痛 a， 4 吱吱 io 來瀝 o 瀝 a 到天 lio 光 a。

兩者都是七言四句，1、2 句比較相似。音樂相同，【蘇萬松腔】、【平板】
都是屬於【採茶腔】系統。【蘇萬松腔】大都用小提琴伴奏，且拖腔喜歡用齊
齒的 ni i 造成一種特殊帶有鼻音、哀怨且悲情效果。

（二）正文

〔表 4-3〕邱阿專〈十月懷胎〉、楊玉蘭〈娘親渡子〉「正文」比較表

情節	邱阿專〈十月懷胎〉	楊玉蘭〈娘親渡子〉
懷孕	【平板什唸子】 十月懷胎日子　苦難當， 衰過　个親來斯　个娘。 阿姆結髮就有身項， 一月二月斯無相干。 三月斯到四月專想愛食來口裡酸， 五月斯到六月阿姆斯每日食飽斯想愛斯睡眠床。	【平板什唸子】 5 娘親渡子就苦難當， 6 艱難辛苦就　个娘； 7 三朝七日就無乳食， 8　　夜夜就跐起來愛飼糖。 9 阿姆个肚屎大，

娘》、《狸貓換太子》等。

	七月斯到八月，阿姆肚屎斯眞像人醃缸。 行路斯來毋得，閬碰斯又閬碰。 九月斯十月，生產到，阿姆斯強強斯會生養。 人子斯全然斯有各樣，緊緊點著斯三支香， 當天起神並 a 起佛，起个斯註生娘。 保護子兒平順斯來下世，三朝來答就雞酒香。	10 行路就閬碰來又閬碰， 11 坐得高來驚怕就倒 轉， 12 坐得矮來驚怕就搵內傷。 13 燒个都毋敢食， 14 冷个就毋敢嚐。 15 十月就懷胎斯娘辛苦， 16 子兒就愛下世，
生產	轉到屋下肚屎斯一大痛， 想著來實在眞 a 冤枉。 阿姆牙齒斯鐵釘硬硬咬得斷， 腳著繡鞋就蹬得穿。 地下無空來鑽得落， 天頂無囓來蹶得上。 阿姆降著斯兩三日，阿姆斯一夜噭到光。 子兒無下世，阿姆斯降到斯汗珠水點一般樣。衰過 个妻斯 个娘， 子兒平順斯來下世， 得 个雞酒香， 毋平順，來生養， 得 斯四塊斯棺材 na 枋。	17 阿姆个肚屎痛， 18 眞像人利刀來割肚， 19 可比就利剪乜來剪腸。 20 嘴上鐵釘就咬得斷， 21 腳著个皮鞋乜蹬得穿， 22 地下就無門都強愛鑽， 23 天上無囓都強愛上。 24 有福夫人就來降子， 25 得人就雞酒香； 26 無福夫人就來降子， 27 得人个四塊板。 28 阿姆若降子， 29 親像人蟻公游鑊壁： 30 游得過， 31 就 个貨； 32 游毋過， 33 阿姆就會去見閻王。
撫育	看著子兒斯來下世，阿姆斯心肝斯有較安。 緊緊暖盆水，分佢斯來洗湯，身腳洗哇好， 緊緊摛在斯就眠床，子頭那硬硬斯分哀渡， 實在斯無相干，盡驚子兒頭那燒來額痛， 第一來冤枉，子兒細細乜毋會講。 衰過 个斯親來 个娘， 子無睡來斯娘無睡，阿姆斯一夜來摛到光。 子兒細細斯食娘身上血，阿姆分佢斯食到面黃黃。 一日食娘三合乳， 三日斯食娘九合漿。	34 子兒就下男了， 35 點點食娘身上个心頭血， 36 一日斯食娘三合乳， 37 三日都食娘就九合漿。
		38 堵著就屋下姊嫂多， 39 也係來手腳少， 40 又愛樵， 41 又愛草， 42 又愛就番薯豬菜就轉家堂。 43 揹籃 乜上山岡，

	44 將到幼子就揹等來在背囊， 45 籃仔就來　等， 46 一山過一山， 47 來一岡就過一岡。 48 尋有个番薯豬菜就籃肚張， 49 尋得饞， 50 慢慢就　等愛來轉家堂。 51 轉到就半路上， 52 聽著幼子來嗷洋洋。 53 遽遽就解下來， 54 在手上， 55 乳仔摀開就揞子食， 56 就來揞子噌。 57 乳仔都食飽， 58 子啊佢都笑洋洋， 59 子來笑， 60 哀來笑， 61 子哀摘等來笑一場。 62 乳仔都食飽， 63 遽遽就揹等來在背囊， 64 籃仔　起遽遽轉家堂。
阿姆斯每日煩惱子，驚怕屎尿斯拉到斯歸眠床， 子睡燥來斯娘睡濕，屎尿拉到阿姆斯雪如霜。 <u>阿姆降女正知斯娘辛苦，降子毋知來娘難當，</u> 大家親目來同佢看，<u>子兒細細斯同　洗，</u> <u>同　盪。同　來換衣裳，</u> <u>換去來河壩个慢慢洗，慢慢揉來斯慢慢晾。</u> 可比來成十月落大霜，阿姆洗得个衫褲好， 洗來子兒鬧洋a洋。阿姆來洗得久， <u>一身骨節都酸軟。轉到家中去，</u> 拿到<u>竹篙來慢慢披</u>，拿到<u>壁籬斯慢慢晾</u>。	65 轉到斯屋下去屎合尿， 66 屙到就阿姆斯一背囊。 67 阿姆就驚子來寒壞， 68 遽遽摘等入間房。 69 第一就先換子， 70 正來後換娘。 71 換斯衫褲都裙仔好， 72 拐得就子兒睡， 73 裙仔斯衫褲斯籃仔擐等愛去就到河江， <u>74 河壩就慢慢洗，</u> <u>75 圳溝就慢慢盪，</u> 76 盪得就衫褲都裙仔淨。 77 衰過阿姆十隻斯手指頭， 78 洗到就血洋洋。 <u>79 一身骨節就帶虛呆，</u> 80 衫褲裙仔都洗得好， 81 擐等轉， <u>82 壁上就慢慢披，</u> 83 竹篙來慢慢晾。
聽著子兒亂嗷斯就a一場，<u>正手乜牽子來</u> <u>子來拐，左手牽子來　子來騙</u>，騙得子兒恬， 　飯子涼過霜。 老古言語總a有a講，講著毋好來不孝就爺 娘。 勸話你男夫斯女婦一堂堂，子兒家中斯無人	84 晾得个衫褲裙仔好， 85 阿姆个肚屎就枵到就變背囊， 86 大腸枵到就變小腸。 87 添到一碗飯仔都想愛食， 88 又聽子兒都嗷洋洋。 <u>89 左手就牽子愛來拐，</u>

	a渡，自己揹上斯就背囊，擔頭又愛　　，子兒又愛揹，阿姆斯　到个背寒寒。　到當晝下，大腸餓到斯並小腸，肚屎斯餓到斯變背囊。轉到家下去，屎尿拉到斯阿姆滿身就背囊，緊緊解下來，同　來換衣裳。衫仔換得好，子兒笑，阿姆笑，亂笑斯就一場。	90 右手牽子就愛來騙； 91 騙得就子兒恬， 92 阿姆該碗飯仔就冷過霜， 93 冷菜冷飯就食落肚， 94 　个阿姆冷肚就合冷腸。
	衰過　个妻來斯　个娘，渡到　俚个毋得七八歲，送　入學堂，讀書讀到个十七就八歲，愁　身邊無個妻，愁　無舖娘。	
勸孝	勸話你男夫斯女婦斯一堂堂，生生就不 a 孝毋使礚礚做到光。<u>生生有个四兩豬肉分佢食，較贏死忒棺材頭上祭豬羊。</u>生生就不 a 孝，死忒毋使一七二七三七个七七來過王。千哭乜萬哭乜一張紙，一哭二哭乜一爐香。這個事實斯毋曉來報答，大家實在斯係有戀，　俚爺哀生身知好來惜，死忒較愛斯都難 a 講。毋怕屋下　有錢，歸百萬又乜來買毋轉，<u>降著有孝子，無相干，降著無孝子，有養斯當無養。</u>阿姆講著佢 ia 一句，壁頂來斯就堵往上。實在阿姆斯莫想著，想著斯眞正會來關內傷，	95 降子就母知娘辛苦， 96 降女就正知斯娘難當。 97 爺娘想子就長江水， 98 子想爺娘無支擔竿長。 99 毋信就但看河江水， 100 流下就無流上。 101 總係儕儕愛做就人子女， 102 儕儕愛做就人爺娘。 103 世間上 104 廳下个交椅斯輪流坐， 105 霜雪就輪流當。 106 在生各人愛行孝老爺娘， 107 <u>還生割得就半斤四兩就落哀肚，</u> 108 <u>當過死忒門前拜个就大豬羊。</u> 109 豬羊就較大副， 110 無看著阿姆轉來食， 111 靈前个果子斯件件有， 112 又乜就無看阿姆嚐。 113 <u>降著就有孝子</u> 114 <u>又還有目的；</u> 115 <u>降著个不孝子</u> 116 較輸就屙 a 屎落屎 io 缸 a。
	大家仰般又 a 恁戀，講著四腳落地斯畜類都曉得想，羊子愛食著厥姆乳，都來曉得雙膝跪在厥姆來面前項，你看來鳥雀，烏鴉仔一般樣，因爲來孵子，毛仔退光光，毋會飛出斯來外洋。因爲烏鴉子曉得飛出外洋銜蟲轉，銜轉斯分了厥姆嚐。莫講　俚人類毋曉想，趕緊斯大家愛來行孝斯　爺娘，這綱人，來不孝，下二擺乜愛大家做人个老爺娘，屋簷水點點對，<u>交椅輪流坐</u>，世上斯係流傳。	

　　兩者相同處主要在「正文」部分。音樂都用【什唸子】，所謂【什唸子】就是帶唸帶唱、似唸似唱的散板，大約比普通【平板】快一倍的速渡。除了

音樂相同之外，句子、情節也有許多雷同之處，茲舉數例，以見一班：

1. 〈十月懷胎〉：阿姆肚屎斯真像人醃缸。行路斯來毋得，閬碰斯又閬碰。

〈玉蘭勸世歌〉：阿姆肚屎大，行路就閬碰來又閬碰。

兩者都是形容母親大腹便便，行動不便的樣子。

2. 〈十月懷胎〉：阿姆牙齒斯鐵釘硬硬咬得斷，腳著繡鞋就蹬得穿。地下無空來鑽得落，天頂無嚙來蹶得上。

〈玉蘭勸世歌〉：阿姆个肚屎痛，真像人利刀來割肚，可比就利剪乜來剪腸。嘴上鐵釘就咬得斷，腳著个皮鞋乜蹬得穿，地下就無門都強愛鑽，天上無嚙都強愛上。

這段是描述母親生產時痛苦萬分，痛得嘴上若有鐵釘也咬得斷，腳穿繡花鞋也會被踢破，地下無門都強要鑽下去，天上無階梯硬要爬上去，這些句子皆是移植自〈懷胎寶卷〉和贛、閩、粵說唱儀式類喪歌〈十月懷胎〉。〈玉蘭勸世歌〉在描繪痛苦的狀況還多了「真像人利刀來割肚，可比就利剪乜來剪腸」兩句，形象更生動。這裡要注意的關鍵字是「嚙」（ngad丶）字，所謂的「嚙」有二個意義：一為用力咬；二為器物上的凹槽。譬如竹子做的扁擔，要挑東西時為了怕物擔溜走，往往會在兩端挖一凹槽，以保物擔不易溜走，這一凹槽就叫「嚙」。依十多種版本的〈娘親渡子〉有聲資料，全部都說「天頂無門想愛上」，唯獨〈十月懷胎〉用「天頂無嚙來蹶得上」和〈玉蘭勸世歌〉用「天上無嚙都強愛上」，只有邱阿專和楊玉蘭用「嚙」字，這就是楊玉蘭〈玉蘭勸世歌〉傳承自邱阿專〈十月懷胎〉最好的証明。

3. 〈十月懷胎〉：子兒平順斯來下世，得 个雞酒香，毋平順，來生養，得 斯四塊斯棺材 na 枋。

〈玉蘭勸世歌〉：有福夫人就來降子，得人就雞酒香；無福夫人就來降子，得人个四塊板。

這是敘述婦女生產後的艱辛，若是母子平安，可算幸運，可有麻油雞補補身子。若是難產或血崩而亡，那只落得得一副棺材罷了。

4. 〈十月懷胎〉：子兒細細斯食娘身上血，阿姆分佢斯食到面黃黃。一日食娘三合乳，三日斯食娘九合漿。

〈玉蘭勸世歌〉：點點食娘身上个心頭血。一日斯食娘三合乳，三日都食娘就九合漿。

這些文句傳承自〈懷胎寶卷〉和贛、閩、粵說唱儀式類喪歌〈十月懷胎〉。主要敘述爲人母者哺育幼兒的情形，幼兒的一點一滴乳水，都是母親的血水。昔日的婦女普遍營養不良，所以在哺乳期的母親們更常是面黃肌瘦。

5.〈十月懷胎〉：生生有个四兩豬肉分佢食，較贏死忒棺材頭上祭豬羊。生生就不a孝，死忒毋使一七二七三个七七來過王。千哭乜萬哭乜一張紙，一哭二哭乜一爐香。

〈玉蘭勸世歌〉：在生各人愛行孝老爺娘，還生割得就半斤四兩就落哀肚，當過死忒門前拜个就大豬羊。豬羊就較大副，無看著阿姆轉來食，靈前个果子斯件件有，又乜就無看阿姆嚐。

孝順父母最起碼的條件，是要讓他們衣食無憂，所以要及時行孝，千萬不要有「樹欲靜而風不止，子欲養而親不待」的遺憾。當父母過世後，千呼萬喚也喚不回；再豐盛的祭儀，他們也無法享用。

以上這些句子，只是其中的一小部份而已。邱阿專〈十月懷胎〉和〈玉蘭勸世歌〉有許多細節發展是一樣的：

1. 懷孕的經過及辛苦。
2. 生產時的痛楚。
3. 生產成功與否之待遇標準。
4. 撫育幼嬰：嬰兒一日食娘三合乳，三日食娘九合漿，媽媽被他們吃得面黃肌瘦。
5. 替子更衣、洗衣，然後回家晾衣：孩子尿濕了，不但孩子溼答答，往往也尿濕了母親，即是所謂「子睡燥來娘睡濕，屎尿拉到阿姆雪如霜」。所以母親趕緊幫孩子換好衣裳，又趕快到河邊刷洗，洗好之後，回家晾好，那時母親已是飢腸轆轆得「肚屎枵到變背囊，大腸枵到變小腸」了。

   這部份即是〈父母恩重經講經文〉、〈十恩德〉中的母對子的「迴乾就濕恩」、「洗濯不淨恩」和「咽苦吐甘恩」。

6. 拐子安靜，母親常常飢腸轆轆，吃冷飯冷菜：從前的婦人孩子往往生得多，做母親的每次想吃飯時，孩子常常大的吵，小的也鬧，等把他們餵飽安頓好後，飯菜已「冷如霜」，阿姆吃下肚「冷肚合冷腸」。

7. 奉勸及時行孝：父母活著好好行孝，勝過他們過世才大豬大羊祭拜。

「廳下交椅輪流坐，富貴輪流當。」人人都有當父母的時候，應該從自身孝順起，給子孫留下好榜樣。

從這些雷同的故事發展情節，〈玉蘭勸世歌〉有相當部份傳承自邱阿專〈十月懷胎〉是相當可信的。而兩者最大差異是：

1. 〈玉蘭勸世歌〉第 5 句前，〈十月懷胎〉多了「十月懷胎ᵈ日子 苦難當，衰過 个親來ᵈ斯 个娘。阿姆結髮ᵈ就有身項，一月二月ᵈ斯無相干。……九月ᵈ斯十月，生產到，阿姆強強ᵈ斯會生養。人子ᵈ斯全然ᵈ斯有各樣，緊緊點著ᵈ斯三支香，當天起神並 a 起佛，起个ᵈ斯註生娘。」共 17 句有關十月懷胎的過程、症狀，這一部分即是小調〈病子歌〉的內容和一般〈十月懷胎〉中所述：生產時向神祈禱告求取母子平安的做法。

2. 〈玉蘭勸世歌〉第 33～34 句之間，〈十月懷胎〉多了「看著子兒ᵈ斯來下世，阿姆ᵈ斯心肝ᵈ斯有較安。緊緊暖盆水，分佢ᵈ斯來洗盪……子無睡來ᵈ斯娘無睡，阿姆ᵈ斯一夜來摘到光。」14 句，有關嬰兒剛出生母親為他清洗，以及新生兒難帶，為人母者往往整夜無法入眠的內容。

3. 〈玉蘭勸世歌〉第 94～95 句之間，〈十月懷胎〉多了「衰過 个妻來ᵈ斯 个娘，渡到 俚↑毋得七八歲，送 入學堂，讀書讀到个↑十七就八歲，愁 身邊無個妻，愁 無餔娘。」母親送子上學且擔憂子女婚姻的 6 句。

4. 尾段勸孝部份，在〈玉蘭勸世歌〉116 句之後〈十月懷胎〉多了「大家仰般又 a 恁戀，講著四腳落地ᵈ斯畜類都曉得想，羊子愛食著厥姆乳，都來曉得雙膝跪在厥姆來面前項，你看來鳥雀，烏鴉仔一般樣，……屋簷水點點對，交椅輪流坐，世上ᵈ斯係流傳。」19 句，用「慈烏反哺」、「羔羊跪乳」的典故再次勸孝。〈玉蘭勸世歌〉則無。

5. 在〈玉蘭勸世歌〉第 38 至 64 句之間，〈十月懷胎〉少了「38 堵著ᵈ就屋下姊嫂多，39 也係來手腳少，40 又愛樵，41 又愛草，42 又愛ᵈ就番薯豬菜ᵈ就轉家堂。43 揹籃 簍ᵈ乚上山崗，44 將到幼子ᵈ就揹等來在背囊，……52 聽著幼子來嗷洋洋。53 遽遽ᵈ就解下來，54 在手上，55 乳仔搧開ᵈ就揞子食，56 就來揞子嚐。……64 籃仔 起遽遽轉家堂。」共 27 句，母親揹子上山採豬食、半路上餵子吃乳的情節。

（三）結尾

〔表4-4〕邱阿專〈十月懷胎〉、楊玉蘭〈娘親渡子〉「結尾」比較表

邱阿專〈十月懷胎〉	楊玉蘭〈娘親渡子〉
這係來你不孝爺哀 ni i， 雷公敲出哇腦 na 漿 ni i。	117 再來就奉 o 勸 na 安到就世上人 na， 118　个爺娘 lio 面 no 前 na 愛孝 ua 心 ma； 119 食娘 lio 就來身 na 上 na 佢个都心頭血 le， 120 養　no 長 a 大 ia 得成 io 人 na， 121 若係 io 來此 na 恩 na 不 o 報答 lio， 122 枉爲就來 na 做 o 世間 no 人 na， 123 二來 lio 奉 a 勸做人个父母人 na， 124 做人就爺 na 哀 io 愛平 na 心 ma， 125 個個來都 uo 係　个身下落 o， 126 一定 no 毋 mo 好各樣 io 心 ma， 127 爺娘 o 心 ma 肝不平 lio 等 na， 128 兄弟 io 一 no 定不和 lio 心 ma。

　　結尾部分：邱阿專〈十月懷胎〉是七言二句，〈玉蘭勸世歌〉是七言十二句。〈玉蘭勸世歌〉開篇及正文，都一韻到底押－ong，只有在結尾部分押－m，風格突變。又本來是勸孝，最後的七言六句「二來 lio 奉 a 勸做人个父母人 na，做人就爺 na 哀 io 愛平 na 心 ma，個個來都 uo 係　个身下落 o，一定 no 毋 mo 好各樣 io 心 ma，爺娘 o 心 ma 肝不平 lio 等 na，兄弟 io 一 no 定不和 lio 心 ma。」居然勸起父母來，顯得突兀。可見這十二句是楊玉蘭自創的。

　　蘇萬松錄製〈報娘恩〉的 1930 年代，臺灣客語說唱仍在摸索階段，整個結構還不是很完整。後人唱〈娘親渡子〉有以七言二句、七言四句或七言八句作結尾者。蘇萬松臺灣客語說唱的開山祖師，他自創的【蘇萬松腔】影響後人，他留下的說唱作品也是極爲可觀。他是採茶兼說唱藝人邱阿專的老師，而邱阿專又是採茶兼說唱藝人楊玉蘭的唱片總監、工作夥伴。所以他們三人有一定傳承關係。從以上的分析也可證，楊玉蘭〈玉蘭勸世歌〉，間接受蘇萬松〈報娘恩〉，直接受邱阿專〈十月懷胎〉的影響頗大，當然也和陳火添的刊本有密切關係。

五、〈十想渡子〉對〈娘親渡子〉的影響

　　楊玉蘭〈娘親渡子〉也有受到勸世山歌〈十想度（渡）子〉的影響。〈十想渡子〉流傳廣且版本多。

（一）傳本考

1. 徐阿任抄本〈十想度（渡）子〉，簡稱「徐本」，1910 年

以目前文獻來看，新竹人徐阿任（1893～1944）抄本〈十想度（渡）子〉應是〈十想渡子〉最早文獻。徐阿任和黃阿朋、阿秋旦為同門師兄弟，前期是拜師阿文丑（1858～1921）和阿容旦，後期拜陳石華為師。所謂阿文丑就是鄭榮興、范揚坤等學者公認臺灣三腳戲的祖師爺。徐兆禎因為父親早逝，主要是向哥哥徐兆華學採茶，後期又請阿浪旦（1899～1965）和葉步雪來教。一直到民國四十一年元月還出來演出。這本徐家家傳手抄本大約抄錄於 1910年左右，由徐阿任抄錄阿文丑、阿容旦、陳石華演出的內容，包括三腳戲、亂彈、八音、山歌、勸世文等四本。是筆者所見最早的客家手抄本，其中勸世山歌的曲目如下：

(1) 十勸郎歌　頁 87～89

(2) 十勸姐歌　頁 89～92

(3) 想無妻歌　頁 96～97

(4) 一想招親歌　頁 107～110

(5) 十勸朋友　頁 120～121

(6) 十想勸小姐　頁 121～123

(7) 說恩情　頁 123～125

(8) 十想無妻　頁 125～127

(9) 十勸　（吾）郎　頁 127～129

(10) 十送割禾　頁 136～138

(11) 十想渡子　頁 151～153

(12) 十想家貧　頁 153～154

(13) 阿片煙歌　頁 157～162

(14) 夫妻不好　頁 162～165

(15) 十勸世間人　頁 165～168

(16) 拾貳月長年歌　頁 168～170

(17) 上大人勸世歌　頁 173

(18) 積德勸世歌　頁 174～175

(19) 夫妻相好　頁 175～178

(20) 囑郎勸世　頁 178～180

（21）劉不仁不孝回心　頁 182～188

（22）安慰寡婦　頁 188～190

（23）百般難　頁 190～193

（24）字（士）農工商　頁 193

（25）招親　頁 194～199

（26）麼（無）錢　頁 199～201

（27）勸世間　頁 201～202

這些資料是和客家三腳採茶戲戲文以及客家歌謠、亂彈戲劇本抄錄在同一本。由此也可看得出來〈十想渡子〉是諸多客家勸世山歌中的一首。根據鄭榮興《臺灣客家三腳採茶戲研究》、陳運棟〈由客家九腔十八調談到何阿文〉〔註 18〕指出何阿文（1858～1921）是將中國贛南客家三腳採茶戲傳到臺灣的第一人，何阿文有梁阿才、何火生、阿浪旦、阿才丑、卓清雲五個重要弟子。不過根據筆者田調：徐阿任也是何阿文重要入門弟子。徐阿任和他的兒子徐兆華、徐兆禎平日除了務農之外，一直兼演客家三腳採茶戲、打八音〔註 19〕、唱亂彈。徐兆禎在五○年代還和沈家魁、溫永達、莊進來等在桃、竹、苗等地演出〔註 20〕。

〔註18〕陳運棟：〈由客家九腔十八調談到何阿文〉，《海峽兩岸客家文學論》（香港：中國評論學術出版社，2006 年 2 月），頁 331～333。

〔註19〕所謂「八音」是指由金、石、絲、竹、匏、土、革、木等八種材質製成的樂器合奏的音樂。客家人由中原逐次遷移至各地，吸收各地民間音樂，再加上原有的風格，逐漸演變成一種特殊曲調，即稱之爲「客家八音」。其主要功能是宴饗、迎賓與祭祀，演奏型態則分爲「吹場」與「弦索」兩種。市面上有關客家八音的論文及有聲資料很多，如鄭榮興：《苗栗地區客家八音音樂發展史》（苗栗市：苗栗縣立文化中心，2002 年）、鄭榮興：《台灣客家音樂》（台中市：晨星出版有限公司，2004 年 5 月）、鄭榮興：《鄭榮興音樂專輯》1～8（苗栗縣後龍鎮：慶美園文教基金會）。

〔註20〕本人在 2005/7/11、8/2、8/17 曾多次訪問徐兆禎（1936～），他說：我的爸爸叫徐阿任（徐聰任，乾旦，約 1894～1945）。陳石華、黃阿朋和「阿秋旦」四人向「阿文丑」（何阿文）、「阿容旦」學子弟班，後來又學「打採茶」。他們大約演了五、六年，沒演之後，何阿文的徒弟「阿浪旦」（乾旦）、葉步雪（丑）和林增金（文武場）、林增財（文武場）等才接著做。「阿浪旦」等的「打採茶」非常出名，曲目有【扛茶】、《姜安送米》等，往往是「海棠打忒天大光」（採茶演完已是天亮，演戲看戲者皆欲罷不能），日本人認爲「打採茶」影響人民正常作息，以及有礙善良風俗，所以禁「打採茶」。「阿浪旦」等只好改演「改良戲」，「阿浪旦」眞正出名是在演「改良戲」時期。

當年生活不易，「打採茶」兼賣藥是不錯的職業。所以，當「阿浪旦」等不

此首〈十想渡子〉是用毛筆小楷抄錄，筆劃稍潦草但不失流暢。有外框，每頁不分欄，高約 15 公分，寬約 16 公分，每頁 12 行，每行七言二句。

2. 何阿信抄本〈拾想度（渡）子歌〉，簡稱「何本」，1933 年

何阿信（1913～2008）年輕時住新竹州桃園郡八塊庄霄裡三九四番地，是何石松、吳餘鎬的鄰居及忘年交，此抄本即是何、吳兩人提供給筆者的。根據何、吳的說法：何阿信一生務農為主，平日酷愛山歌、採茶，以下是他在昭和八年（1933）所抄錄完畢的篇目〔註21〕：

（1）十勸妹子　頁 12～14

（2）十想交情　頁 22～23

（3）奉勸世文　頁 43～46

（4）十勸世間人　頁 46～47

（5）十勸行孝勸世文　頁 47～49

（6）曹安行孝　頁 49～56

（7）十勸小姐　頁 56～57

（8）十三想瞑目歌　頁 58～59

（9）拾想渡子歌　頁 62～63

（10）十想家貧　頁 63～66

（11）勸世文　頁 68～74

（12）十想無夫　頁 74

值得注意的是：(1)這本手抄本內容除了有許多勸世文，如〈曹安行孝〉、〈十三想瞑目歌〉、〈十勸妹子〉、〈十勸行孝勸世文〉外，亦混雜了一大批的①山歌：如〈雜語山歌〉、〈日落山歌〉、〈新情歌〉、〈摘茶歌〉、〈斷情歌〉；②小調：如〈宋朝歌〉（按〈十二月古人歌〉）、〈十綉香包歌〉、〈柳娘歌〉（按：

演之後，我們村子又請葉步雪來教村子十多人「打採茶」。真正學成的只有我（丑）、溫永達（乾旦）、徐兆華（我的堂兄，文武場，未過世的話今年約89 歲）。我大約在民國四十年學唱三腳戲，四十二年就上場表演，大部分由大哥、二哥文武場伴奏，大約演了五年。當兵回來後到姊夫的林場工作，就不再演撮把戲了。當年演的戲碼有：《上山採茶》、《送郎》、《　傘尾》、《打海棠》、《桃花過渡》、《盤茶》、《盤賭》、《十送金釵》、《糶酒》、《十八摸》等。

〔註21〕何石松、吳餘鎬、羅香妹提供。何、吳兩位目前為臺北市立教育大學兼任教授，皆為桃園縣中壢的客家人，對客家俗文學頗有研究。他們也是何老先生的忘年之交，吳餘鎬和何老先生之子是同學。

又名〈看娘歌〉）；③客家三腳採茶戲：如〈十二月分群歌〉（按：即客家三腳採茶戲第一齣《上山採茶》其中之一種唱腔、唱詞〈十二月採茶〉）、《桃花過渡》。（2）徐阿任和何阿信兩人的手抄本內容、風格很類似。兩本手抄本內容完全一樣的就有〈十勸世間人〉、〈十想小姐〉、〈十想家貧〉、〈十想渡子〉。兩者以數字「十」作題名聯章的勸世文特別多。這形式可說是傳承自〈十恩德〉、〈十重恩〉，以及香花詞文以一至十的聯章的佛曲。

何本的〈拾想渡子歌〉是用毛筆抄寫。抄本無外框，高約 17 公分，寬約 11 公分，每頁 8 行。無分欄，每行七言二句。字體稍嫌潦草。

3. 和源活版所刊本〈十想渡子歌〉，簡稱「和源本」，1934 年

在前揭文已有書影。此刊本乃昭和九年九月十日印刷，九月十五日發行；發行人爲黃淡，臺南州嘉義市西門町一丁目五一番地人；印刷所爲臺南州嘉義市西門町一丁目五一番地的「和源活版所」；著作者爲徐天有；總代小賣人爲高雄州屏東郡長興庄麟洛二二番地的徐天有。書名爲《最新夫妻相好夫妻不好合歌》，內容包括〈夫妻相好歌〉、〈夫妻不好歌〉、〈囑郎勸世歌〉、〈安慰寡婦之歌〉、〈十想家貧歌〉、〈十想渡子歌〉。其中的〈十想渡子歌〉亦收錄於《俗文學叢刊 366 冊・客家傳仔》586 頁中，也收錄在王順隆中文網站【客家語俗曲唱本資料庫】中。

此刊本有外框。高約 16 公分，寬約 8.5 公分。連標題共 11 行，不分欄，每行爲七言四句。版心題「十想家貧歌」。

4. 竹林書局刊本〈十想渡子歌〉，簡稱「竹林本」，1956 年

新竹市的竹林書局是五、六○年代出版閩南、客家歌仔冊的重要書局之一。它曾出版〈夫妻相好歌〉、〈十想渡子歌〉、〈夫妻不好歌〉、〈十月懷胎歌〉、〈娘親渡子勸世文〉、〈勸人兄弟團員（圓）〉、〈勸人信義修身〉、〈十想單身〉、〈十勸姊〉、〈招親歌〉、〈勸世修行歌〉、〈孝奉雙親〉、〈五字眞修〉、〈五道眞修〉等。尤其 1970 年 8 月許秀榮編著的《廣東語・醒世修行至寶章》，內容尤爲重要。

竹林曾先後於 1956、1971、1987 出版過〈十想渡子歌〉，不過 1971、1987 年的版本，苦無尋獲。1956 年出版，杜建坊珍藏本〈十想渡子歌〉〔註22〕的

〔註22〕 本論文中有關〈十想度（渡）子〉和〈娘親度（渡）子勸世文〉資料，大都是杜建坊老師免費提供。他花了畢生積蓄收購有關臺灣的書籍。爲了守護這些臺灣先民的智慧，他隱身臺東，在偏僻的鄉野花了上千萬元蓋傳統「臺灣

是〈夫妻相好歌〉後頭的附錄。有外框，高約 14.5 公分，寬約 7.5 公分。每頁 10 行，每行七言四句。鉛字版。版心題〈夫妻相好歌〉。

5. 中原苗友雜誌刊本〈十想度（渡）子歌〉，簡稱「中原本」，1976 年

根據張強《鄉土人物》第一集的記載：謝樹新（約 1923～）是廣東梅縣黃塘人，他落腳苗栗創辦《中原苗友雜誌》，撰寫客家史事三十餘載，為客家人整理保存了許多不朽史料。《中原苗友雜誌》是當時唯一宣揚客家文化的刊物，曾有許多客家碩彥在此發表專文，包括史學家羅香林教授，中央研究院院士陳槃等人。〔註 23〕

謝樹新自 1962 年 6 月開始創辦雜誌直到 1982 年，後來他把雜誌編成《客家歌謠研究》一至七集。這套叢書中有專文論述，也有客家三腳採茶戲戲文、笑科劇劇本、客家山歌詞，更有豐富的勸世文文本，是研究臺灣客家勸世文不可忽視的上好素材。此首〈十想渡子歌〉乃收錄於 1976 年 9 月發行的第六集 17～18 頁中。

6. 舒蘭《中國地方歌謠集成‧臺灣省民歌‧度（渡）子歌》，簡稱舒本，1989 年

根據黃菊芳《渡子歌研究》：舒蘭，本名戴書訓，1931 年生，江蘇邳縣人。此首〈渡子歌〉收錄在〈臺灣省民歌〉（一）第 96～98 頁中，又收錄於 1993 年 8 月出版，賴碧霞編著的《臺灣客家民謠薪傳》第 62～63 頁中，題名〈度（渡）子歌〉。本論文即引用自《渡子歌研究》之內容。〔註 24〕

7. 林新彩刊本〈妹姑度（渡）子歌〉，簡稱「林本」，九〇年代

出自高雄美濃人林瀛芳集編的《客家語文選》第 44～45 頁，用電腦打字，未正式出版。林新彩乃林瀛芳之父，林新彩筆名甘天，是美濃第一書法家。他最喜歡釣魚和寫字，常有人找他幫忙題字或寫信。根據當年美樂唱片負責人彭雙琳的姪子彭文銘的說法，林新彩年輕時常和彭雙琳在一起參加客

屑」，收藏臺灣書籍上萬卷。他是臺灣閩南語典籍收藏家，有關他的事蹟、貢獻，在網路就有很多資料。

〔註 23〕張強：〈山城有一老，客家文化永留寶——大至史事小及山歌謝樹新三十餘載成就不朽〉，《苗栗縣文學家作品選集⑥‧鄉土人物》第 1 集（苗栗：苗栗縣立文化中心，1993 年），頁 12～16。

〔註 24〕黃菊芳：《渡子歌研究》，頁 58～60。

家藝文活動。從〈妹姑渡子歌〉內容來看，應該和美樂唱片出版、彭登美、歐秀英等演唱的〈度（渡）子歌〉有密切關係。不過，為何標新立異，取名加個「妹姑」，則令人不解。

　　此首〈妹姑渡子歌〉是用 12 號標楷體打字，每列七言，右用行政院客家委員會通用音標標音。共 40 列，280 字，有新式標點符號。

8. 黃榮洛《臺灣客家傳統山歌詞・度（渡）子歌》，簡稱「黃本」，1997 年

　　黃榮洛（1926～）臺灣苗栗客家人，目前住新竹竹東。新竹縣立桃園農業學校畢業；歷任教員、技佐、技士、農會總幹事等，曾自營米廠；現在為地方文史工作者、作家。〔註 25〕他的書中曾蒐集許多客家的勸世文，如〈招婚歌〉、〈乞食苦諫歌〉、〈客家歸空歌〉、〈中部地動歌〉、〈地動勸世歌〉、〈續地動勸世歌〉、〈渡子歌〉等。〈度（渡）子歌（育兒歌）〉乃是合刊內容之一篇。

9. 彭登美唱本〈娘親〉，簡稱「彭本」，1964 年

　　美樂唱片公司，彭雙琳出品。編號 HL-236 B 面。曲調為【平板】；全長約 12 分。演唱者是新竹縣竹東鎮人彭登美，是個採茶藝人，並曾自組客家採茶劇團。錄製的唱片有：採茶劇《花子收徒弟》（HL231-232）、《打虎將軍》（HL267-268）、《水蛙記》（HL263-264）、老採茶《邦（挷）傘尾》，〈新娘四句聯／嫁老公／娘親〉（HL-236）、〈雙花亂／苦裏（李）娘〉（HL-238）、〈梁兄哥〉（HL-266）、〈浪子回頭〉（HL238）、〈路上談情〉（HL377）等。此首〈娘親〉，其實就是〈十想渡子〉內容。出版時間為民國五十三年九月二十日。附記中還標明「苗栗彭雙琳編作、苗栗國際唱片行監製」。

10. 賴碧霞唱本〈孝順雙親〉，簡稱「賴本」，未註明出版日期

　　此唱本乃由桃園縣平鎮市的「吉聲影視音公司」製作發行，卡帶。A 面為賴碧霞、羅石金對唱的〈送郎歌〉；B 面為賴碧霞獨唱的〈孝順雙親〉，全長約 12 分。雖名為〈孝順雙親〉，其實內容為〈十想渡子〉，曲腔為【老山歌】。雖附有歌詞，不過為了拖腔、襯字、用字的考量，歌詞仍用筆者整理的為準。一般的客語勸世山歌或客語說唱，甚少人會用自由拍的【老山歌】來演唱，

〔註 25〕有關黃榮洛生平及著作可參閱國立中央大學【客家學院電子報】第 32 期，或中央大學客家學院舉辦的《2005 全國客家研討會》內容。

而賴女士卻大膽的用【老山歌】來詮釋，除了她的嗓音高亢之外，同時和她演唱技巧純熟也有關，多年來她一直被人封為「客家歌后」。

賴碧霞（1932～）新竹縣竹東鎮人，曾拜胡琴師父官羅成為師，又受業於三腳採茶藝人賴庭漢。二十歲時，她在客家民謠界已佔有一席之地。二十三歲（1955）那年，受聘於新竹臺聲、桃園天聲、竹南天聲、屏東燕聲、中廣苗栗等廣播電臺，擔任節目製作及主持人，並在節目中演唱客家民謠。民國五十二年起，她專在中廣苗栗臺主持「好家庭」節目，一直到民國六十年底才退休。民國五十一年中廣苗栗臺和苗栗客家民謠研進會合辦山歌比賽，她得到【山歌子】組冠軍。

為了推展客家民謠和工作方便，而和羅石金〔註26〕、張福營、黃榮泉、黃永生、蔡振淵、劉蕭雙傳、馮傳興〔註27〕、吳鑽宏等結拜，他們彼此長期合作，到處表演，也錄製不少唱片。民國七十五年更獲得「薪傳獎」殊榮。〔註28〕

11. 歐秀英遠東唱本，〈度（渡）子歌〉，簡稱「歐遠東本」，1964 年

此首〈度（渡）子歌〉，乃遠東唱片行於 1964 年出品，由彭文銘先生提供，編號為 Jo-071B 面，曲調為【平板】，全長約 14 分 30 秒，唱詞由筆者重新整理。

歐秀英，桃園縣新屋鄉人，是五、六〇年代採茶藝人。她錄製的唱片很多，遠東唱片出版品有採茶歌〈新娘歌〉（Jo50 第一面）、〈種竹歌〉（Jo68 第一面）、〈上山採茶〉（Jo68 第二面）、〈十送英臺〉（Jo71 第一面）、〈渡（渡）子歌〉（Jo71 第二面）；月球唱片出版品〈思念歌〉（MEV-8076 A 面）、〈酒女自嘆歌〉（MEV-8076 B 面）。她也錄有客語流行歌〈三封信〉、〈日日春〉、〈我不知啦〉、〈過了時〉（Jo69 第二面）。她又曾和吳進珍合錄採茶歌〈酒女怨嘆歌〉（Jo46）、〈鴛鴦結合〉（Jo49）；和楊德昌合錄採茶歌〈鬥得好〉（Jo72）；和范嬌蘭合錄〈苦李娘〉、〈鴛鴦結合〉（MEV-8080）；和邱阿專合錄〈拾送金釵〉、〈批評歌〉（MEV-8085）等。

〔註26〕據賴碧霞說，他本為新竹市客雅溪畔人氏，約 1927 年生，後來搬到中壢，開傢俱工廠，他的後代學中醫。

〔註27〕當年鈴鈴唱片行的老闆。

〔註28〕2004/7/28 電話訪問賴碧霞本人。哈客網 http://www.hakkaword.com 以及【客家世界網】、【客家歌后賴碧霞數位典藏】有非常多有關她的生平、作品介紹。

12. 歐秀英美樂唱本，〈度（渡）子歌〉，簡稱「歐美樂本」，1966 年

歐秀英〈度（渡）子歌〉，乃美樂唱片公司於民國五十五年發行，由彭文銘先生提供，編號 HL-302 B 面，曲調爲【平板】。全長 13 分 10 秒，唱詞由筆者重新整理。歐秀英替遠東、月球錄製了許多唱片，美樂唱片行爲她錄製的並不多，只有〈遊臺灣／渡子歌〉（HL302）和〈海棠山歌對〉（HL303）。

另外，今人范秉添、吳秀麗牧師夫婦，爲了推展宗教，也曾用〈渡子歌〉的曲腔模式，新填七言四句、二聯章體的〈渡子歌〉，在網路上普遍流傳：

一想 lio 來渡 o 子大功 lio 來成 na　　唔成 lio 食 na 來唔成 lio 眠 na
還細頭 o 燒 ua 額又 io 來痛 na　　　　淒（吱）淒（吱）io 瀝 a 瀝 a 到天 lio
　　來光 na

轉想 lio 來上 na 帝造萬 lio 民 na　　從小 io 來到 na 大 ia 來牽 io 成 na
日夜無 ua 停 ia 來照 o 來顧 na　　　　樣（仰）般 o 來做 a 得 a 忘恩 lio 情 na

此內容、精神和一般客家山歌的〈渡子歌〉不同，故在此論文中暫不討論。

（二）異本考校

茲以「竹林本」爲底本，依十個篇章的順序，校出各版本之異：

第 1 章

> 一想渡子大功成(1)，不成食來不成眠(2)；閑細(3)頭燒額又痛(4)唭唭唧唧(5)噪(6)死人(7)。

（1）「功成」：中原本作「工程」（gungˇ cangˇ），音與義都合；林本作「功辰」（gungˇsiinˇ），辰字音同而誤，茲考定爲「工程」。又歐遠東本、歐美樂本皆作「一想渡子還苦辛」，黃本作「一想渡子胎將滿」，都是另一種唱法。

（2）「不成……不成」：何本作「不城……不城」，讀 budˋsangˇ，與口語不合，又城字音同而誤。中原本作「沒好……沒好」，讀 moˇ ho ˋ，沒字音 mud，用字有誤；沒好食沒好眠，其意爲沒得吃沒得睡，與歌詞本意「吃不好，睡不好」不相符。舒本作「唔成……唔成」，唔字爲早期用法，教育部客語詞典定作毋；茲據彭本、賴本作「毋成……毋成」。又歐遠東本、歐美樂本皆作「仰得子大得成人」。黃本

作「肚中孩兒就亂翻」，都是另一種唱法。

（3）「閑細」：徐本、何本、和源本皆作「閑細」，閑字音同而誤。茲據舒本、林本、彭本、賴本定作「還細」。又中原本作「最怕」，那是另一種唱法。

（4）此句，黃本作「牙齒咬得鐵釘斷」。歐遠東本、歐美樂本皆作「睡到三更思想起」。

按：以前後句的文義看來，「還細頭燒額又痛」才通順。

（5）「㖸㖸唧唧」：何本作「喇喇唧唧」（la la zid↘ zid↘）；和源本作「凄凄唧唧」（qi↗ qi↗ zid↘ zid↘）；中原本作「吱吱喳喳」（ji ↗ji↗ za za）；舒本、彭本、賴本作「唧唧瀝瀝」（zid↘ zid↘ lag lag）；歐遠東本作「吱吱瀝瀝」（ji ↗ji↗ lag lag）林本作「唧唧嗻嗻」（zid↘ zid↘ zi zi）；歐美樂本作「唧唧唧唧」（zid↘ zid↘ zid↘zid↘）。

按：《廣韻》去聲寘韻：「吱，行喘息皃。」音去智切（《新校正切宋本廣韻》，頁 348）客語音 ki，現代漢語作為狀聲詞「吱吱喳喳」用字，客語音 ji ji za za；又入聲錫韻：「瀝，滴瀝」音同曆（頁 521），形容嬰幼兒哭鬧不停的聲音，以歐遠東本「吱吱瀝瀝」ji↗ ji↗ lag lag 似較貼切，茲定其字為「吱吱瀝瀝」，音同義近。

（6）「噪」：客語音 cau，去聲号韻；中原本作「嘈」，客語音同曹（co↗），平聲豪韻；都與吵鬧之「吵」字音不合。舒本、林本、彭本、賴本、歐遠東本、歐美樂本皆作「吵」，是也。

（7）此句，黃本作「腳裡繡鞋踏得穿」，與其他各本都不同。

第 2 章

> 二想渡子實在難，肚飢想食手麼閑(1)；心肝想食子又叫(2)，正知(3)渡子真艱難(4)。

（1）「麼閑」：徐本、何本、和源本作「無閑」；舒本、林本、彭本、賴本、歐遠東本、歐美樂本皆作「無閒」；中原本作「沒閑」。

按：「無閑」、「無閒」相通，讀作 mo↗ han↗，意指沒空。「沒」客語音 mud，音不合。故筆者採用「無閒」二字。

（2）「子又叫」：徐本、舒本、林本、彭本、賴本、歐遠東本、歐美樂本

皆作「子又叫」；中原本作「子愛乳」。又此句，舒本作「拿起愛食子又叫」；彭本作「手上愛食子又嗷」。

按：「呌」是「叫」的俗字，音 gieu，「叫」一般用在動物的叫聲，如：鳥仔叫、豬子叫。人的哭聲用「嗷」。整句應以「心肝想食子又嗷」爲是。

(3) 「正知」：林本作「唔知」。按：「唔知」m ˇ di ˊ，是指不知道；「正知」zang di ˊ，是指才明白。故以「正知」才正確。

(4) 「眞艱難」：徐本、何本作「幹間難」；和源本作「眞間難」；中原本作「難又難」；舒本、林本作「按艱難」；彭本、賴本作「恁艱難」；歐遠東本、歐美樂本皆作「个艱難」。又此句，黃本作「二想渡子大功臣 三朝七日眞艱辛 日夜食娘身上血 不得子大好安身」。

按：「艱」、「間」均唸 gien ˊ，「間」只是借音字，應該「艱難」才正確。「按」an ˋ 是「恁」an ˋ 的俗字。「眞艱難」和「恁艱難」語義相似，筆者採用「恁艱難」。

第 3 章

> 三想渡子苦艱辛(1)，愛知爺娘个恩情(2)；一夜睡麼(3)半夜目，不得(4)子大好安身。(5)

(1) 「苦艱辛」：徐本、何本、和源本皆作「苦間辛」；賴本作「眞難辛」；歐遠東本作「恁苦辛」；歐美樂本作「還苦辛」。

按：「間」爲「艱」的借音字，「難」爲「艱」的形訛。「苦艱辛」、「恁苦辛」和「還苦辛」義近。筆者以較早期的「苦艱辛」爲準。

(2) 「愛知爺娘个恩情」：何本、彭本、賴本、歐遠東本、歐美樂本皆作「愛知爺娘个恩情」；和源本作「愛知爺娘恩親情」；中原本作「愛知爺娘恩義深」。

按：筆者採用最早期的何本「愛知爺娘个恩情」。

(3) 「麼」：徐本、何本、和源本、舒本、彭本、賴本、歐遠東本、歐美樂本皆作「無」；中原本作「沒」。

按：早期的客家俗文學皆以「麼」、「沒」代表「無」之意，現代客語把「麼」當作「什麼」，例：麼儕（ma ˋ sa ˋ 什麼人）、麼介名（ma ˋ ge miang ˇ 什麼名字）。而「沒」用在沒收（mud su ˊ）、沒

水（mud sui、，潛水）。故以「無」mo∨音義較正確。

(4)「不得」：和源本、彭本、賴本作「未得」；中原本「難得」；舒本作
「唔得」；歐遠東本、歐美樂本皆作「仰得」。

按：「不得」bud、ded，客語白話甚少用。「未得」mang∨　ded、、
「難得」nan∨　ded、「唔得」m∨　ded、、「仰得」ngiong ded
、此四個詞義近，皆是堪用詞，但是在客語說唱或山歌中，「仰
得」較好演唱也比較有客家味爲貼切。

(5) 此四句，林本作「三想渡子苦難當，屎尿冷過雪如霜；子無睡來娘無
睡，一夜唔得到天光。」黃本作「三想渡子實在難，肚饑想食手無閑；
正扛起碗子又叫，洗裙洗衫又言完。」此二本和其他版本差異較大。

第 4 章

四想渡子苦難當，屎尿冷過雪如霜(1)；子麼(2)睡來娘麼睡，一夜不夜(3)
一夜光。(4)

(1)「屎尿冷過雪如霜」：彭本作「屎尿屙來雪如霜」，茲據竹林本。

(2)「麼」：徐本、何本、和源本、彭本、賴本、歐遠東本、歐美樂本皆
作「無」，茲據以定作「無」。

(3)「不夜」：徐本、何本作「不得」；和源本、彭本、歐遠東本、歐美樂
本作「未得」；賴本作「毋得」。

按：「不夜」詞句不通。「不得」、「未得」前揭文已討論過，不適合，
茲據賴本作「毋得」。

(4) 此四句，中原本作「四想渡子苦難當，眠床冷過雪同霜；子睡燥來娘
睡濕，一夜唔得到天光。」；舒本作「四想渡子苦難當，屎尿黎到滿
背囊；拿到河邊來去洗，冷風河水雪如霜。」；林本作「四想渡子苦
難當，愛知爺娘的恩情；一夜睡無三更目，唔得子大好安身。」；黃
本作「四想渡子心就虛，大烿小作睡癡癡；三日五夜麻痘起，幾多辛
苦汝奈知。」茲根據竹林本。

第 5 章

五想渡子你(1)愛知，己多(2)辛苦渡大你(3)；長大成人麼(4)孝順(5)，麼
探(6)爺娘个心機。(7)

(1) 「你」：何本、和源本、林本作「汝」；歐遠東本、歐美樂本皆作「子」。

　　按：「你」、「汝」皆唸 nˇ 或 ngiˇ，通用，現今客語多用「你」。「你」是代名詞，「子」是名詞。這裡「你」、「子」都可以，茲根據竹林本作「你」字。

(2) 「己多」：中原本、賴本、歐遠東本、歐美樂本皆作「幾多」。按：「己」為借音字，茲用本字作「幾多」。

(3) 「幾多辛苦渡大你」：何本作「己多辛苦渡大里」；舒本、彭本作「愛知爺娘渡大你」；林本作「眞多辛苦渡大汝」。按：茲根據竹林本作「幾多辛苦渡大你」。

(4) 「麼」：徐本、和源本、舒本、林本、彭本、賴本、歐美樂本皆作「無」；何本作「不」；歐遠東本作「毋」。茲根據徐本作「無」。

(5) 「長大成人麼（無）孝順」：此句，中原本作「子大唔知行孝順」，茲根據竹林本。

(6) 「麼採」：徐本、何本、和源本、彭本、賴本、歐美樂本作「無採」；舒本、林本作「無睬」；歐遠東本作「枉費」。

　　按：moˇ　caiˋ 是白費心機之意。用「枉費」是文言用法。「無睬」moˇ　caiˋ 是借其音。「無採」moˇ　caiˋ 是表白費心機之意，茲據教育部客語詞典作「無採」。

(7) 「無採爺娘个心機」：中原本作「浪了爺娘苦心機」。又此四句，黃本作「五想渡子在病床，屎裙尿褲在間房；子無睡來娘無眠，一夜還有二夜長。」都是另一種唱法。

第 6 章

> 六想渡子麼奈何(1)，恐驚渡大麼功勞(2)；自已還愛(3)生男女，愛知(4)爺娘眞氷波(5)。

(1) 「麼奈何」：其他版本皆作「無奈何」。按：以「無奈何」為是。

(2) 「恐驚渡大麼功勞」：舒本、彭本作「愛想爺娘个功勞」。按：「恐驚渡大無功勞」語義較允當。

(3) 「還愛」：徐本、何本、和源本作「完愛」；中原本、林本作「也愛」；彭本作「還有」。按：「完」、「還」皆讀作 vanˇ，「完」是借音字。「也

愛」、「還有」、「還愛」義近，以「還愛」意義較貼切。

（4）「愛知」：中原本作「正知」；林本作「要念」；彭本作「愛想」。按：客語的「愛」ai ﹀等於普通話的「要」，故「愛知」、「要念」、「愛想」義近。「正知」是指才明白，與其他三詞稍有不同。茲據竹林本作「愛知」。

（5）「眞氷波」：徐本、何本、和源本作「幹氷波」；中原本作「個氷波」；舒本作「按奔波」；彭本、歐遠東本、歐美樂本作「个奔波」；賴本作「恁奔波」。

　　按：「氷」爲「奔」的借音字；「按」、「幹」爲「恁」的音近字。茲據賴本作「恁奔波」，意義較貼切。

又此四句，林本作「六想渡子念彌陀，恐驚渡大無功勞；自家也愛生男女，要念爺娘苦奔波。」；黃本作「六想渡子眞可憐，恐驚水火來相纏；求神托佛來起愿，太平無事正自然。」都是另一種唱法。

第 7 章

七想渡子(1)苦難當，爺娘恩義不可忘(2)；愛想(3)當初姜安子，七歲送米到奄堂(4)。

（1）「渡子」：黃本作「度子」。前揭文已討論過，「渡」、「度」四縣音同，海陸調不同，以「渡」較貼切。

（2）「忘」：徐本作「亡」。「亡」爲「忘」音訛，「忘」才是本字。又此句，彭本作「做人子女愛想長。」是另一種唱法。

（3）「愛想」：彭本作「學得」。據竹林本採用「愛想」。

（4）「奄堂」：徐本、和源本、黃本、彭本、賴本、歐遠東本、歐美樂本皆作「庵堂」。何本作「唵當」。

　　「奄堂」、「唵當」皆形近訛誤。據徐本、和源本、黃本等作「庵堂」。又此四句：中原本作「七想渡子苦難當，人人也愛做爺娘；生子唔知娘辛苦，　生女正知苦哩娘。」；舒本作「七想渡子苦難當，做人子女愛想長；學得古人姜安子，七歲送米入庵堂。」；林本作「七想渡子苦難當，爺娘恩義不可忘；七歲送汝入學堂，幾多辛苦渡大汝。」，又是一些不同唱法。

第 8 章

八想渡子眞可憐(1)，做人子女愛孝心(2)；愛想日後(3)春光日，就愛眼前
孝双親(4)。

(1)「眞可憐」：何本作「正可憐」。據竹林本作「眞可憐」。

(2) 此句，歐遠東本、歐美樂本作「做人世細愛孝心」，又是一些不同唱
法。本論文據竹林本作「做人子女愛孝心」。

(3)「後」：徐本、何本作「后」。按：「後」、「后」通用，今人多用「後」，
據竹林本用「後」。

(4) 此句舒本作「眼前先孝兩雙親」。又此四句，中原本作「八想渡子眞
艱辛，勸子愛記爺娘情；愛想日後春光日，就愛眼前孝雙親。」；林
本作「八想渡子眞可憐，做人子兒愛孝心；愛想日後春光日，眼前先
孝兩雙親。」；黃本作「八想渡子眞可憐，幾多辛苦費心神；聽人兒
子有災難，心肝亂跳就翻身。」又是一些不同唱法。按：「双」爲「雙」
的簡體字。本論文據竹林本用「就愛眼前孝雙親」。

第 9 章

九想渡子久久長，爺娘功勞不可忘(1)；自己爺娘不敬奉(2)，不孝之人罪
難當。(3)

(1)「爺娘功勞不可忘」：中原本作「爺娘功勞唔好忘」；舒本、彭本作
「爺娘恩情不可忘」。按：客語白話的「唔好」（毋好），文言用「不
可」，在戲曲歌謠中兩者並存，故本論文據竹林本作「爺娘功勞不可
忘」。

(2)「不敬奉」：中原本作「愛敬奉」；賴本、歐美樂本作「毋敬奉」；歐
遠東本作「毋孝順」。按：「不敬奉」、「毋敬奉」義同，否定詞；「愛
敬奉」普通話是「要敬奉」，肯定鼓勵詞。本論文據竹林本採用「不
敬奉」。

(3) 此四句：林本作「九想渡子久久長，爺娘恩義不可忘；自家爺娘不孝
順，那有面子對世人。」黃本作「八想渡子無奈何，做人子女愛知
勞；自己還要生男女，愛知爺娘恨（很）崩（奔）波。」又是一些不

同唱法。據竹林本作「不孝之人罪難當」。

第 10 章

十想渡子听言因(1)，造書解勸世間人(2)；書中勸人行孝順，行孝之人值千金(3)。

---

(1)「听言因」：徐本、和源本、賴本、歐遠東本、歐美樂本作「聽言因」；中原本作「講原因」；舒本作「說原因」；彭本作「說言因」。

按：「听」是「聽」的俗字。「原因」、「言因」兩者音同。一向戲曲、山歌本都用「說言因」，故本論文採用「說言因」。

(2)「造書解勸世間人」：徐本、和源本作「造出詩書勸世人」；何本作「造出詩書劝世人」；中原本作「造出詩歌勸世人」；舒本作「造出歌詞勸眾人」；彭本作「造出詩書勸話人」；賴本作「唱出歌書勸世人」；歐遠東本作「「書中勸得世間人」。按：「劝」為「勸」的簡體，本論文據竹林本作「造出詩書勸世人」。

(3)「行孝之人值千金」：徐本、何本、和源本、中原本、舒本、彭本、賴本作「家中和氣斗量金」；歐遠東本作「行孝之人賜千金」。又此四句：林本作「十想渡子講言語，造出詩歌勸世人；詩書教人行孝順，當過世人發萬金。」；黃本作「十想渡子所言因，講醒因果勸世人；若要其孫孝順爾，爾今先孝二雙親。」；歐美樂本作「十想渡子聽言因，造書解勸世間人；書中勸人行孝順，行孝之人值千金。知得養兒還苦辛，男婦老幼記在心；毋知講係行孝順，枉為世上來做人。忠孝兩事毋記得，黃金堆棟也閒情。」和其他版本差異較大。尤其是歐美樂本在第十章之後，多了七言六句。

按：本論文為了尊重徐本、何本、和源本等多數唱本作「家中和氣斗量金」。為使讀者有一完整的概念，茲將勘定本列於後，加以客語四縣標音及華語解釋。

　　id丶 xiong丶　du zii丶 tai gung／cang∨
　　一　想　　渡子　大　工　　程，
　　m∨ sang∨ siid loi∨ m∨ sang∨min∨
　　毋　成　食　來　毋　成　眠；

han ˇ se   teu ˇ seu ˊ ngiag ˋ iu   tung，
還　細　頭　燒　額　又　痛，
ji ˇ ji ˇ   lag lag cau ˇ xi ˋ ngin ˇ
吱　吱　瀝　瀝　吵　死　人。
（一想育兒眞是件大工程，不能好好吃一頓飯，也難得有一夜
的好睡眠；孩子小的時候若是發燒或頭痛，總是哭哭鬧鬧的眞是
煩死人。）

ngi xiong ˋ tu   zii ˋ siid cai   nan ˇ
二　想　　渡　子　實　在　難，
du ˋ gi ˊ xiong ˋ siid   su ˋ mo ˇ han ˇ
肚　飢　想　　食　手　無　閒；
xim ˊ gon ˊ xiong ˋ siid   zii ˋ iu   gieu
心　肝　想　　食　子　又　嗷，
zang di ˊ tu   zii ˋ an ˋ gien ˊ nan ˇ
正　知　渡　子　恁　艱　　難。
（二想育兒實在難，餓了想吃手卻沒得空閒；心中想吃子又
哭，這時方知育兒是如此艱難。）

sam ˊ xiong ˋ tu   zii ˋ ku ˋ gien ˊ xin ˊ
三　想　　渡　子　苦　艱　辛，
oi   di ˊ ia ˊ ngiog ˇ ge en ˊ qin ˇ
愛　知　爺　娘　　个　恩　情；
id ˋ ia   soi   mo ˇ ban ia   mug ˋ
一　夜　睡　無　半　夜　目，
ngiong ded ˋ zii ˋ tai   ho ˋ on ˊ siin ˊ
仰　　得　子　大　好　安　身？
（三想育兒苦艱辛，要知父母的恩情；一夜睡沒半夜的覺，何
時才能等到孩子長大身體得以安適？）

xi xiong ˋ du   zii ˋ ku ˋ nan ˇ dong ˊ
四　想　　渡　子　苦　難　當，
sii ˋ ngiau   lang ˊ go   xied ˋ i ˊ song ˊ
屎　尿　　冷　過　雪　如　霜；

zii、 mo∨ soi loi∨ ngiong∨ mo∨ soi
子　無　　睡　來　娘　　　無　睡，
id、ia　m∨　ded、id、ia　gong∨
一　夜　毋　得　一　夜　光。

（四想育兒苦難當，屎尿冷過雪如霜；子沒睡來娘沒得睡，整夜盼望早點天亮。）

ng、xiong、tu　zii、ngi∨ oi di∨
五　想　　渡　子　你　愛　知，
gi、do∨ xin∨ ku、tu tai ngi∨
幾　多　辛　苦　渡　大　你？
zong、tai　siin∨ ngin∨ mo∨ hau sun
長　　大　成　人　　無　孝　順，
mo∨ cai、ia∨ ngiong∨ ge xim∨ gi∨
無　採　爺　娘　　个　心　　機！

（五想育兒你應知，多少苦辛帶大你？長大成人不孝順，枉費爹娘用心思！）

liug、xiong、tu　zii、mo∨ nai ho∨
六　想　　渡　子　無　奈　何，
kiung、giang∨ tu tai mo∨ gung∨ lo∨
恐　　驚　　渡　大　無　功　勞；
cii gi、van∨ oi sen∨ nam∨ ng、
自　己　還　愛　生　　男　女，
oi di∨ ia∨ ngiong∨ an、 bun∨ bo∨
愛　知　爺　娘　　恁　奔　波。

（六想育兒莫奈何，擔心養大無功勞；自己還要生兒育女，應知爹娘是如此地忙碌奔波。）

qid、 xiong、tu zii、ku、nan∨ dong∨
七　想　　渡　子　苦　難　　當，
ia∨ ngiong∨ en∨ ngi bud、 ko、 mong
爺　娘　　恩　義　不　　可　　忘；

oi xiong＼dong／cu／giong／on／zii＼
愛　想　　當　初　姜　　安　子，

qid＼　se　sung mi＼do　am／tong／
七　　歲　送　米　到　庵　堂。

（七想育兒苦難當，爹娘恩義不可忘；要想從前小姜安，七歲
送米到庵堂。）

bad＼xiong＼tu　　zii＼ziin／ko＼lien／
八　想　　渡　子　眞　可　憐，

zo ngin／zii＼ng＼oi　hau　xim／
做　人　子　女　愛　孝　心；

oi xiong＼ngid＼heu　　cun／gong／ngid＼
愛　想　　日　後　春　光　日，

ciu　oi ngien＼qien／hau sung／qin／
就　愛　眼　　前　孝　雙　　親。

（八想育兒眞可憐，做人子女要有孝心；要想以後春光日，就
須眼前孝雙親。）

giu＼xiong＼tu　　zii＼giu＼giu＼cong／
九　想　　渡　子　久　久　長，

ia／ngiong／gung／lo／bud＼ko＼　mong
爺　娘　　功　勞　不　可　　忘；

cii　gi＼ia／ngiong／bud＼gin　　fung
自　己　爺　娘　　不　敬　　奉，

bud＼hau　zii／ngin／　cui　nan／dong／
不　孝　之　人　　罪　難　當。

（九想育兒久久長，爹娘功勞不可忘；自己爹娘不敬奉，不孝
之人罪難當。）

siib xiong＼tu zii＼sod＼ngien／in／
十　想　　渡　子　說　言　　因，

co　cud＼sii／su／kien se ngin／
造　出　詩　書　勸　世　人；

su　zung╱kien　ngin╱hang╱hau　sun

書　中　勸　人　行　孝　順，

ga╱zung╱fo╱hi　deu╲liong╱gim╱

家　中　和　氣　斗　量　金。

（十想育兒說因果，造出詩書勸世人；書中勸人行孝順，家庭就能和氣生財，日進斗金。）

（三）〈十想渡子〉對〈娘親渡子〉的滲透

1. 歌詞的影響

〈十想渡子〉對〈玉蘭勸世文〉歌詞的影響，茲列關鍵的詞句對照之：

〔表4-5〕〈十想渡子〉、〈娘親渡子〉關鍵歌詞對照表

〈十想渡子〉	〈娘親渡子〉	備註
還細頭燒額又痛（第1章） 吱吱瀝瀝吵死人	還細頭燒額又痛 吱吱瀝瀝到天光	開篇
三朝七日真艱辛（黃本）	三朝七日無乳食	正文
日夜食娘身上血（黃本）	點點食娘身上心頭血	
一想渡子胎將滿，肚中孩兒就亂翻；牙齒咬得鐵打斷，腳裡繡鞋踏得穿。（黃本）	阿姆个肚屎痛，真像人利刀來割肚，可比就利剪乜來剪腸。 嘴上鐵釘就咬得斷， 腳著个皮鞋乜蹬得穿。	
二想渡子實在難，肚飢想食手無閒；拿起愛食子又叫（噭），正知渡子按（恁）艱難。（舒本）	阿姆个肚屎就枵到來變背囊， 大腸枵到就變小腸。 添著一碗飯仔都想愛食， 又聽子兒都噭洋洋。 左手就牽子愛來拐， 右手牽子就愛來騙；騙得就子兒恬， 阿姆該碗飯仔就冷過霜， 冷菜冷飯就食落肚， 　个阿姆冷肚就合冷腸。	
屎尿黎（拉）到滿背囊，拿到河邊來去洗，冷風河水雪如霜（舒本）。	換得斯衫褲都裙仔好， 拐得就子兒睡， 裙仔斯衫褲斯籃仔攐等愛去到河江， 河壩就慢慢洗，圳溝就慢慢盪， 盪得就衫褲都裙仔淨。 衰過阿姆十隻斯手指頭， 洗到就血洋洋。	正文。 此段歌詞和邱阿專〈十月懷胎〉較接近： 同　來換衣裳，換去來河壩个慢慢洗，慢慢揉來斯慢慢晾。可比來成十月落大霜，阿姆洗得个衫褲好，洗來子兒鬧洋a洋。

　　綜上可知，〈十想渡子〉對〈玉蘭勸世文〉歌詞的影響主要是在開篇和正文部份。尤其是開篇七言四句唱詞中，它就佔了 11 字，佔了 39%。幼童不易照顧，很容易生病，「生病」，客語通常會說「發病仔」（bod、piang e、），可是〈十想渡子〉和〈玉蘭勸世文〉卻用「動詞＋形容詞」的兩個詞組「頭燒額痛」（teuˇ seuˊ ngiagˋ tung），就比「發病仔」傳神多了。幼童性好玩耍，所以常打打鬧鬧，生病時更是吵鬧不休，所以常是徹夜不得安寧，所以用狀聲詞「吱吱瀝瀝」，更是繪聲繪影地將幼童吵鬧以及母親照顧的情景描寫得淋漓盡致。「頭燒額痛」和「吱吱瀝瀝」是整首〈玉蘭勸世文〉的「詞眼」〔註29〕。「還細頭燒額又痛，吱吱瀝瀝到天光。」是〈懷胎寶卷〉、〈十月懷胎〉所未見，惟獨〈十想渡子〉才有的句子，而爲〈玉蘭勸世文〉所吸收。

　　正文部份，生產時的苦楚，像鐵釘那麼堅硬都可咬斷，腳穿繡花鞋都會踢破；剛生下來「三朝七日無乳食」的窘境；到河邊替孩兒刷洗尿布，得忍受凄風苦水。這些情節也都類似。其共同源頭爲〈懷胎寶卷〉、〈十月懷胎〉。

　　可見〈玉蘭勸世文〉有些歌詞是傳承自〈十想渡子〉。但是歌詞形式不大一樣：〈十想渡子〉基本上是屬於七言四句的整齊句，共有十個篇章，仍屬民歌；而〈玉蘭勸世文〉是屬於長短句的說唱，唱的部份是整齊句，什唸的部份大部分是參差不齊的句子。

　　兩者皆有「日夜食娘身上血」、「牙齒咬得鐵打斷，腳裡繡鞋踏得穿。」歌詞，明顯是傳承自〈懷胎寶卷〉、儀式說唱類〈十月懷胎〉。另外〈十想渡子〉「屎尿拉到滿背囊，拿到河邊來去洗，冷風河水雪如霜（舒本）」、〈娘親渡子〉「裙仔斯衫褲斯籃仔擐等愛去就到河江，河壩就慢慢洗，圳溝就慢慢盪，盪得就衫褲都裙仔淨。衰過阿姆十隻斯手指頭，洗到就血洋洋，都是〈父母恩重經講經文〉、〈十恩德〉中「迴乾就濕恩」、「洗濯不淨恩」的體現。換句話說，不管是〈娘親渡子〉也好，不管是〈十想渡子〉也好，都是〈父母恩重經講經文〉、〈十恩德〉影響下的作品。

　2. 曲腔的互相影響

　　〈十想渡子〉中的徐本、何本、和源本、竹林本、中原本、舒本、林本、黃本，只見歌詞不聞其聲。不過，其他版本筆者仍可找到有聲資料。賴本是

〔註29〕詩有詩眼，個人就比照詩，稱之爲「詞眼」。

【老山歌】；彭本、歐遠東本、歐美樂本皆是【平板】。【老山歌】是自由拍，聲音高亢，可能賴碧霞個人音域、音色善於表現之故，才唱此腔，一般人說唱較少用它。一般說唱最常用【平板】、【平板什唸子】。

【平板】又稱為【採茶調】或是【改良調】，源自大陸，屬於採茶腔系統。是由老時採茶、新時採茶（老腔平板）蛻變而來，是客家採茶戲最基本的唱腔。屬於五聲音階，音域比較適合一般人。【什唸子】（什唸仔、雜唸仔）是一種「連講帶唸」帶有旋律性的「說」的方式，大部分用在敘述長篇的故事或事情的前因後果時用的，和歌仔戲中的雜唸同樣意義。在客語說唱中大量用到，後來也被採茶戲吸收用以交待較繁複的情節。【什唸子】最大的特徵是「有板無眼、類似皮黃戲的【流水板】。【什唸子】一般分【平板什唸子】和【山歌子什唸子】。【平板什唸子】是先唱【平板】再接唱【什唸子】，結尾時再回到【平板】；【山歌子什唸子】是先唱【山歌】再接唱【什唸子】，再以【山歌子】作結。

至於【老時採茶】、【平板】、【山歌子】、【什唸子】等有何不同？在鄭榮興《臺灣客家音樂》有詳細的比較、說明：

〔表4-6〕**客家採茶戲曲腔簡易分析表**

	無板無眼	一板一眼			一板三眼	有板無眼
	歌詞可變	歌詞可變	歌詞固定		歌詞可變	歌詞可變
三聲音階	老山歌	老腔山歌	初一朝、送金釵、東勢腔山歌。		山歌子	雜念仔（什唸子）
五聲音階		老時採茶	十二月採茶、糶酒、送郎、邦（揹）傘尾。		平板	雜念仔（什唸子）

資料來源：鄭榮興：《臺灣客家音樂》，頁108。

各唱腔的速渡以無板無眼的老山歌最慢，其次為一板三眼的【山歌子】、【平板】，再其次為一板一眼的【老腔山歌】、【老時採茶】等，速渡最快的是有板無眼的【雜念仔】。〔註30〕

苗栗的彭文銘先生曾提供給筆者所有美樂唱片，個人也曾大量蒐集遠東、鈴鈴、月球等採茶戲唱片，發現五、六○年代唱片行所發行採茶劇的唱

〔註30〕 鄭榮興：《臺灣客家音樂》（臺中：晨星出版社，2004年6月），頁108。

腔，幾乎是【平板】，部分是【山歌子】，甚少用到【什唸子】；而山歌也不用
【什唸子】，說唱作品則幾乎都會唱【什唸子】。

〈玉蘭勸世文〉是用【平板】、【平板什唸子】爲基調，和彭本、歐遠東
本、歐美樂本〈十想渡子〉唱【平板】是一致的。只不過〈十想渡子〉仍是
純粹民謠階段，〈玉蘭勸世文〉已是說唱形式了。

筆者曾訪問賴碧霞、李秋霞「爲何今人不再唱〈十想渡子〉，而偏好〈娘
親渡子〉？」她們認爲主要原因，是〈十想渡子〉歌詞、曲腔單調，無法讓
歌唱者充分發揮個人的造詣。〈玉蘭勸世文〉（〈娘親渡子〉）卻能夠讓歌者、
聽眾情緒得以完全的宣洩，心靈也得到淨化作用。故到了現代〈娘親渡子〉
唱片還大賣，而〈十想渡子〉已漸爲人所淡忘了。

第二節　〈娘親渡子〉的流播及其相關作品

有關〈娘親渡子〉的類似內容，在客家說唱作品中不少，茲舉較重要的
如：賴碧霞《趙五娘琵琶記・勸世文》、〈勸孝歌〉，范洋良〈娘親渡子難〉，
黃連添〈勸世養子歌〉、〈百善孝爲先〉等，以明〈娘親渡子〉對客語說唱藝
術的影響。

一、賴碧霞《趙五娘琵琶記・勸世文》

賴碧霞自述，《趙五娘琵琶記・勸世文》是自己根據京劇內容改編而成的。
而唱腔除了【平板】之外亦大量地模仿歌仔戲唱腔。〔註31〕

《趙五娘》的第五集〈勸世文〉的內容，和〈娘親渡子〉幾乎是一樣。
曾於 2006 年 11 月由國家文化藝術基金會，以《臺灣客語說唱忠孝節義・趙五
娘琵琶記》爲名發行，並註明是賴碧霞於民國五十六年〔註32〕所編唱的。這
樣看來，它可能比楊玉蘭的〈玉蘭勸世歌〉還早或同時形成。茲將其部分內
容〔註33〕羅列與〈玉蘭勸世歌〉（〈娘親渡子〉）作一比較：

〔註31〕有關賴碧霞的生平可參見楊寶蓮：《臺灣客語說唱》，頁 95～96。
〔註32〕根據彭文銘先生所記錄是民國五十四年編唱的。
〔註33〕賴碧霞編唱：《臺灣客語說唱忠孝節義・趙五娘琵琶記》（臺北：國家文化藝
術基金會，2006 年 11 月），頁 58～59。

〔表 4-7〕《趙五娘琵琶記・勸世文》、〈玉蘭勸世歌〉對照表

情節	《趙五娘琵琶記・勸世文》	（〈玉蘭勸世歌〉）〈娘親渡子〉
開篇	唱【平板】 一來奉勸世間人，愛知父母恩義深， 細細食娘身上血，苦心養大得成人， 人講百善孝爲先，家貧養孝心愛堅， 父母深恩你愛報，子孫富貴介（個個）賢。	唱【平板】 1 來娘親 na 度 li 子就係來苦難當 ni i， 2 艱難就辛 na 苦 个 io 娘 a； 3 你都還細 io 就頭 na 燒 a 額又 na 痛 a， 4 吱吱 io 來瀝 o 瀝 a 到天 lio 光 a。
懷孕	唱【平板什唸仔】 <u>娘親度（渡）子苦難當，</u> <u>千辛萬苦 个娘，</u> <u>三朝七日無乳食，</u> <u>三更半夜愛飼糖。</u> 奉勸眾君小（少）年郎， 養育恩情不可忘， 在娘肚中未出世， 校（絞）娘心肝校（絞）娘腸，	唱【平板什唸仔】 <u>5 娘親渡子就苦難當，</u> <u>6 艱難辛苦就 个娘；</u> <u>7 三朝七日就無乳食，</u> <u>8 　　夜夜就跪起來愛飼糖。</u> 9 阿姆个肚屎大， 10 行路就閬碰來又閬碰， 11 坐得高來驚怕就倒 轉， 12 坐得矮來驚怕就搵內傷。 13 燒个都毋敢食， 14 冷个就毋敢嚐。 15 十月就懷胎斯娘辛苦， 16 子兒就愛下世，
生產	<u>牙齒咬得鐵釘斷，</u> <u>腳穿綉鞋踏得川（穿），</u> <u>想愛上天天無路，</u> <u>想愛落地地無門，</u>	17 阿姆个肚屎痛， 18 眞像人利刀來割肚， 19 可比就利剪乜來剪腸。 <u>20 嘴上鐵釘就咬得斷，</u> <u>21 腳著个皮鞋乜蹬得穿，</u> <u>22 地下就無門都強愛鑽，</u> <u>23 天上無嚙都強愛上。</u>
	<u>有福養子得人个雞酒香，</u> <u>無福得人四片枋，</u> <u>有錢人來渡子，人講好命頭家娘，</u> <u>無錢人來渡子，講乞食羅（勞）碌娘，</u>	<u>24 有福夫人就來降子，</u> <u>25 得人就雞酒香；</u> <u>26 無福夫人就來降子，</u> <u>27 得人个四塊板。</u> 28 阿姆若降子， 29 親像人蟻公游鑊壁： 30 游得過， 31 就 个貨； 32 游毋過， 33 阿姆就會去見閻王。
撫育	<u>一日食娘三合乳，</u> <u>三日食娘九合漿，</u> 點點食娘个身上血，食到娘親面皮黃，	34 子兒就下男了， 35 點點食娘身上个心頭血。 <u>36 一日斯食娘三合乳，</u> <u>37 三日都食娘就九合漿。</u>

	38 堵著就屋下子嫂多，
	39 也係來手腳少，
	40 又愛樵，
	41 又愛草，
	42 又愛就番薯豬菜就轉家堂。
	43 揹籃　　乜上山岡，
	44 將到幼子就揹等來在背囊，
	45 籃仔就來　　等，
	46 一山過一山，
	47 來一岡就過一岡。
	48 尋有个番薯豬菜就籃肚張，
	49 尋得罅，
	50 慢慢就　　等愛來轉家堂。
	51 轉到就半路上，
	52 聽著幼子來噭洋洋。
	53 遽遽就解下來，
	54 在手上，
	55 乳仔搙開就揞子食，
	56 就來揞子嗻。
	57 乳仔都食飽，
	58 子啊佢都笑洋洋，
	59 子來笑，
	60 哀來笑，
	61 子哀摘等來笑一場。
	62 乳仔都食飽，
	63 遽遽就揹等來在背囊，
	64 籃仔　起遽遽轉家堂。
子兒細細拿來抱（揇），屎尿疴（屙）到娘親一背囊， 趕緊放下就來換， 換淨隨時出河江， 來去洗，來，去盪，六月天時完（還）甲（較）得， 都（堵）著寒天霜雪大， <u>十指洗到血洋洋。</u>	65 轉到斯屋下去屎合尿， <u>66 屙到就阿姆斯一背囊，</u> 67 阿姆就驚子來寒壞， 68 遽遽揇等入間房。 69 第一就先換子， 70 正來後換娘。 71 換得斯衫褲都裙仔好， 72 拐得就子兒睡， 73 裙仔時衫褲斯籃仔摎等愛去就到河江， 74 河壩就慢慢洗， 75 圳溝就慢慢盪， 76 湯得就衫褲都裙仔淨。 77 衰過阿姆十隻斯手指頭， <u>78 洗到就血洋洋。</u> 79 一身骨節就帶虛呆， 80 衫褲裙仔都洗得好， 81 摎等轉， 82 壁上就慢慢披， 83 竹篙來慢慢晾。

	轉到家中聽到子兒叫（噭），牽得大个來飼飯，細个來飼飯， 飼得飽來一碗飯，子冷過霜，〔註34〕 娘親食落肚，硬娘心肝硬娘腸。	84 晾得个衫褲裙仔好， 85 阿姆个肚屎就枴到來變背囊， 86 大腸枴到就變小腸。 87 添著一碗飯仔都想愛食， 88 又聽子兒都噭洋洋。 89 左手就牽子愛來拐， 90 右手牽子就愛來騙； 91 騙得就子兒恬， 92 阿姆該碗飯仔就冷過霜， 93 冷菜冷飯就食落肚， 94 　个阿姆冷肚就合冷腸。
勸孝	養到（著）有孝，子女完（還）甲（較）得，〔註35〕 生到（著）無孝兒，有子當無養， 不信來看河邊水，點點流下無流上， 牛子過岡不知牛母（　）叫， 出門無想親爺娘， 生男不知娘辛苦，養女正娘難當， 少年不知行孝順，日後自己完（還）愛做人老爺娘， 在生買得半斤四兩肉奉爺娘， 當過死後棺材頭敬豬羊， 千拜萬拜一張紙，千叫萬哭一爐香， 有錢買有千樣物， 千金難買無堂上親爺娘， 朝朝靈前來奉飯，	95 降子就毋知娘辛苦， 96 降女就正知斯娘難當。 97 爺娘想子就長江水， 98 子想爺娘無支擔竿長。 99 毋信就但看河江水， 100 流下就無流上。 101 總係僑僑愛做就人子女， 102 僑僑愛做就人爺娘。 103 世間上， 104 廳下个交椅斯輪流坐， 105 霜雪就輪流當。 106 在生各人愛行孝老爺娘， 107 還生割得就半斤四兩就落哀肚， 108 當過死忒門前拜个就大豬羊。 109 豬羊就較大副， 110 無看著阿姆轉來食， 111 靈前个果子斯件件有， 112 又乜就看無阿姆嚐。 113 降著就有孝子， 114 有還有目的； 115 降著个不孝子， 116 較輸就屙a屎落屎io缸a。
結尾	唱【平板】 無見爺娘拿來常（嚐）， 勸君必定行孝順， 行孝之人福祿長。	唱【平板】 再來就奉o勸na安到就世上人na， 　个爺娘lio面no前na愛孝ua心ma； 食娘lio就來身na上na佢个都心頭血le， 養　no長a大ia得成io人na， 若係io來此na恩na不o報答lio，枉爲就來na做o世間no人na， 二來lio奉a勸做人个父母人na，

〔註34〕按：「飼得飽來一碗飯，子冷過霜」標點應是「飼得飽來，一碗飯子冷過霜」才合理。

〔註35〕按：「養到有孝，子女完甲得」應爲「養著有孝子女，還較得」較合理。

		做人就爺 na 哀 io 愛平 na 心 ma， 個個來都 uo 係　个身下落 o， 一定 no 毋 mo 好各樣 io 心 ma， 爺娘 o 心 ma 肝不平 lio 等 na， 兄弟 io 一 no 定不和 lio 心 ma。

由上可知，兩者開篇和結尾唱詞差異較大，音樂完全相同。至於正文情節及唱詞則非常相似，尤其是畫底線部分的唱詞，更見其密切關聯性；只是〈娘親渡子〉多了「母親揹子上山採豬食、半路餵子」的部份。而音樂又都是似唸似唱的【什念子】。

賴碧霞表示〈娘親渡子〉是由廣東梅縣傳來，和臺灣的有所不同。第一次由她本人編唱在《趙五娘琵琶記‧勸世文》劇本中，主要是參考〈劉不仁不孝回心〉而編出來的。後來楊玉蘭唱的〈玉蘭勸世歌〉(〈娘親渡子〉)比較細膩（多採豬菜、餵乳情節），還得到金牌獎。〔註 36〕除此之外，范洋良也曾以〈玉蘭勸世歌〉相同的唱詞，出版〈娘親渡子難〉〔註 37〕唱片。而筆者認為《趙五娘琵琶記‧勸世文》主要是參照陳火添的〈娘親渡子勸世文〉，和〈玉蘭勸世歌〉也有密切關係。

五、六○年代，以賴碧霞、楊玉蘭的盛名，又兼以電臺日夜播放下，〈趙五娘琵琶記‧勸世文〉和〈玉蘭勸世歌〉(〈娘親渡子〉)、〈娘親渡子難〉想不流行也難，這也算是一種「置入式行銷」。那時的遊覽車小姐或歌手紛紛學唱，如吳川鈴（1953～）、邱玉春（1949～）、曾明珠（1958～）、李秋霞（1953～）等，都以賴碧霞、楊玉蘭的唱片為師，至今她們仍開山歌班授徒，且灌錄不少〈娘親渡子〉的有聲資料。據李秋霞表示苗栗市的嵐雅影音公司每年都是靠她的〈娘親渡子〉盈餘而發員工年終獎金的，在寶島客家廣播電臺的點播率也極高，可見〈娘親渡子〉在客家界受歡迎的程度。

二、賴碧霞〈勸孝歌〉

賴碧霞 1993 年編的《臺灣客家民謠薪傳》頁 206～207 有一首〈勸孝歌〉；1997 舒蘭所編《中國地方歌謠集成》第十三本臺灣省民歌（一）有一首〈十月懷胎〉，此兩首異名實同的歌，其內容其實是陳火添〈拾月懷胎〉和陳火添

〔註 36〕2009/12/21 下午 5 點半電話訪問賴碧霞本人。
〔註 37〕楊寶蓮：《臺灣客語說唱》，頁 268～270。文華唱片，ST-39，未註明出版日期。

〈娘親度（渡）子勸世文〉的綜合體。茲將〈勸孝歌〉與陳火添〈拾月懷胎〉、陳火添〈娘親度（渡）子勸世文〉作一比較：

〔表4-8〕賴碧霞〈勸世歌〉與陳火添〈十月懷胎〉、〈娘親渡子勸世文〉
　　　　對照表

賴碧霞〈勸世歌〉，1993	陳火添作品，1954、1958	備註
唱： 正月懷孕在肚中，桃李開花正逢春， 懷胎恰似浮萍草，唔（毋）知何日得相逢。 二月懷胎真及時，手酸腳軟步難移， 頭無梳來面無洗，百項針脂（黹）拋了裡 （哩） 三月懷胎三月三，懷胎娘子心頭淡， 三餐茶飯無想食，想食楊梅也係難。 四月懷胎結楊梅，楊梅樹下結成胎， 心中有想楊梅食，唔（毋）得楊梅跌下來。 五月懷胎男女明，懷胎娘子苦難辛， 點點食娘身上血，七孔八竅結成人。 六月懷胎驚如山，懷胎娘子心艱難， 三餐茶飯難進口，食飽恰似上刀山。 七月懷胎係立秋，八卜（幅）羅項項有， 雙手難搬下腰帶，雙腳唔（毋）敢踢上身。 八月懷胎重如山，懷胎正知娘艱難， 房中掃地難則（側）身，又怕孩兒會著驚。 九月懷胎久久長，懷胎娘娘面皮黃， 少年懷胎還較得，老人懷胎苦難當。 十月懷胎月足滿，肚中孩兒碌碌翻， 口中咬得鐵釘斷，腳穿綉鞋踏得穿。 【什唸子】 孩兒落地哭三聲，婆婆隨時出來聽， 毋使歡來毋使喜，兩人性命一般般。 正月懷胎如露水，二月懷胎心茫茫， 三月懷胎見人影，四月懷胎結成人。 五月懷胎分男女，六月懷胎六根全， 七月懷胎分七孔，八月懷胎重如山。 九月懷胎翻翻轉，十月懷胎離娘身， 懷胎全望十月足，早日好來得輕身。 是男是女就分明，知得養兒多辛苦， 男女老幼愛記心。	正月懷孕如露水　桃李開花正逢春 懷胎恰似浮萍草　未知何日得相逢 二月懷胎真及時　手酸腳軟步難移 頭無梳來面懶洗　百物針脂（黹）拋了裡 （哩） 三月懷胎三月三　懷胎娘子心頭貪（淡） 三餐茶飯無想食　想食楊梅當時酸 四月懷胎結楊梅　楊梅樹下結成胎 口中有想楊梅食　難得楊梅跌下來 五月懷胎份（分）男女　懷胎娘子苦難裡 （哩） 臾臾（點點）食娘身上血　七孔八竅結成人 六月懷胎驚如山　懷胎娘子心艱難 三餐茶飯難進口　食飽恰似上刀山 七月懷胎是立秋　八卜（幅）羅裙串串有 雙手難搬下腰帶　雙腳不（毋）敢踢上身 八月懷胎重如山　懷胎正知幹（恁）艱難 房中掃地身難則（側）　又驚損失孩兒身 九月懷胎久久長　懷胎娘娘面皮黃 老人懷胎還靠得　少年懷胎苦難當 十月懷胎月速滿　肚中孩兒碌碌番（翻） 口中咬得鐵釘〔註38〕斷　腳穿綉鞋踏得 川（穿） 孩兒落地嗷三聲　婆婆隨斯出來听（聽）毋 使歡來毋使喜　兩人性命一般般 正月懷胎如露水　二月懷胎心亡（茫）亡 （茫） 三月懷胎見人影　四月懷胎結成人 五月懷胎份（分）男女　六月懷胎六經全 七月懷胎份（分）七孔　八月懷胎重如山 九月懷胎團團轉　十月懷胎離娘身 懷胎舟看十月滿　是男是女得份（分）明 知得養兒幹（恁）辛苦　男婦老幼愛記心	陳火添〈十月懷胎〉的內容

〔註38〕1958年版本作「鐵針」，其他的刊本、唱本都作「鐵釘」。兩者都說得通。「鐵針」較細，「鐵釘」較粗，以「鐵釘」較有誇飾效果。

娘親渡子苦難當，千辛萬苦　个娘， 三朝七日無乳食，三光半夜愛飼糖。 一來奉勸諸君少年郎，做人子兒愛曉想， 在娘肚中未出世，絞娘心肝絞娘腸， 牙齒咬得鐵釘斷，腳著綉鞋踏得川（穿）， 想愛上天天無路，想愛落地地無門， 有福養兒得人个雞酒香，無福得人个六片棺材板。 有錢人來養子，人講好命頭家娘， 窮苦个人來養子，講係乞食麻（　），羅（勞）碌娘。 一日食娘三合乳，三日食娘九合漿。 點點食娘个身上血，食到娘親面皮黃。 子兒細細又愛背（揹）來又愛抱（摘）， 有時有日屎尿疴（屙）到娘親一背囊， 緊緊放下就來換，換淨隨時出河江， 來去洗，就來去湯（盪）， 六月天時有較得，遇著寒天時，霜雪大， 河邊風又大，河水冷如霜，十隻手指頭， 洗到血汪汪。 轉到家中，聽見子兒哭，心內亂茫茫， 趕緊牽得大子來飼飯，細子來飼飯， 飼得飽來，一碗飯子冷過霜， 娘親食落肚，硬娘心肝硬娘腸。 養到（著）有孝子女還較得，生到（著）無孝兒，有子當無養， 不信你看河邊水，點點流下無流上， 牛子過崗（岡）唔（毋）知牛　叫，出門無想親爺娘。 生男唔（毋）知娘辛苦，養女正娘難當， 少年唔（毋）知行孝順，日後自己還愛做人老爺娘， 不信你看屋簷水，點點落在對中央。 孝順生有孝順子，忤逆不孝天不容， 雷打火燒半途中，自己爺娘不敬奉， 何用娶妻嫁夫傳子孫， 若想日後春光日，先順家中佛一雙， 出門三步愛交待，言語教訓愛順從。 在生買得半斤四兩肉爺娘食，當過死後棺材頭敬豬羊， 千拜萬拜一張紙，千哭萬哭一爐香， 有錢買有街上千樣物，千金萬金難買無堂上親爺娘， 朝朝靈前來奉飯，不見爺娘十隻手指頭拿來嘗（嚐）。	娘親渡子苦難當　千辛萬苦　个娘 三朝七日無乳食　三光半夜愛飼糖 一來奉勸諸君少年郎　做人子兒愛曉想 在娘肚中未出世校（絞）娘心肝校（絞）娘腸 牙齒咬得鐵釘斷　腳穿綉鞋踏得川（穿） 想愛上天天無路　想愛落地地無門 有福養兒得人雞酒香　無福得人六片棺材枋 有錢人來渡子人講好命頭家娘 麼（無）錢人來渡子　講是乞食麻（　）羅（勞）碌娘 一日食娘三合乳　三日食娘九合漿 奌奌（點點）食娘身上血　食到娘親面皮黃　孩兒細細拿來摘　有時有日屎尿疴（屙）到娘親一背聽（廳） 緊緊放下拿來煥（換）　煥（換）淨隨時出河江來去洗　來去湯（盪） 六月天時有靠（較）得　十二月霜雪大　十隻手脂（指）頭洗到血洋洋 轉到家中　听（聽）見子兒悽悽（吱吱）叫（噭） 牽得大子來飼飯　細子來飼飯 飼得飽來　一碗飯仔冷過霜 娘親食落肚硬娘心肝硬娘腸 養倒（著）有孝子女完（還）靠（較）得　生倒（著）無孝子兒　有子當無養 不信但看河邊水　點點流下無流上 牛子過岡不知牛母（　）叫（叫）　出門三步無想親爺娘 生男不知娘辛苦，養女正娘難當 少年時節不孝順　日後完（還）愛做人老爺娘 在生買得半斤四兩娘親食　當過死後棺材頭敬猪（豬）羊 千拜萬拜一張紙　千哭萬哭一爐香 有錢買有街方（坊）千般物　千金難買堂上親爺娘 朝朝靈前來奉飯　無看娘親　十隻手脂（指）拿來常（嚐）	陳火添〈娘親渡子勸世文〉的內容

唱：人生茫茫在世間，行孝順天結善緣， 忠孝兩事不記念，黃金堆棟也是閒。 人講百善孝為先，養老孝順心愛賢， 父母恩情你能報，滿堂富貴福無邊。		

　　從上面的對照表看來，賴碧霞的〈勸孝歌〉說唱本，就是由陳火添的〈十月懷胎〉加上陳火添的〈娘親度（渡）子勸世文〉組合而成的綜合體，只是【什唸子】部分多了一小段「不信你看屋簷水，點點落在對中央。孝順生有孝順子，忤逆不孝天不容，雷打火燒半途中，自己爺娘不敬奉，何用娶妻嫁夫傳子孫，若想日後春光日，先順家中佛一雙，出門三步愛交待，言語教訓愛順從。」唱詞，以及結尾部分多了「人生茫茫在世間，行孝順天結善緣，忠孝兩事不記念，黃金堆棟也是閒。人講百善孝為先，養老孝順心愛賢，父母恩情你能報，滿堂富貴福無邊。」七言八句的唱詞。

　　另外，有一個關鍵的句子是「有福養兒得人雞酒香　無福得人六片棺材枋」，這句話的意思是說：為人母者若生產順利，那就有福了，可以好好坐月子，享用麻油雞酒；若是難產，不幸一命嗚呼，只落得一副棺木罷了。此兩唱本以及范洋良的〈娘親渡子難〉，皆用「六片木板」委婉代表棺材，可見它們三者有相當的關係。自從邱阿專〈十月懷胎〉、楊玉蘭〈玉蘭勸世歌〉以「四片木板」代稱棺材之後，市面上看到、聽到的唱詞，清一色都用「六片」。棺木稱「四片枋」應是指上、下、左、右；若加上前、後，那就是「六片枋」了。

　　又黃菊芳論文《渡子歌研究》中認為賴碧霞〈勸世歌〉為〈娘親渡子〉的重要淵源之一，筆者認為應該是先有陳火添的〈娘親度（渡）子勸世文〉和〈拾月懷胎〉，才有賴碧霞〈勸世歌〉的編作。

三、范洋良〈娘親渡子難〉

　　以母親十月懷胎艱辛，勸人子要報恩的勸世文，在昔日的農業社會相當受歡迎。五〇年代的范洋良（1913～1988，竹東人）也曾參考〈娘親渡子〉歌詞，用【蘇萬松腔】、【平板什唸子】、【平板】曲腔來錄製〈娘親渡子難〉〔註39〕，由文華唱片行出版，編號 ST39，約 1394 字，茲將兩者比較如後：

〔註39〕有關范洋良生平，參閱楊寶蓮：《臺灣客語說唱》102 頁；〈娘親渡子難〉唱本參閱楊寶蓮：《臺灣客語說唱》，頁 268～270。

〔表 4-9〕楊玉蘭〈娘親渡子〉、范洋良〈娘親渡子難〉對照表

	楊玉蘭〈娘親渡子〉	范洋良〈娘親渡子難〉
開篇	【蘇萬松調】 1 來娘親 na 渡 li 子就係來苦難當 ni i， 【平板】 2 艱難就辛 na 苦　个 io 娘 a； 3 你都還細 io 就頭 na 燒 a 額又 na 痛 a， 4 吱吱 io 來瀝 o 瀝 a 到天 lio 光 a。	【蘇萬松腔】 娘親渡子苦難當，千辛萬苦　个娘； 三朝七日無乳食，三更半夜愛飼糖。
撫育	【平板什唸子】 5 娘親渡子就苦難當， 6 艱難辛苦就　个娘； 7 三朝七日就無乳食， 8　　夜夜就跳起來愛飼糖。 9 阿姆个肚屎大， 10 行路就闖碰來又闖碰， 11 坐得高來驚怕就倒　轉， 12 坐得矮來驚怕就搵內傷。 13 燒个都母敢食， 14 冷个就母敢嚐， 15 十月就懷胎斯娘辛苦， 16 子兒就愛下世， 17 阿姆个肚屎痛， 18 眞像人利刀來割肚， 19 可比就利剪乜來剪腸。 20 嘴上鐵釘就咬得斷， 21 腳著个皮鞋乜蹬得穿， 22 地下就無門都強愛鑽， 23 天上無嘴都強愛上。 24 有福夫人就來降子， 25 得人就雞酒香； 26 無福夫人就來降子， 27 得人个四塊板。 28 阿姆若降子， 29 親像人蟻公游鑊壁： 30 游得過， 31 就　个貨； 32 游母過， 33 阿姆就會去見閻王。 34 子兒就下男了， 35 點點食娘身上个心頭血。 36 一日斯食娘三合乳， 37 三日都食娘就九合漿。 38 堵著就屋下子嫂多， 39 也係來手腳少，	【平板什念子】 娘親渡子苦難當， 千辛萬苦　个娘， 三朝七日無乳食， 三更半夜愛飼糖。 一來奉勸少年郎， 做人子女愛曉想， 在娘肚中攪娘心肝攪娘腸， 牙齒咬得鐵釘斷， 腳著繡鞋蹬得穿， 想愛上天天無路， 想愛落地地無門。 有福養子得人雞酒香； 無福養兒得人六垤棺材板。 有錢人渡子講係好命婆、頭家娘； 無錢人渡子講係乞食婆、勞碌娘。 一日食娘三合乳；三日食娘九合糧。 點點食娘身上血，食到娘親面黃黃。

40 又愛樵， 41 又愛草， 42 又愛就番薯豬菜就轉家堂。 43 揹籃　乜上山岡， 44 將到幼子就揹等來在背囊， 45 籃仔就來　等， 46 一山過一山， 47 來一岡就過一岡。 48 尋有个番薯豬菜就籃肚張， 49 尋得罅， 50 慢慢就　等愛來轉家堂。 51 轉到就半路上， 52 聽著幼子來噭洋洋。 53 遽遽就解下來， 54 在手上， 55 乳仔攝開就揞子食， 56 就來揞子嚐。 57 乳仔都食飽， 58 子啊佢都笑洋洋， 59 子來笑， 60 哀來笑， 61 子哀摘等來笑一場。 62 乳仔都食飽， 63 遽遽就揹等來在背囊， 64 籃仔　起遽遽轉家堂。	
65 轉到斯屋下去屎合尿， 66 屙到就阿姆斯一背囊。 67 阿姆就驚子來寒壞， 68 遽遽摘等入間房。 69 第一就先換子， 70 正來後換娘。 71 換得斯衫褲都裙仔好， 72 拐得就子兒睡， 73 裙仔斯衫褲斯籃仔擐等愛去就到河江， 74 <u>河壩就慢慢洗，</u> 75 <u>圳溝就慢慢盪，</u> 76 盪得就衫褲都裙仔淨。 77 衰過阿姆<u>十隻斯手指頭，</u> 78 洗到就血洋洋。 79 <u>一身骨節就帶虛呆，</u> 80 衫褲裙仔都洗得好， 81 擐等轉， 82 <u>壁上就慢慢披，</u> 83 <u>竹篙來慢慢晾。</u> 84 晾得个衫褲裙仔好， 85 阿姆个肚屎就枵到來變背囊， 86 大腸枵到就變小腸。 87 添著一碗飯仔都想愛食，	孩兒細細摘來揹，有時有日屎尿屙到 娘親滿背囊， 緊緊放下來去換，<u>換來隨時出河江，</u> <u>來去洗，來去盪。</u> 六月天時還較得，若係來十二月， 堵著霜雪大，<u>十隻手指頭洗到血洋洋</u> 轉到家中看著兒吱吱噭， 勸得大子來飼飯，細子來飼飯， <u>飼得飽，一碗飯，冷過霜，娘親食落</u> 肚，掀娘心肝貶娘腸。

	88 又聽子兒都嗷洋洋。 89 <u>左手就牽子愛來拐，</u> 90 <u>右手牽子就愛來騙；</u> 91 <u>騙得就子兒恬，</u> 92 阿姆該碗飯仔就冷過霜， 93 冷菜冷飯就食落肚， 94 个阿姆冷肚就合冷腸。	
勸孝	95 降子就毋知娘辛苦， 96 <u>降女就正知斯娘難當。</u> 97 爺娘想子就長江水， 98 子想爺娘無支擔竿長。 99 毋信就但看河江水， 100 流下就無流上。 101 總係僬僬愛做就人子女， 102 僬僬愛做就人爺娘。 103 世間上， 104 廳下个<u>交椅斯輪流坐，</u> 105 霜雪就輪流當。 106 在生各人愛行孝老爺娘， 107 <u>還生割得就半斤四兩就落哀肚，</u> 108 <u>當過死式門前拜个就大豬羊。</u> 109 豬羊就較大副， 110 無看著阿姆轉來食， 111 靈前个果子斯件件有， 112 又乜就無看阿姆嚐。 113 <u>降著就有孝子，</u> 114 <u>又還有目的；</u> 115 <u>降著个不孝子，</u> 116 較輸就屙a屎落屎io缸a。	養著有孝子還較得， 養著無孝子，有子當無養， 不信但看筵中酒，杯杯先敬有錢人。 生男毋知娘艱苦，<u>生女正知娘難當，</u> <u>在生割肉四兩娘親食，</u> <u>當過死後棺材頭敬豬羊。</u> 千哭萬哭一張紙， 千拜萬拜一爐香， 有錢街坊買有千百物， 千金難買堂上來爺娘！
結尾	【平板】 117 再來就奉o勸na安到就世上人na， 118 　个爺娘lio面no前na愛孝ua心ma； 119 食娘lio就來身na上na佢个都心頭血le， 120 養　no長a大ia得成io人na， 121 若係io來此na恩na不o報答lio， 122 枉爲就來na做o世間no人na， 123 二來lio奉a勸做人个父母人na， 124 做人就爺na哀io愛平na心ma， 125 個個來都uo係　个身下落o， 126 一定no毋mo好各樣io心ma， 127 爺娘o心ma肝不平lio等na， 128 兄弟io一no定不和lio心ma。	【平板】 奉勸郎君莫貪花，貪花……青年僬； 看著貂嬋來懵懂，□□好花害自家！ 商業先生好貪花，見著嬌女心起野； 精神感覺兩人相恩愛，傷身傷肺害自家！ 耕種先生好貪花，愛米愛穀任妳賒； 賒久糧食有不足，番薯摻米難合家！ 劏豬先生好貪花，肥瘦豬肉任妹挖； 挖久豬刀無油食，自己油盎打翻車！ 雜貨先生好貪花，胭脂水粉任妹拿！ 由佢愛針也愛線，到久空籠會來放在家！ 做工先生好貪花，賺有錢銀顧妹家！ 有時有日得著病，衫又穿空褲開花！ 出外先生好貪花，爺娘妻子放在家， 三年五載無轉屋，將來妻子嫁別儕！

　　由上面的對比可知，范洋良〈娘親渡子難〉是楊玉蘭作品的派生物，結構、內容相似，不過比楊玉蘭的唱詞簡略：(1)少了第 38 至 64 母親上山採豬食、半路餵乳的情節；(2)沒有「阿姆个肚屎大，行路就闖碰來又闖碰，坐得高來驚怕就倒麥轉，坐得矮來驚怕就鬱內傷。燒个都毋敢食，冷个就毋敢嚐。」十月懷胎的辛苦描述。最後的結尾，主要是勸各行各業要謹守本分，跟「渡子」毫無相關。從這也可看出民間文學的變異性，以及藝人有時會無厘頭地隨便拼湊的情形。

四、黃連添〈勸世養子歌〉

　　1968 年，竹東人黃連添（1917～1990）曾為鈴鈴唱片錄製〈勸世養子歌〉：

【江湖調】

　　一想渡子 o 大工程 li，毋成食來 ia 毋成眠；
　　一夜就睡來無半夜，一夜毋得到天光 a　er✓。

　　二想渡子 o 難了難 li，肚飢想食手無閒 na　a；
　　肚飢想食手無閒，正知渡子恁為難 a　er✓。

　　三想渡子 o 恁艱辛 li，毋成食來 ia 毋成眠 a　er✓；
　　還細時節頭燒額痛，做人爺娘還艱辛 a　er✓。

　　四想渡子 o 真難當 li，屎尿冷過雪如霜 a　er✓；
　　子無睡來 li 娘無睡 a　er✓，一夜毋得到天光 a　er✓

　　……

　　八想渡子 o 用苦工 li，愛想爺娘恩義重 a　er✓；
　　爺娘想子係長江水，子想爺娘 a 一陣風。

　　九想渡子 o 苦難當，一心看子長大有春光 a　er✓；
　　吂知大來斯佢不孝，做人爺哀強會悶內傷 i✓i✓i✘i　i　i✘er✓。

　　十想渡子 o 毋得知，毋知子兒个 ia 心理 a　er✓；
　　渡到分佢斯來不孝，做人爺娘毋值哩 i✓i✓i✘i　i　i✘er✓。

　　唉喲！好子降著毋使降恁多，壞子來降多加拉拖 a　er✓；
　　事業全然斯無愛做，捋來飽去滿街趖 i✓i✓i✘i　i　i✘er✓。

　　毋好好食懶停動，誤了青春 na 少年春 a　er✓；

老了無人好所靠，身體有病會走無空 i ˇ i ╱ i ╲ i　i　i ╲ er ˇ 。〔註40〕

這首〈勸世養子歌〉其實是把勸世山歌〈十想渡子〉、說唱〈娘親渡子〉重新做排列組合，以〈十想渡子〉爲主。它是七言四句的聯章體共十章，外加兩章的七言四句作結，最後的「毋好好食懶停動，誤了青春 na 少年春 a　er ˇ；老了無人好所靠，身體有病會走無空 i ˇ i ╱ i ╲ i　i　i ╲ er ˇ」和勸孝無關，顯得突兀。

又〈十想渡子〉、〈娘親渡子〉以往大都用【蘇萬松調】、【平板】以及【平板什唸子】來演唱，而這首用【江湖調】，應該是和黃連添想要表現自己歌唱功力有關。一般說唱藝人在說唱時，並不限定要唱什麼曲腔，他們會用他們有把握或熟悉的曲腔來演唱，就如同前揭文所採錄的〈十月懷胎〉，有些地方用【宣卷調】，有些地方用【梳妝臺調】，有些地方用【滿江紅調】等。

五、黃連添〈百善孝爲先〉

1969 年，黃連添亦曾將〈娘親渡子〉更復白話，以〈百善孝爲先〉〔註41〕之名，得到中廣苗栗台與苗栗客家民謠研進會合辦的山歌比賽「平板」組的冠軍。茲將〈娘親渡子〉和〈百善孝爲先〉列出如後：

〔表4-10〕楊玉蘭〈娘親渡子〉、黃連添〈百善孝為先〉對照表

	楊玉蘭〈娘親渡子〉	黃連添〈百善孝爲先〉
開篇	【蘇萬松調】 1 來娘親 na 渡 li 子就係來苦難當 ni i， 【平板】 2 艱難就辛 na 苦　个 io 娘 a； 3 你都還細 io 就頭 na 燒 a 額又 na 痛 a， 4 吱吱 io 來瀝 o 瀝 a 到天 lio 光 a。	【山歌子】 盤古開天到如今，出有曹安第一有孝心； 天做飢荒無米食，曹安殺子奉娘親。 曹安行孝傳千古，君王聽知……心； 親賜官職曹安做，金鑾殿上封大臣！ 【平板】 大家亘知這個行孝好，來聽曹安便知情。
撫育	【平板什唸子】 5 娘親渡子就苦難當， 6 艱難辛苦就　个娘； <u>7 三朝七日就無乳食，</u> <u>8　　夜夜就跐起來愛飼糖。</u> <u>9 阿姆个肚屎大，</u>	【平板什唸子】 一來奉勸諸君少年郎，少年阿哥並姊妹， 大家　愛想，愛想爺娘細細渡　毋得大， 實在渡　<u>苦難當</u>，降子亘知娘親个受苦， <u>降女正知無良方，</u>降著該係有孝子， 做人个爺哀，跈著佢喜歡歡，

〔註40〕楊寶蓮：《臺灣客語說唱・附錄》，頁 316～319 黃連添〈勸世養子歌〉。
〔註41〕楊寶蓮：《臺灣客語說唱》，頁 272～277。有關范洋良生平及作品文稿乃筆者所整理。

10 行路就閛碰來又閛碰，
11 坐得高來驚怕就倒　轉，
12 坐得矮來驚怕就搵內傷。
13 燒个都毋敢食，
14 冷个就毋敢嚐
15 十月就懷胎斯娘辛苦，
16 子兒就愛下世，
17 阿姆个肚屎痛，
18 眞像人利刀來割肚，
19 可比就利剪乜來剪腸。
20 嘴上鐵釘就咬得斷，
21 腳著个皮鞋乜蹬得穿，
22 地下就無門都強愛鑽，
23 天上無囒都強愛上。
24 有福夫人就來降子，
25 得人就雞酒香；
26 無福夫人就來降子，
27 得人个四塊板。
28 阿姆若降子，
29 親像人蟻公游鑊壁：
30 游得過，
31 就　个貨；
32 游毋過，
33 阿姆就會去見閻王。
34 子兒就下男了，
35 點點食娘身上个心頭血。
36 一日斯食娘三合乳，
37 三日都食娘就九合漿。
38 堵著就屋下子嫂多，
39 也係來手腳少，
40 又愛樵，
41 又愛草，
42 又愛就番薯豬菜就轉家堂。
43 揹籃　乜上山岡，
44 將到幼子就揹等來在背囊，
45 籃仔就來　等，
46 一山過一山，
47 來一岡就過一岡。
48 尋有个番薯豬菜就籃肚張，
49 尋得罅，
50 慢慢就　等愛來轉家堂。
51 轉到就半路項，
52 聽著幼子來噭洋洋。
53 遽遽就解下來，
54 在手上，
55 乳仔搣開就揞子食，
56 就來揞子嚐。

食飽斯眞快樂，快過日來日日安。
降著有一種不孝子，做人爺哀跤著佢，
實在還悽慘，恰似面前惹債樣，……，
佢都毋歡喜，有時細人擲著毋堵好，
也敢大个狂來細个狂！
狂著該老人家雙雙淚，
想著降著這種个子女，今日分佢來不孝，
實在目汁雙雙淚，
毋當當初屙瀉巴落屎缸，
倒有較贏毋使今　日恁冤枉恁郎當，
爺娘想子長江水，仰般子想爺娘並無擔竿長？
大家朋友姊妹毋相信，毋信來看大河水，
逐條流往下你看哪條流往上？
諸君姊妹少年郎，大家你要想，
愛想阿姆十月娘辛苦，該肚屎大該央時，
行路閛碰又閛碰，高凳想愛擲落去，
驚怕放無平，橫轉去就會挺挺昂跂毋跂；
矮凳兜來想愛來擲落去，
險險搵壞阿姆个肚腸，
三餐毋敢食到飽！餓到阿姆面黃黃！
【平板】
燒个毋敢拈來食，冷个毋敢拈來嚐，
冷个拿來吞落肚，恰似冷冰見心腸！
【平板什念子】
百般悽慘事，仰般悽慘　个爺娘，
十月懷胎生產日子到，肚屎一下痛，
兩眼淚茫茫，眠床肚爬下又蹶上，
唉唉呦呦喊冤枉，喊爺合喊娘，
天上無梯愛爬上去，地下無空也想鑽！
當痛時節失魂去，鐵釘拿著咬得斷，
老古人言說个話，說得眞無差，
有福个婦人家，得人該三餐雞酒香，
無福个婦人家，實在還衰過做到一個月，
分你扛下又扛上。
勸諸位男女少年郎，各人自己愛細想，
愛想　俚出世時，阿姆降　時，
降出正會無乳食，爺娘用糖分　飼，
一夜同　飼到光，飼到三朝過，
日裡食娘身上血，夜裡娘親苦難當，
一堆屎一堆尿，仰般悽慘　个娘，
正渡到兩、三歲，當會打潑賴，
有時又毋堵好，食燒食冷來積著，
傷寒感冒來泌著，有一種泌著慢皮風，
肚屎大膨膨，面仔又黃黃，
比上比下無好比，親像山頂一隻大猴王，
屙屎滿床屙，十人看見九人驚，

57 乳仔都食飽，	毋敢分佢上眠床，總係阿姆毋盼得，
58 子啊佢都笑洋洋，	同 捉來揩，同 捉來摛，揩到背囊頂，
59 子來笑，	臭風屎同阿姆焗到滿背囊。
60 哀來笑，	熱天時節還愛得，冷天時節仰般難當，
61 子哀摛等來笑一場。	有時个家中人喊食飯，
62 乳仔都食飽，	阿姆張著一碗飯想愛食，
63 遽遽就揩等來在背囊，	聽著子女吱吱嘍，兩腳走忙忙，
64 籃仔 起遽遽轉家堂。	飯碗放忒無 kua 食，
65 轉到斯屋下去屎合尿，	行前來細聲拐細聲騙，毋敢亂胡章，
66 焗到就阿姆斯一背囊。	拐到子女恬飯仔冷颼颼。
67 阿姆就驚子來寒壞，	吂知孤盲絕代烏蠅公恁孤盲，
68 遽遽摛等入間房。	嘎來飯竇來焗卵，兜著囓囓扒落去，
69 第一就先換子，	食落肚鏗鏗鏘鏘，一夜都無睡，
70 正來後換娘。	便所下適个運動會，一夜走到光，
71 換得斯衫褲都裙仔好，	養大子女分子來不孝（a），佢看吾姆功勞在哪往？
72 拐得就子兒睡，	
73 裙仔斯衫褲斯籃仔擐等愛去就到河江，	
74 河壩就慢慢洗，	
75 圳溝就慢慢盪，	
76 盪得就衫褲都裙仔淨。	
77 衰過阿姆十隻斯手指頭，	
78 洗到就血洋洋。	
79 一身骨節就帶虛呆，	
80 衫褲裙仔都洗得好，	
81 擐等轉，	
82 壁上就慢慢披，	
83 竹篙來慢慢晾。	
84 晾得个衫褲裙仔好，	
85 阿姆个肚屎就枵到來變背囊，	
86 大腸枵到就變小腸。	
87 添著一碗飯仔都想愛食，	
88 又聽子兒都嘍洋洋。	
89 左手就牽子愛來拐，	
90 右手牽子就愛來騙；	
91 騙得就子兒恬，	
92 阿姆該碗飯仔就冷過霜，	
93 冷菜冷飯就食落肚，	
94 　个阿姆冷肚就合冷腸。	
勸孝　95 降子就毋知娘辛苦，	【平板】
96 降女就正知斯娘難當。	爺哀在生毋曉想，死忒時節哭斷腸，
97 爺娘想子就長江水，	靈前跪等哀哀哭，千跪萬拜一爐香！
98 子想爺娘無支擔竿長。	爺哀在生毋孝順，死忒時節哭靈魂，
99 毋信但看河江水，	家鶴想轉有忒慢，毋得爺娘再相逢！
100 流下就無流上。	爺哀在生毋曉愛，死忒正來哭哀哀，
101 總係僑僑愛做就人子女，	家鶴想轉有暢慢，毋得爺哀還生來！
102 僑僑愛做就人爺娘。	【山歌子】
103 世間上，	大家聽轉有孝心，愛知爺娘恩義深，

	104 廳下个交椅斯輪流坐， 105 霜雪就輪流當。 106 在生各人愛行孝老爺娘， 107 還生割得就半斤四兩就落哀肚， 108 當過死忒門前拜个就大豬羊。 109 豬羊就較大副， 110 無看著阿姆轉來食， 111 靈前个果子斯件件有， 112 又乜就無看阿姆嚐。 113 降著就有孝子， 114 又還有目的； 115 降著个不孝子， 116 較輪就屙 a 屎落屎 io 缸 a。	誰人聽轉曉得行孝順，世代子孫和睦深！ 【平板】 大家男女愛孝心，行孝之人福祿深， 男男女女也一體，行孝的確子孫出賢人！ 【平板雜念仔】 又來奉勸少年姊，少年个青春小姑娘， 妳愛聽　說分章，男大當婚女大嫁， 長大就該來嫁夫，算起來係應當， 行嫁到男家頭，少年姊，少年娘， 　俚的確愛孝順，愛來孝順家官並家娘， 這位正係真祖堂！ 有一種三八个婦人家，佢就毋曉想， 看著家官並家娘，準佢係外人樣， 有時爺哀講著佢，佢就大受氣， 捘拳蹬爪同佢應一場，大聲來亂胡章， 罵得老人家關得來無氣敨， 乒乓聲就來上眠床，嘎得病來苦難當。 青春少年姊，這種罪責何人當？ 勸君的確愛行孝，行孝之人有好尾； 不孝之人罪難當！莫講不孝就無報， 　个頭拿上，舉頭三尺有神明， 灶君爺，三日一拜上天庭， 將這凡間子一切奏分上帝得知情， 奏去民間事，行孝之事多說起， 玉皇上帝聽言章，心肝有主張， 就降奏章下地府分閻王， 喊了閻王天子來判斷，分　个好心人，佢 就來降福；壞人就同佢來降災殃。 好人生有孝順子；忤逆還生忤逆娘， 實在還悽慘，若係來討心臼， 本本討不孝娘，會討該種三八娘， 該下就知冤枉，該下就無同你分係老也 幼，也同佢亂胡章，屋簷流水點點對， 並無一點流在旁！ 奉勸姊妹少年郎，　俚愛改過， 十惡拿來從一善，　俚改成好心腸， 的確愛賢良！孝順還生孝順子， 討有孝順心臼娘，孝順的確有好處， 一定壽年會較長， 行孝無論家中貧窮摎富貴，有錢人行孝娘 用酒肉奉三餐；窮苦人行孝娘用言語， 靠順良感動爺哀个心腸！有時出外去， 看著有好物就來買，買著半斤並四兩， 買著半斤四兩一，較好死去剛隻大豬羊！
結尾	【平板】 117 再來就奉 o 勸 na 安到就世上人 na， 118 　个爺娘 lio 面 no 前 na 愛孝 ua 心 ma；	【平板】 個人自己愛分明，爺哀來降　俚， 　俚乜愛降人，爺哀降　望有好靠，

119 食娘 lio 就來身 na 上 na 佢个都心頭血 le，	俚養子又乜來望孝心！
120 養　no 長 a 大 ia 得成 io 人 na，	大家男女愛賢心，爺哀功勞海樣深，
121 若係 io 來此 na 恩 na 不 o 報答 lio，	誰人曉得行孝順，榮華富貴值萬金！
122 枉爲就來 na 做 o 世間 no 人 na，	
123 二來 lio 奉 a 勸做人个父母人 na，	
124 做人就爺 na 哀 io 愛平 na 心 ma，	
125 個個來都 uo 係　个身下落 o，	
126 一定 no 毋 mo 好各樣 io 心 ma，	
127 爺娘 o 心 ma 肝不平 lio 等 na，	
128 兄弟 io 一 no 定不和 lio 心 ma。	

由上可知，〈百善孝爲先〉和〈娘親渡子〉較類似的部份是「撫育」和「勸孝」的部份，「燒个毋敢拈來食，冷个毋敢拈來嚐」、「天上無梯愛爬上去，地下無空也想鑽！」、「鐵釘拿著咬得斷」、「有福个婦人家，得人該三餐雞酒香。」、「孝順還生孝順子」都是〈百善孝爲先〉移植自〈娘親渡子〉的句子。只不過〈百善孝爲先〉共三千多字，〈娘親渡子〉只有一千多字。前者比後者較詳盡、更白話。

形式差別在於：(1)開篇以及結尾都無多大相關；(2)〈百善孝爲先〉唱腔多【山歌子】；(3)〈娘親渡子〉用「順敘法」說唱情節，〈百善孝爲先〉用「夾敘」的方式，邊勸孝，邊說母親十月懷胎、撫育孩子的辛苦；(4)〈百善孝爲先〉在勸孝時還搬出灶君爺、閻羅王來恫嚇不孝之人，這也是〈娘親渡子〉所無。

第三節　小　結

楊玉蘭〈玉蘭勸世歌〉可說是目前市面上〈娘親渡子〉的直接源頭，也是〈娘親渡子〉正式成型的界碑，換句話說也是目前市面上普遍傳唱且熱賣的渡子歌說唱內容、腔調的根據。根據邱玉春、李秋霞、吳川鈴、謝鎮煌、黃鳳珍等自述，他們的〈娘親渡子〉歌詞、唱腔及演唱技巧都仿自〈玉蘭勸世歌〉。

1968 年，楊玉蘭演唱此曲時，並非用〈娘親渡子〉爲歌名，而是用〈玉蘭勸世歌〉爲題名，得到全省客家山歌比賽的冠軍並灌唱片。歌手邱玉春在1978 年亦錄製此曲，廣受歡迎，後來並用〈娘親渡子〉之名申請著作權登記。稍後的李秋霞、吳川鈴、謝鎮煌、胡泉雄等也競相傳唱，大受好評，並開班

授徒，自此之後〈娘親渡子〉的名聲大譟，至今不衰。

　　楊玉蘭雖自稱〈玉蘭勸世歌〉是她自己編作的，但依本人研究的結果，早在 1934 年即有〈娘親度（渡）子勸世文〉的刊本在臺流行，可惜此刊本只存殘目，目前可看到的是 1954 和 1958 年，陳火添編著，新竹竹林書局發行的〈娘親度（渡）子勸世文〉、〈十月懷胎〉資料。從臺灣客語說唱藝術的觀點切入，以楊玉蘭的師承、交友狀況，以及〈玉蘭勸世歌〉的歌詞、唱腔來追究〈娘親渡子〉，可得到以下的結論：

一、〈娘親渡子〉傳承關係

　　〈娘親渡子〉傳承關係是由蘇萬松〈報娘恩〉傳給徒弟邱阿專之後，邱阿專吸收陳火添〈十月懷胎〉、〈娘親渡子勸世文〉而編唱了〈十月懷胎〉；邱阿專又把〈十月懷胎〉傳給同事楊玉蘭，楊玉蘭自己對邱阿專的〈十月懷胎〉有所增刪，也參考朋友陳火添〈十月懷胎〉、〈娘親渡子勸世文〉以及勸世山歌〈十想渡子〉，最後才編唱出〈玉蘭勸世歌〉，它是一綜合體。後代的歌手如邱玉春、李秋霞、吳川鈴、胡泉雄、曾明珠、黃鳳珍等唱此歌時，幾乎都是以楊玉蘭的唱詞為藍本，黃鳳珍還是楊玉蘭的徒弟。今人大都把〈玉蘭勸世歌〉命名為〈娘親渡子〉、〈娘親度子〉、〈渡子歌〉、〈度子歌〉等。在今日的臺灣，〈娘親渡子〉已是屬於純粹的客語說唱藝術了，楊玉蘭可說是重要的承先啟後者。為了易於明白起見，茲將〈十月懷胎〉在臺的傳承關係，整理成下表：

〔表 4-11〕〈十月懷胎〉在臺傳承關係表

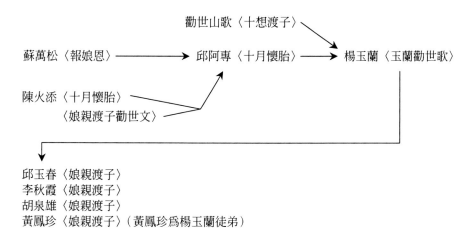

二、〈娘親渡子〉相關作品豐富

　　陳火添、邱阿專、楊玉蘭是採茶藝人兼說唱藝人；賴碧霞、黃連添、范洋良是民謠歌手，他們六人都是新竹人，且年齡相近。或者是一起演出，或者是一起錄唱片，所以他們的作品經常有互相滲透的情形，故由〈十月懷胎〉、〈娘親渡子勸世文〉衍生出來的客語說唱類似作品不少，比較著名者有：賴碧霞的〈勸孝歌〉和《趙五娘琵琶記·勸世文》、范洋良的〈娘親渡子難〉和黃連添的〈勸世養子歌〉以及〈百善孝為先〉。這些都是臺灣客語說唱重要的篇目，也都和唐代以降的孝道文學中強調「父母恩重」、「報恩」的旨趣相同。

三、〈娘親渡子〉內容及唱腔來源

　　楊玉蘭〈玉蘭勸世歌〉（即〈娘親渡子〉）歌詞的開篇主要來自勸世山歌〈十想渡子〉；正文來自蘇萬松〈報娘恩〉、邱阿專〈十月懷胎〉和陳火添〈娘親渡子勸世文〉。至於正文中的「38 堵著就屋下子嫂多，39 也係來手腳少，40 又愛樵，41 又愛草，42 又愛就番薯豬菜就轉家堂。43 揹籃　　乜上山崗，44 將到幼子就揹等來在背囊，……52 聽著幼子來嗷洋洋。53 遽遽就解下來，54 在手上，55 乳仔翻開就揞子食，56 就來揞子嗞。……64 籃仔　起遽遽轉家堂。」共 27 句母親揹子上山採豬食、半路上餵子吃乳的情節，以及結尾部分乃是楊玉蘭自己創作的。換句話說，〈玉蘭勸世歌〉內容有傳承，亦有創新，它是一個新的綜合體。

　　〈玉蘭勸世歌〉的唱腔是【平板】、【平板什唸子】，和蘇萬松〈娘親〉以及邱阿專〈十月懷胎〉的唱腔【蘇萬松腔】、【平板什唸子】是一脈相承的。因為【蘇萬松腔】亦屬於【平板】的範圍。五、六〇年代，客家採茶戲界最普遍的唱腔即是【平板】，所以彭登美、歐秀英〈十想渡子〉中的唱腔也是用【平板】，楊玉蘭錄製〈玉蘭勸世歌〉是在 1968，所以〈玉蘭勸世歌〉的唱腔會採用【平板】，應和此時代風氣有關。

第五章　〈娘親渡子〉考校、修辭與語言風格

　　〈娘親渡子〉異本繁多，需加以考校。它雖是俗文學作品，但類似竹枝詞，仍醞藏豐富的修辭技巧、語言風格，值得加以探討。

第一節　〈娘親渡子〉考校

一、傳本說明

　　〈娘親渡子〉版本很多，根據黃菊芳《〈渡子歌〉研究》中，她就曾經蒐集到十三個異本〔註1〕，本論文主要是從說唱藝術的觀點來探討〈娘親渡子〉的襯字、拖腔等語言藝術，「聲音」乃是最重要的。五項書面資料因為有字無

〔註1〕十三個異本：見黃菊芳：《〈渡子歌〉研究》，頁 15～17。五本書面資料：(1)1992 年，謝其國、吳川鈴編著《客家山歌大家唱·渡子歌》，簡稱甲本。(2)出版年月不詳，黃義桂編《山歌風采·渡子歌》，簡稱乙本。(3)1997年，謝鎮煌、曾明珠合編《客謠選集·渡子歌》，苗栗嵐雅，簡稱丙本。(4)1998年，李寶鑫編，《客家山歌·渡子歌》，簡稱丁本。(5)未正式出版，苗栗頭屋人江耀富手抄影印本〈娘親渡子歌〉，簡稱戊本。八本有聲資料：(1)出版年月不詳，李秋霞〈娘親渡子〉，簡稱己本。(2)出版年月不詳，胡泉雄〈客家民謠·度（渡）子歌〉，簡稱庚本。(3)出版年月不詳，邱玉春〈客家山歌（25）·娘恩情深〉，簡稱辛本。(4)出版年月不詳，邱玉春〈客家民謠（1）·娘恩情深〉，簡稱壬本。(5)出版年月不詳，羅筱雲〈客家民謠（114）·娘恩情深〉，簡稱癸本。(6)1968 年，楊玉蘭〈渡子歌〉，簡稱子本。(7)出版年月不詳，古福光〈臺灣海峽兩岸客家音樂·山歌·平板度（渡）子歌〉，簡稱丑本。(8)1998年，邱玉霞〈渡子歌〉，簡稱寅本。

聲，所以不採用。至於八本有聲資料中，可惜筆者手上無癸本、寅本的有聲資料，故無法採用，其他的六本都採用：

1. 筆者的楊版〈玉蘭勸世歌〉＝黃菊芳的子本
2. 筆者的邱版〈娘親渡子〉＝黃菊芳的辛本、壬本的前身
3. 筆者的李版〈娘親渡子〉＝黃菊芳的己本
4. 筆者的胡版〈度（渡）子歌〉＝黃菊芳的庚本
5. 筆者的古版〈玉蘭勸世歌〉＝黃菊芳的丑本

楊玉蘭是採茶、說唱藝人；邱玉春、李秋霞、胡泉雄、古華光都是民謠歌手及客家山歌班老師，他們在客家民謠界都相當出色。〈娘親渡子〉要唱得好不容易，敢出此種唱片的也不多，所以目前市面上的〈娘親渡子〉大都是他們的作品，往往同樣的人會在不同時間、不同公司錄製，換湯不換藥，內容其實是大同小異。筆者的楊版、邱版、李版、胡版有明確的出版時間，比黃菊芳的資料更早。除此之外還蒐集了黃鳳珍的〈娘親度（渡）子〉以及連仁信的〈娘親渡子〉。黃鳳珍是採茶戲名丑角，擅唱【平板】，目前也是國立臺灣戲曲學院採茶戲科教師；連仁信是客家八音團團員、民謠歌手。所以筆者這七個有聲資料，相當具有代表性。

筆者在寫作時也不用黃菊芳整理的唱詞，完全由個人逐字、襯字、拖腔作一紀錄，以為分析的素材。不用的理由是：

黃菊芳標音是用調類，一般讀者不易轉換。就以〈娘親渡子〉開篇的第一句為例：

己本：ngiong2 qin1 na loi tu4 ua zi3 a gi qiu ku3 nan2 dong1 na
　　　娘親渡子苦難當

庚本：id6 xiong3 o lio loi tu4 na a zi3 ngai qiu mo2 an3 goi1 na
　　　一想渡子無按（恁）該

辛本：ngiong2 qin1 no loi tu4 a zi3 ngai jiu ku3 nan2 dong1 a
　　　娘親喔來度（渡）啊子涯就苦難當啊

筆者整理的方法是：

loiˇ ngiongˇ qinˊna tu li ziiˋqiu he loiˇ kuˋnanˇdongˊni i
來　娘　　親　na 渡li 子 就 係來 苦 難 當 ni i，

其中，11號字表示正字；8號小字的「來」、「就係來」代表襯字；「na」、「li」、

「ni　i」表拖腔。像這樣，一個漢字對應一個標音，讀者應較容易掌握。

又黃菊芳採用的標音和目前客語音標習慣無法銜接。根據目前教育部的規定，客語標音都應遵照教育部的「臺灣客家語拼音方案」的聲、韻、調的標音方式，如附錄四所引錄的「標音體例」。黃菊芳論文中的調類「1」表「陰平、ˊ」；「2」表「陽平、ˇ」；「3」表「上聲、ˋ」；「4」表「去聲」；「6」表「陰入、ˋ」；「7」表陽入。黃菊芳標的是調類，好處是適用於各客語次方言；缺點是，若不是對客語很內行的讀者，很難在短時間內去轉換。故本論文不用調類標音。

另外，黃菊芳的資料，和筆者實際整理的也有出入。如前揭文中的「子」字，黃菊芳所有版本皆標 zi3，不過筆者聽到的錄音資料，都是唸 ziiˋ。又如，己本的「阿姆渡子苦又難，可比捷壁一般般」，意思是「媽媽帶孩子的艱難，就如同爬壁一般」。kied　biagˋ，正確用字應是「蹶壁」。又壬本「han2 se4 gi shid na ngiong2 gi gai jiu xim1 teu2 hied6 na」，漢字對應寫成「還人吃娘心頭血」，也不合適，應作「還細佢食哪娘佢个就心頭血哪」較適當。

基於上述理由，所以筆者的〈娘親渡子〉素材都是由自己親手整理過的唱詞，而黃菊芳的十三個異本僅作參考，尤其它們的用字，有許多是客語常見的借音、俗字，也甚具探討價值，故放在第六章〈娘親渡子用字探討・客家書寫的用字問題〉再討論。

又黃菊芳認為十三個異本名稱不一，以〈渡子歌〉命名的最多，且「渡」有「撫育小孩的意義」，而且有「自此岸達彼岸」、「濟渡之處」，所以主張用「渡」字。〔註2〕但是從第一章〈娘親渡子淵源考〉中活源版、竹林版的文獻可徵，當初是用「度」字，〈十想度子歌〉是專指十個聯章的勸世山歌；而〈娘親度子勸世文〉是不分篇章、長短句的勸世文說唱。不過，古師國順認為還是用「渡」字，理由有三：(1)佛經的渡世、渡引皆用「渡」字；(2)溫度的「度」和渡子的「渡」的四縣音相同，但是海陸音前者屬陽去聲，後者屬陰去聲，兩者有別；(3)教育部客語用字決定「度」、「渡」分用，「溫度」用「度」字、「渡子」用「渡」字。〔註3〕

古師國順和黃菊芳的意見頗有道理，為使「度」、「渡」分流，且考慮適用於海陸音，所以本論文就採用「渡」字。不過為了尊重原著，凡是原著中

〔註2〕黃菊芳：《渡子歌研究》，頁15。

〔註3〕99/7/28 指導筆者於臺北市客家文化會館。

用「度」者，就用「度（渡）」處理。接下來，就將筆者搜集的七個版本概述於後：

1. 1968 年 12 月，關西人楊玉蘭演唱、編作〈玉蘭勸世歌〉（即是〈娘親渡子〉），苗栗市美樂唱片行出版，編號 HL-401，簡稱楊版。小提琴伴奏為湖口人張福營、胡琴伴奏為苗栗的張慶光。這也是第一屆臺灣省山歌比賽【平板】組的冠軍作品。

2. 1978 年，為邱玉春（又名邱綉媛）演唱的〈娘親渡子〉唱片，簡稱邱版，劉楨小姐提供。後期，她又陸續地在吉聲影視發行卡帶及 CD 的〈娘親渡子〉；上發發行 VCD〈娘親度（渡）子歌〉（又名〈娘恩情深〉）。內容大同小異，本論文採用她 1978 年演唱的。

3. 1989 年，李秋霞演唱的 CD〈娘親渡子〉，苗栗嵐雅影視出版，簡稱李版。再版時以〈娘親度（渡）子〉為題名。

4. 2003 年 7 月，胡泉雄演唱〈度（渡）子歌〉CD，由吉聲影視發行，簡稱胡版。

5. 2002 年 10 月，苗栗榮興客家採茶劇團團員黃鳳珍演唱的〈娘親度（渡）子〉CD，簡稱黃版。收錄在行政院客家委員會出版的《傳統客家歌謠及音樂──採茶腔系列》中。

6. 未註明出版年月，古福光唱的〈娘親度（渡）子〉卡帶，龍的攝影傳播事業企業社錄製發行，簡稱古版。

7. 未註明出版年月，連仁信演唱〈娘親渡子〉CD，由龍閣文化傳播公司出版，簡稱連版。

接下來，即以正字為準（其他襯字、拖腔另闢章節討論）、且以楊版為底本出校之。

二、版本比對

> 娘親渡子苦難當，艱難辛苦 个娘；
> 還細頭燒額又痛，吱吱瀝瀝到天光。

此四句，邱版、古版作：「一想渡子無恁該，幾多艱難受過來。受盡幾多寒更夜，仰得子大報爺娘。娘親渡子苦難當，艱難辛苦 个娘。若是頭燒額又痛，吱吱瀝瀝到天光。」

李版、連版作:「娘親渡子苦難當,艱難辛苦 个娘。受盡幾多寒更夜,
吱吱瀝瀝到天光。阿姆渡子苦又難,可比蹶壁一般般。又驚渡大無孝順,喊
老哩愛仰般!」

胡版和楊版完全一樣。黃版作:「一想渡子苦難當,艱難辛苦 个娘;還
細食娘心頭血,仰得長大報答娘。」

由此觀之,〈娘親渡子〉的開篇唱詞,大致可分為四組:胡版和楊版、邱
版和古版、李版和連版和黃版。楊版、胡版和黃版是七言四句,其他人皆唱
七言八句。

娘親渡子苦難當,艱難辛苦 个娘;
三朝七日無乳食, 夜夜(1)愛飼糖。(2)

---

(1) 夜夜:邱版、李版、胡版、古版、連版皆作「朝朝夜夜」。

(2) 此四句,各版本間差異不大,唯獨黃版只有七言二句:「娘親渡子苦
難當,艱難辛苦 个娘。」

阿姆肚屎大,行路閬碰又閬碰,
坐得高來驚怕(3)倒 轉,坐得矮來驚怕(4)搵內傷。
燒个毋敢食,冷个毋敢嚐。

---

(3) 驚怕:邱版、李版、胡版、古版、連版作「驚怕會」。

(4) 驚怕:邱版、李版、胡版、黃版、古版、連版作「又驚會」。

十月懷胎娘辛苦,子兒愛下世,
阿姆肚屎痛,真像利刀來割肚,
可比利剪來剪腸(5)。
嘴上鐵釘咬得斷,腳著皮鞋蹬得穿。
地下無門強愛鑽,天上無囓(6)強愛上(7)。

---

(5) 真像利刀來割肚,可比利剪來剪腸:黃版省略此兩句。

(6) 無囓:其他版本皆作「無門」。

(7) 地下無門強愛鑽,天上無囓強愛上:除楊版外,其他版本皆句序顛倒

作「天上無門強愛上，地下無門強愛鑽。」

> 有福夫人(8)降子，得人雞酒香；
> 無福夫人降子，得人四塊枋(9)。
> 阿姆若降子(10)，親像(11)蟻公游鑊壁：游得過，　个貨(12)；
> 游毋過，阿姆(13)會去見(14)閻王。
> 子兒下男(15)了，點點食娘身上心頭血。
> 一日食娘三合乳，三日食娘九合漿(16)。(17)

(8) 有福夫人：李版作「有福之人」。

(9) 四塊枋：李版作「四垤枋」。

(10) 若降子：邱版、李版、胡版、連版作「來降子」。

(11) 親像：邱版、李版、胡版、黃版、古版、連版皆作「可比」。

(12) 　个貨：黃本作「　个貨」。

(13) 阿姆：邱版、李版、胡版、黃版、古版、連版作「阿姆个性命」。

(14) 會去見：邱版、李版、胡版、古版作「會見」。黃版作「見」。

(15) 下男：其他版本皆作「下世」。

(16) 九合漿：李版、、胡版作「九合糧」。

(17) 點點食娘身上心頭血，一日食娘三合乳，三日食娘九合漿：黃版無
　　　此三句。古版、連版無「子兒下男了，點點食娘身上心頭血。一日
　　　食娘三合乳，三日食娘九合漿。」四句。

> 堵著屋下子嫂多，也係手腳少，
> 又愛樵，又愛草，又愛番薯豬菜轉家堂。
> 揹籃　　上山岡，將著幼子(18)揹等在背囊，
> 籃仔(19)　等，一山過一山，一岡過一岡(20)。
> 尋有番薯豬菜籃肚張，尋得鑊(21)，慢慢　等(22)轉家堂。(23)

(18) 將著幼子：邱版、李版、胡版作「將子」。

(19) 籃仔：邱版、李版、胡版作「籃子」。

(20) 一岡過一岡：邱版、胡版作「一往過一往」。

(21) 尋得鑊：李版作「尋到鑊」。

(22) 慢慢　等：邱版、李版、胡版作「　等」。

(23) 黃版、古版、連版無「堵著屋下姊嫂多……慢慢　等轉家堂。」歌詞與情節。

轉到半路項，聽著幼子噭洋洋(24)。

遽遽解下來(25)，在手上，乳仔(26)掰開(27)揞子食(28)，揞子嚐。

奶仔都食飽(29)，佢都笑洋洋，

子來笑，哀來笑，子哀揙等笑一場。

乳仔都食飽，遽遽揹等在背囊，籃仔　起轉家堂(30)。(31)

---

(24) 噭洋洋：李版作「噭娘娘」。

(25) 遽遽解下來：邱版、李版、胡版作「阿姆解下來」。

(26) 乳仔：邱版、李版作「乳子」。

(27) 掰開：邱版作「解開」。

(28) 揞子食：邱版、李版、胡版作「分子食」。

(29) 奶仔都食飽：邱版、李版、胡版作「子兒就食飽」。

(30) 遽遽揹等在背囊，籃仔　起轉家堂：邱版、李版、胡版作「慢慢　起轉家堂」。

(31) 黃版、古版、連版無「轉到半路項……籃仔　起轉家堂」歌詞與情節。

轉到屋下去屎合尿，屙到阿姆一背囊。

阿姆驚子寒壞，遽遽攬等入間房。第一先換子，正來(32)後換娘。

換得衫褲裙仔好(33)，拐得子兒睡(34)，裙仔衫褲籃仔摜等到河江(35)，

河壩慢慢洗，圳溝慢慢盪，盪得衫褲裙仔淨(36)。

衰過阿姆十隻手指頭(37)，洗到血洋洋。

一身骨節帶虛呆(38)。(39)

---

(32) 正來：邱版、李版、胡版作「再來」。

(33) 換得衫褲裙仔好：邱版、李版、胡版無此句。

(34) 拐得子兒睡：邱版、李版、胡版作「阿姆拐子來睡好」。

(35) 裙仔衫褲籃仔摜等到河江：邱版、胡版作「籃子摜等遽遽到河江」；

李版作「籃子攔等到大河江」。

(36) 盪得衫褲裙仔淨：李版作「盪得衫褲裙子來洗淨」。

(37) 手指頭：邱版、胡版作「手指朒」；李版作「手指」。

(38) 一身骨節帶虛呆：邱版、李版、胡版無此句。

(39) 「轉到屋下去屎合尿……一身骨節帶虛呆」：古版、連版無此段唱詞與情節；黃版則作「子兒來下世，阿姆笑洋洋。阿姆又愛煮三餐，貴子又愛來洗盪，將到　个子，揹等阿姆个背囊，衫褲籃子攔等到河江，河壩慢慢洗，水溝慢慢盪。盪得衫褲淨，衰過阿姆十隻手指，洗到血洋洋。」

衫褲裙仔洗得好(40)，攔等轉(41)，壁項慢慢披(42)，竹篙慢慢晾。
晾得衫褲裙仔好，阿姆肚屎枵到變背囊，大腸枵到(43)變小腸。
添著一碗飯仔想愛食(44)，又聽子兒(45)噭洋洋(46)。
左手牽子愛來拐，右手牽子愛來騙(47)；騙(48)得子兒恬，阿姆該碗飯仔冷過霜，冷菜冷飯食落肚(49)，阿姆冷肚合冷腸。(50)

---

(40) 洗得好：邱版、李版作「來洗好」。

(41) 攔等轉：邱版、李版、胡版作「攔等轉家堂」。

(42) 壁項慢慢披：邱版、李版、胡版作「轉到屋下壁項慢慢披」。

(43) 枵到：李版、胡版作「餓到」。

(44) 想愛食：李版作「想來食」。

(45) 子兒：邱版、李版、胡版作「幼子」。

(46) 噭洋洋：李版、胡版作「噭娘娘」。

(47) 左手牽子愛來拐，右手牽子愛來騙：邱版、李版、胡版作「左手牽子愛來騙，右手牽子愛來拐」。

(48) 騙：邱版、李版、胡版作「拐」。

(49) 食落肚：邱版、胡版作「食落阿姆肚」。

(50) 左手牽子愛來拐……阿姆冷肚合冷腸：古版、連版無此段唱詞與情節；黃版作「衫褲洗好，遽遽　愛轉家堂。衰過阿姆个肚屎枵，強強變背囊。想愛添著一碗飯想愛嚐，聽著　子噭洋洋，先將子解下，分子食飽，子兒笑洋洋，子來笑，哀來笑，子哀摎等笑一場。」

> 降子毋知娘辛苦，降女正知娘難當。
>
> 爺娘想子長江水，子想爺娘無擔竿長。
>
> 毋信但看(51)河江水，流下無流上。
>
> 僑僑(52)愛做人子女，僑僑愛做人爺娘。
>
> 世間上(53)，廳下交椅輪流坐，霜雪(54)輪流當。(55)

(51) 但看：李版作「來看」

(52) 僑僑：邱版、李版、胡版、古版、連版作「大家」。

(53) 世間上：邱版、李版、胡版、古版、連版無此三字。

(54) 霜雪：邱版、李版、胡版、古版、連版作「富貴」。

(55) 降子毋知娘辛苦……霜雪輪流當：黃版歌詞與情節。

> 在生各人愛行孝老爺娘(56)，還生割得半斤四兩落哀肚(57)，當過死忌門前拜大豬羊。豬羊較大副，無看著阿姆轉來食，靈前果子(58)件件有，無看阿姆嚐(59)。降著有孝子，還有目的(60)；降著不孝子，較輸屙屎落屎缸(61)。(62)

(56) 在生各人愛行孝老爺娘：邱版、胡版作「奉勸大家愛來行孝順」；李版無此句。

(57) 還生割得半斤四兩落哀肚：邱版、李版、胡版作「在生割了半斤豬肉落哀肚」。

(58) 果子：邱版作「果作」

(59) 無看阿姆嚐：邱版、李版、胡版作「無看阿姆轉來嚐」

(60) 還有目的：邱版、李版、胡版作「阿姆就有目的」

(61) 較輸屙屎落屎缸：邱版作「毋當屙屎落屎缸」；李版、胡版作「枉費阿姆來撫養」。

(62) 在生各人愛行孝老爺娘……較輸屙屎落屎缸：黃版作「降著有孝子，還較得；降著不孝子，枉費為哀辛苦一場」；古版、連版作「降著有孝子，阿姆就有目的；降著不孝子，枉費阿姆來撫養」。

> 再來奉勸世上人，爺娘面前愛孝心；
>
> 食娘身上心頭血，養　長大得成人，

> 若係此恩不報答，枉為來做世間人，
>
> 二來奉勸父母人，做人爺哀愛平心，
> 個個都係身下落，一定毋好各樣心，
> 爺娘心肝不平等，兄弟一定不和心。(63)

(63) 再來奉勸世上人……兄弟一定不和心：各版和楊版差異頗大。

邱版作「再來奉勸世間人，做人子女愛孝心；為人細子毋行孝，枉來世間來做人。老妹奉勸大家人，愛知父母恩義深；細細食娘身上血，苦心養大得成人。」

李版、連版作「老妹奉勸世間人，做人子女愛孝心；為人子女毋行孝，仰般世間來做人？再來奉勸大家人，愛知爺娘恩義深；細細食娘身上血，苦心養大得成人。」

胡版版作「愛來奉勸世間人，做人子女愛孝心；為人子女毋行孝，仰般世間來做人？老弟奉勸大家人，愛知父母恩義深；細細食娘身上血，苦心養大得成人。」

黃版作「一來奉勸世間人，做人子女愛孝心；為人子女毋行孝，枉費世間來做人！」

古版版作「愛來奉勸世間人，做人子女愛孝心；為人子女毋行孝，仰般世間來做人？老弟奉勸大家人，愛知父母恩義深；細細食娘身上血，苦心養子得成人。」

綜上所述，楊版雖是目前市面上〈娘親渡子〉成型的界碑，許多歌者多照她的歌詞演唱，稱之為〈娘親渡子·繁版〉（最大不同是有「上山採豬食、半路餵奶的情節」）；不過也有許多人是採用類似陳火添〈娘親渡子〉歌詞，稱之為〈娘親渡子·簡版〉。茲將此兩類概列如後：

〔表 5-1〕〈娘親渡子〉各版本內容長短對照表

娘親渡子	演 唱 者	歌詞字數	演唱時間長渡	備　　註
繁版	楊玉蘭	約 1190	約 12 分 40 秒	
	邱玉春	約 1149	約 14 分 22 秒	
	李秋霞	約 1264	約 15 分 23 秒	
	胡泉雄	約 1204	約 12 分 26 秒	

簡版	黃鳳珍	約 554	約 8 分 24 秒	
	古華光	約 696	約 11 分	
	連仁信	約 687	約 10 分 46 秒	
	邱玉春	約 881	約 10 分 20 秒	

　　可見繁版的字數幾乎是簡版的兩倍，不過歌唱的時間並沒有變爲兩倍，那是因爲多出的情節剛好是用【什唸子】在敘述，【什唸子】類似【流水】，速度比一般的【平板】（又稱【採茶調】或【改良調】）較快，故字數和歌唱的時間不一定要成正比。目前在臺灣客家表演藝術界，凡是唱〈娘親渡子〉時，要唱繁版或簡版，完全視表演時間長短以及歌唱者的偏好而定。

三、標音及解釋

```
loiˇ ngiong qinˊ na tu li ziiˋ qiu he loiˇ kuˋ nanˇ dongˊ ni i
來   娘    親  na 渡 li 子  就  係 來  苦  難   當  ni i，
gienˊ nanˇ qiuˊ xinˊ na kuˋ enˊ ge io ngiongˇ a
艱    難   就  辛  na 苦     个 io 娘   a；
ngiˇ du hanˇ se io qiu teuˇ na seuˊ a ngiagˋ iu na tung a
你  都 還  細 io 就  頭  na 燒  a 額  又 na 痛  a，
jiˇ jiˇ io loiˇ lag o lag a do tienˊ lio gongˊ a
吱  吱 io 來  瀝 o 瀝 a 到 天   lio 光  a。
```

解釋：母親帶子眞是辛苦哇！我們的娘爲了撫養子女可說歷盡千辛萬苦。孩子小時常常生病，往往整夜吵鬧不休，使得母親一夜到天亮都不得安寧。

```
ngiongˇ qinˊ tu ziiˋ qiu kuˋ nanˇ dongˊ
娘    親  渡 子  就  苦  難   當，
gienˊ nanˇ xinˊ kuˋ qiu enˊ ge ngiongˇ
艱    難   辛  苦  就    个 娘；
samˊ zeuˊ qidˋ ngidˋ qiu moˇ nen siid
三    朝   七   日   就  無  乳 食，
```

bu╱ bu╱ ia ia qiu hong hi╲ loi╱ oi cii tong╱
夜　夜　就　趷　起　來　愛　飼　糖。

解釋：母親照顧子女真是辛苦哇！我們的娘為了撫養子女可說歷盡千辛
萬苦。嬰兒剛生下來，遇到奶水不足時，常常要將米和糖和在一起做成漿或
糊來餵孩子，可說是日日夜夜都不得休息。

a╱me╱ ge du╲ sii╲ tai
阿姆　个　肚　屎　大，
hong╱ lu qiu long╱ pong╱ loi╱ iu long╱ pong╱
行　路　就　閬　碰　來　又　閬　碰，
co╱ded╲ go╱ loi╱ giang╱ pa qiu do mag zon╲
坐　得　高　來　驚　怕　就　倒　　　轉，
co╱ded╲ ai╲ loi╱ giang╱ pa qiu vud╲ nui song╱
坐　得　矮　來　驚　怕　就　搵　內　傷。
seu╱ ge du m╱gam╲ siid
燒　个　都　毋　敢　食，
lang╱ ge qiu m╱ gam╲ song╱
冷　个　就　毋　敢　嚐。

解釋：母親懷孕時大腹便便，走起路來多所不便，坐得高擔心會倒栽蔥，
坐得低又擔心會內傷，以致壓迫到肚裡的孩子。熱的食物不敢吃，冷的東西
也不敢嚐。

siib ngied qiu fai╱ toi╱ sii╱ngiong╱ xin╱ ku╲
十　月　就　懷　胎　斯　娘　辛　苦，
zii╲ i╱qiu oi ha╱ se
子　兒　就　愛　下　世，
a╱me╱ ge du╲ sii╲ tung
阿姆　个　肚　屎　痛，
ziin╱ qiong ngin╱ li do╱ loi╱ god╲ du╲
真　像　人　利　刀　來　割　肚，

ko\ bi\ qiu li jien\ me loi\ jien\ cong\
可　比　就　利剪　乜　來　剪　腸。
zoi hong tied\ dang/ qiu ngau/ ded\ ton/
嘴　項　鐵　釘　就　咬　得　斷，
giog\ zog\ ge pi/ hai/ me dam\ ded\ con/
腳　著　个　皮　鞋　乜　蹬　得　穿，
ti ha/ qiu mo/ mun/ du kiong/ oi zon
地下　就　無　門　都　強　愛　鑽，
tien/ song mo/ ngad\ du kiong/ oi song/
天　上　無　囓　都　強　愛　上。

解釋：辛苦的母親懷孕十個月，總算期滿要臨盆，孩子要出生了，母親開始陣痛。陣痛的痛楚，就像那利刀割肚、利剪剪腸，痛苦萬分。如果嘴中有鐵釘將會被咬斷，腳穿的繡花鞋也會被踢破。地下無門硬是要鑽下去，天上無階梯也想爬上去。

iu/ fug\ fu/ ngin/ qiu loi/ giung zii\
有　福　夫　人　就　來　降　子，
ded\ ngin/ qiu gie/ jiu\ hiong/
得　人　就　雞　酒　香；
mo/ fug\ fu/ ngin/ qiu loi/ giung zii\
無　福　夫　人　就　來　降　子，
ded\ ngin/ ge xi kuai biong/
得　人　个　四　塊　枋。
a/ me/ na giung zii\
阿　姆　若　降　子，
qin/ qiong ngin/ ngie gung/ iu/ vog biag\
親　像　人　蟻　公　游　鑊　壁：
iu/ ded\ go qiu en/ ge fo
游　得　過，就　个　貨；
iu/ m/ go a/ me/ qiu voi hi gien ngiam/ vong/
游　毋　過，阿　姆　就　會　去　見　閻　王。

zii丶	i∨	qiu	ha∨	nam∨	（se）	le∨
子	兒	就	下	男	（世）	了,
diam丶	diam丶	siid	ngiong∨	siin∨	song	ge	xim∨	teu∨	hied丶
點	點	食	娘	身	上	个	心	頭	血。
id丶	ngid丶	sii∨	siid	ngiong∨	sam∨	kab丶	nen
一	日	斯	食	娘	三	合	乳,
sam∨	ngid丶	du	siid	ngiong∨	qiu	giu丶	kab丶	jiong∨
三	日	都	食	娘	就	九	合	漿。

解釋：有福的夫人順利產子，可以安然地坐月子，享用麻油雞酒補身子；無福的夫人生產，往往是難產而賠掉一條命，只落得四塊木材合成的棺木罷了。母親生子，猶如螞蟻游鍋壁，游得過，則可找到食物飽餐一頓；失敗了，則會一命嗚呼見閻王。嬰兒生下後，所喝的奶水都是母親的心血化成的，一日吃娘三合奶，三日吃娘九合漿。

du∨	do丶	qiu	vug丶	ha∨	zii丶	so丶	do∨
堵	著	就	屋	下	子	嫂	多,
ia	he	loi∨	su丶	giog丶	seu丶
也	係	來	手	腳	少,
iu	oi	ceu∨	iu	oi	co丶
又	愛	樵,	又	愛	草,
iu	oi	qiu	fan∨	su∨	zu∨	coi	qiu	zon丶	ga∨	tong∨
又	愛	就	番	薯	豬	菜	就	轉	家	堂。
ba∨	lam∨	kai∨	lui∨	me	song∨	san∨	gong∨
揹	籃			乜	上	山	岡,
jiong∨	do丶	iu	zii丶	qiu	ba∨	den丶	loi∨	cai	boi	nong∨
將	著	幼	子	就	揹	等	來	在	背	囊,
lam∨	e丶	qiu	loi∨	kai∨	den丶
籃	仔	就	來		等,
id丶	san∨	go	id丶	san∨	loi∨	id丶	gong∨	qiu	go	id丶	gong∨
一	山	過	一	山,	來	一	岡	就	過	一	岡。

qim∕	iu∕	ge	fan∕	su∕	zu∕	coi	qiu	lam∕	du╲	zong∕	
尋	有	个	番	薯	豬	菜	就	籃	肚	張，	
qim∕	ded╲	la	man	man	qiu	kai∕	den╲	oi	loi∕	zon╲	ga∕ tong∕
尋	得	罅，	慢	慢	就		等	愛	來	轉	家 堂。

解釋：遇到家裡妯娌多，或是人手不夠時，往往又要柴火，又要乾草，又要摘取番薯、豬食回家。揹著籃子，挑著茶簍也要上山去。所以，只好將幼子揹在背上，挑著籃子，一山過一山，一岡過一岡。找有番薯、豬食就放在籃內，找夠了，就慢慢地挑著回家去。

zon╲	do	qiu	ban	lu	hong			
轉	到	就	半	路	項，			
tang∕	do╲	iu	zii╲	loi∕	gieu	iong∕	iong∕	
聽	著	幼	子	來	噭	洋	洋。	
giag╲	giag╲	qiu	gie╲	ha∕	loi∕	cai	su╲	song
遽	遽	就	解	下	來，	在	手	上，
nen	e╲	bien╲	koi∕	qiu	em∕	zii╲	siid	qiu loi∕ em∕ zii╲ song∕
乳	仔	揙	開	就	揞	子	食，	就 來 揞 子 嗜。
nen	e╲	du	siid	bau╲	zii╲	a	gi∕ du seu iong∕ iong∕
乳	仔	都	食	飽，	子	啊	佢 都 笑 洋 洋，
zii╲	loi∕	seu	oi∕	loi∕	seu			
子	來	笑，	哀	來	笑，			
zii╲	oi∕	nam╲	den╲	loi∕	seu	id╲	cong∕	
子	哀	揇	等	來	笑	一	場。	
nen	e╲	du siid bau╲	giag╲	giag╲	qiu	ba∕	den╲ loi∕ cai boi nong∕
乳	仔	都 食 飽，	遽	遽	就	揹	等 來 在 背 囊，
lam∕	e╲	kai∕	hi╲	giag╲	giag╲	zon╲	ga∕	tong∕
籃	仔	起		遽	遽	轉	家	堂。

解釋：回到半路上，聽到幼子哭個不停，就趕快把孩子解下來，在手上，翻開乳房哄子食，哄子嗜。食飽後，孩兒笑嘻嘻。子笑，母笑，母子抱著笑一場。奶吃飽了，快快將子揹在背上，挑起籃子回家去。

zon丶 do sii╰ vog丶 ha╱ hi sii丶 gag丶ngiau
轉　　到　斯 屋　 下　去 屎　 合　尿，

o╱do qiu a╱me╱ sii╰id丶 boi ngong╰
屙 到　就　阿姆　　斯 一　背　囊。

a╱me╱ qiu giang╱ zii╰ loi╰ hon╰ fai
阿姆　　就 驚　　子　來　寒　壞，

giag丶 giag丶 nam丶 den丶 ngib gien╱ fong╰
遽　　遽　　摘　　等　入　間　房。

ti id丶 qiu xien╱ von zii丶
第一　　就先　換　子，

zang loi╰ heu von ngiong╰
正　來　後 換　娘。

von ded丶 sii╰ sam╱ fu du kiun╰ e丶ho丶
換 得　　斯 衫　褲　都 裙　仔 好，

guai丶 ded丶 qiu zii丶 i soi
拐　　得　　就 子 兒 睡，

kiun╰ e丶sii╰sam╱ fu sii╰lam╰ e丶 kuan den丶oi hi qiu do ho╰gong╰
裙　仔 斯 衫 褲 斯　籃 仔 攌　等 愛 去 就到 河 江，

ho╰ba qiu man man se丶
河　壩　就　慢　慢 洗，

zun gieu╱ qiu man man tong╰
圳 溝　　就 慢　慢 盪，

tong╰ded丶 qiu sam╱ fu du kiun╰ e丶qiang
盪　得　　就 衫　褲　都 裙　仔 淨。

coi╱go a╱me╱ siib zag丶sii╰ su丶 zii丶 teu╰
衰　過 阿姆　十　隻　斯 手　指　頭，

se丶 do qiu hied丶iong╰ iong╰
洗　到　就 血　洋　　洋。

id丶 siin╱ gud丶 jied丶 qiu dai hi╱ ngoi╰
一　身　骨　節　　就 帶　虛　呆。

解釋：回到家裡，屎尿屙得母親整背都是。母親擔心孩子受涼，於是趕緊抱子入房間。先替子換衣衫，孩子換好後，娘才換下自己的髒衣服。換好衣褲裙子，拐得孩子入睡後，裙子衣褲裝入籃中，提著籃子又匆匆來到河邊，河水慢慢洗，溝中慢慢沖。等到衣褲裙子洗乾淨時，可憐的母親十隻手指頭已是皮開肉綻、血淋淋，全身的筋骨好像都虛脫，手腳也被凍得不靈光了。

sam´ fu kiun∨ e` du se` ded` ho` ，kuan den` zon`
衫　褲　裙　仔　都　洗　得　好，　摜　等　轉，

biag` song qiu man man pi´，zug` go´ loi∨ man man lang∨
壁　上　就　慢　慢　披，竹　篙　來　慢　慢　晾。

lang∨ ded` ge sam´ fu kiun∨ e` ho`
晾　得　个　衫　褲　裙　仔　好，

a´ me´ ge du` sii` qiu iau´ do loi∨ bien boi ngong∨
阿　姆　个　肚　屎　就　枵　到　來　變　背　囊，

tai cong∨ iau´ do qiu bien seu` cong∨
大　腸　枵　到　就　變　小　腸。

tiam´ do` id` von` fan e` du xiong` oi siid
添　著　一　碗　飯　仔　都　想　愛　食，

iu tang∨ zii` i´ du gieu iong∨ iong∨
又　聽　子　兒　都　噭　洋　洋。

zo` su` qiu kien´ zii` oi loi∨ guai`
左　手　就　牽　子　愛　來　拐，

iu su` kien´ zii` qiu oi loi∨ pien
右　手　牽　子　就　愛　來　騙；

pien ded` qiu zii` i´ diam´
騙　得　就　子　兒　恬，

a´ me´ ge von` fan e´ qiu lang´ go song´
阿　姆　該　碗　飯　仔　就　冷　過　霜，

lang´ coi lang´ fan qiu siid log du`
冷　菜　冷　飯　就　食　落　肚，

en↗ ge a↗ me↗ lang↗ du↘ qiu gag↘ lang↗ cong↗
个 阿 姆 冷 肚 就 合 冷 腸。

解釋：衣褲裙子洗好，提回家，壁上慢慢披，竹竿慢慢晾。晾好衣褲裙子，母親已是飢腸轆轆，好像肚子變成了背部，大腸變成了小腸一般。於是裝了一碗飯想要吃，誰知又聽到孩子哭啼啼。只好左手牽子來哄，右手牽子來騙；哄得孩子安靜時，母親的那碗飯已是冷過霜。勉強將冷菜冷飯吃下肚，母親可說是肚冷腸也冷。

giung zii↘ qiu m↗ di↗ ngiong↗ xin↗ ku↘
降 子 就 毋 知 娘 辛 苦，
giung ng↘ qiu zang di↗ sii↗ ngiong↗ nan↗ dong↗
降 女 就 正 知 斯 娘 難 當。
ia↗ ngiong↗ xiong↘ zii↘ qiu cong↗ gong↗ sui↘
爺 娘 想 子 就 長 江 水，
zii↘ xiong↘ ia↗ ngiong↗ mo↗ gi↗ dam gon↗ cong↗
子 想 爺 娘 無 支 擔 竿 長。
m↗ xin qiu tan kon ho↗ gong↗ sui↘
毋 信 就 但 看 河 江 水，
lui↗ ha↗ qiu mo↗ lui↗ song↗
流 下 就 無 流 上。
zung↘ he sa↗ sa↗ oi zo qiu ngin↗ zii↘ ng↘
總 係 儕 儕 愛 做 就 人 子 女，
sa↗ sa↗ oi zo qiu ngin↗ ia↗ ngiong↗
儕 儕 愛 做 就 人 爺 娘。
se gien↗ song，tang↗ ha↗ ge gau↗ i↘ sii↗ lun↗ liu↗ co↗
世 間 上，廳 下 个 交 椅 斯 輪 流 坐，
song↗ xied↘ qiu lun↗ liu↗ dong↗
霜 雪 就 輪 流 當。

解釋：兒子往往無法體會娘親的辛苦，生女兒，她就能眞正知道爲娘的艱辛。爺娘爲子女的付出有如長江之水源遠流長；子女回報爹娘的恩情往往

連扁擔的長度都比不上。若是不信，可看看那江河的水，只有往下流，沒有一條是逆流而上的。人人有機會做人子女，人人有機會當別人的爹娘。世間的法則，客廳的交椅是輪流坐，霜雪也會輪流當。

cai sang✓	gog✓	ngin✓	oi	hang✓	hau	lo✓	ia✓	ngiong✓	
在 生	各	人	愛	行	孝	老	爺	娘，	

han✓ sang✓ god✓ ded✓ qiu ban gin✓ xi liong✓ qiu log oi✓ du✓
還 生 割 得 就 半 斤 四 兩 就 落 哀 肚，

dong go xi✓ ted✓ mun✓ qien✓ bai ge qiu tai zu✓ iong✓
當 過 死 忒 門 前 拜 个就 大 豬 羊。

zu✓ iong✓ qiu ka tai fu
豬 羊 就 較 大 副，

mo✓ kon do✓ a✓ me✓ zon✓ loi✓ siid
無 看著 阿 姆 轉 來 食，

lin✓ qien✓ ge go✓ zii✓ sii✓ kien kien iu✓
靈 前 个 果 子 斯 件 件 有，

iu me qiu mo✓ kon a✓ me✓ song✓
又 乜就 無 看 阿 姆 嚐。

giung do✓ qiu iu✓ hau zii✓，iu han✓ iu✓ mug✓ did✓
降 著 就 有 孝 子，又 還 有 目 的；

giung do✓ ge bud✓ hau zii✓，ka su✓ qiu o✓ a sii✓ log sii✓ io gong✓ a
降 著 个 不 孝 子，較 輸 就 屙 a屎 落 屎 io缸 a。

解釋：活著時，每個人要孝順老爹娘，父母在世時，買半斤或四兩肉給母親吃，勝過母喪時，才在門前拜大豬大羊。就算豬羊如何的大副，也沒看到母親回來吃。靈前的水果各式各樣都有，也沒看到母親回來嚐。養到孝子，還有目的，不會白費心血；生到不孝子，還不如屙屎入糞缸。（意指乾脆俐落，不必勞心勞力，又無後遺症。至少糞便還可施肥，不孝子卻毫無價值。）

zai loi✓ qiu fung o kien na on✓ do qiu se song ngin✓ na
再 來 就 奉 o 勸 na 安 到 就 世 上 人 na，

en ge ia ngiong lio mien no qien na oi hau ua xim ma
　 个 爺 娘 　 lio 面 no 前 　 na 愛 孝 ua 心 ma；
siid ngiong lio qiu lio siin na song na gi ge du xim teu hied le
食 娘 　 lio 就來 　 身 na 上 na 佢 个 都 心 頭 血 le，
iong en no zong a tai ia ded siin io ngin na
養 　 　 no 長 a 大 ia 得 成 io 人 　 na，
na he io loi cii na en na bud o bo dab lio
若 係 io 來 此 na 恩 na 不 o 報 答 　 lio，
vong vi qiu loi na zo o se gien no ngin na
枉 爲 就 來 na 做 o 世 間 　 no 人 　 na，
ngi loi lio fung a kien zo ngin ge fu mu ngin na
二 來 　 lio 奉 a 勸 做人 个 父 母 人 　 na，
zo ngin qiu ia na oi io oi piang na xim ma
做 人 　 就 爺 na 哀 io 愛 平 　 na 心 ma，
ge ge loi du uo he en ge siin ha log o
個 個 來 都 uo 係 　 　 个 身 下 落 o，
id tin no m mo ho gog iong io xim ma
一 定 no 毋 mo 好 各 樣 io 心 ma，
ia iong o xim ma gon bud pin lio den na
爺 娘 o 心 ma 肝 不 平 lio 等 na，
hiung ti io id no tin bud fo lio xim ma
兄 弟 io 一 no 定 不 和 lio 心 ma。

解釋：再來奉勸世間人，爺娘面前要孝心；我們都是吃娘身上的奶水，靠著爹娘的撫養，才能長大成人，若是此恩不報答，就枉爲世間人，二來奉勸做父母的，做人父母要公平，個個子女都是我們所親生，一定不要偏心，若是爹娘本身有偏心，兄弟一定會不和睦。

四、歌者音韻特色

〈娘親渡子〉是屬於臺灣北部的勸世文說唱，照理說應該完全遵照臺灣北部的四縣腔去演唱。事實上，「時有古今，地有南北，人有雅俗。」每位歌者的發音聲韻不盡相同。茲分成聲符、韻特色以探討之。

（一）聲符特色

首先先列出客語聲母表，以及各歌者實際發音的一些例字，以便比較各歌者聲母發音特色。

〔表 5-2〕**客語聲母表**〔註4〕

發音方法 發音部位	塞　音		塞　擦　音		鼻　音	邊　音	擦　　音	
	清　音		清　音		濁　音	濁　音	清　音	濁　音
	不送氣	送　氣	不送氣	送　氣				
雙　唇	b 兵班	p 盤偏			m 滿免			
唇　齒							f 反火	v 橫翁
舌尖中	d 端斗	t 段桃			n 暖難	l 來樓		
舌尖前			z 走贊	c 坐窗			s 沙蘇	
舌尖面			zh 照戰	ch 穿齒			sh 舍書	rh 野容
舌　根	g 該久	k 開舊			ng 疑我			
喉							h 漢喜	φ 安歐

1. 有關 z-、zh-

〔表 5-3〕〈娘親渡子〉歌者聲母「z-、zh-」發音分析表

	朝	轉	眞	著	正	圳	隻	竹	張	指
楊版	zheu	zhon	zhin	zhog	zhang	zhun	zhag	zhug	zhong	zhi
邱版	zheu	zhon	zhin	zhog	zhang	zhun	zhag	zhug	zhong	zhi
李版	zeu	zon		zog	zang	zun		zug	zong	zii
胡版	zeu	zon	ziin	zog		zun	zag	zug	zong	zii
黃版		zon		zog			zag			zii
古版	zeu	zon	jin		zang					
連版	zeu	zon			zang					

〔註4〕古國順等著：《客語發音學》（臺北：五南圖書出版股份有限公司，2004 年 2 月），頁 27。

根據古國順、何石松的說法：「一般的四縣腔缺舌尖面音 zh-、ch-、sh-、rh- 四個聲母，併入舌尖前 z、c、s 及 ∅ 中。」〔註5〕從以上的例字可知，楊版、邱版雖然唱的是四縣腔，但是 z- 幾乎都發 zh-，是因爲楊玉蘭爲新竹縣關西人、邱玉春爲新竹縣橫山鄉人。她們的母語皆爲海陸腔，所以在唱四縣歌時，聲符會受海陸腔影響是很自然的。其它版本都是唱 z-。

2. 有關 c-、ch-

〔表5-4〕〈娘親渡子〉歌者聲母「c-、ch-」發音分析表

	飼	腸	穿	長	成	場
楊版	ci	chong	chon	chong	shin	chong
邱版	qi	chong	chon	chong	shin	chong
李版	ci	cong	con	cong	siin	cong
胡版	qi	cong	con	cong	siin	cong
黃版			con			cong
古版	ci		con			
連版	cii	cong	con	cong		

楊版、邱版的 c- 都唱成 ch-，其他版本仍唱 c-。

3. 有關 s-、sh-

〔表5-5〕〈娘親渡子〉歌者聲母「s-、sh-」發音分析表

	燒	食	屎	傷	嗇	世	上	手	豬	睡	十	水	順
楊版	sheu	shid	shi	shong	shong	she	shong	shiu	zhu	shoi	shib	shui	shun
邱版	sheu	shid	shi	shong	shong	she	shong	shu	zhu	shoi	shib	shui	shun
李版	seu	siid	sii	song	song	se	song	su	zu	soi		sui	sun
胡版	seu	siid		song	song	se	song	su	zu	soi		sui	sun
黃版	seu	siid	shi	song	song	se	song					sui	
古版	sheu	siid	sii		song	sii、se						sui	sun
連版	seu	siid	sii	song	song	se、sii	song					sui	sun

〔註 5〕 古國順等著：《客語發音學》，頁 27。

4. 有關 φ−、rh−

〔表 5-6〕〈娘親渡子〉歌者聲母「φ−、rh−」發音分析表

	夜	又	兒	游	洋	右	椅	爺	有	養	一	羊
楊版	rha	iu	rhi	rhiu	rhong	rhiu	rhi	ia	rhiu	rhong	rhid	rhong
邱版	rha	rhiu	rhi	rhiu	rhong	rhiu	rhi	rha	rhiu	rhong	rhid	rhong
李版	rha	iu	i	iu	iong	rhiu	i	ia、rha	iu	iong	id	rhong
胡版	ia	iu	i	iu		iu	i	ia	iu	iong	id	iong
黃版		iu	rhi	iu	iong				iu		id	
古版	rha	iu		iu			i	rha	iu、rhiu	iong	id	iong
連版	ia	iu		iu			i	ia	iu	iong	id	iong

5. 有關 ji−、qi−、xi−

　　客語的剪、親、辛的聲母是 z、c、s，因為都有个音 i，可記成 zien、cin、sin，從下表中可知一般歌者大都發舌尖前音，只有胡版較一致地發舌面的 jien、qin、xim。

〔表 5-7〕〈娘親渡子〉歌者聲母「ji−、qi−、xi−」發音分析表

	親	心	辛	剪	盡	就	地	交
楊版	cin	sim	sin	zien	cin	ziu、ciu		gau
邱版	qin	xim	xin	zien	cin	ziu、ciu		gau
李版	cin	sim	sin	zien	cin			
胡版	qin	xim	xin	jien	qin			
黃版		sim	sin			jiu		
古版	cin	sim	sin	zien	jin	jiu	di	go
連版	cin		sin	zien	cin			

　　又「盡」字有 jin、cin 兩音；「就」字有 jiu、ciu 兩音，可見塞擦清音 ji−、ci− 有些人有混用現象。「地」字一般人用 ti，而古版唱 di，也是比較特殊的現象。

　　徐貴榮〈台灣客語詞彙分析——以《現代客語詞彙彙編》爲例〉〔註6〕的研究，臺灣客語次方言四縣腔和海陸腔聲母最大的差異是：

1. 古「知精莊章」組，四縣話混讀如精組；海陸分「精莊」、「知章」二組。

聲紐 例字	精		莊		知		章	
	借	卒	楚	曬	轉	陣	遮	屎
四縣	jia	zud ˋ	cu ˋ	sai	zon ˋ	ziin	za ˊ	sii ˋ
海陸	zia ˇ	zud	cu ˊ	sai ˇ	zhon ˊ	chin ＋	zha ˋ	shi ˋ

2. 影組四縣今讀無聲母 φ-，海陸讀舌葉音 rh。

聲紐 例字	影	云	以
	醫	有	搖
四縣	i ˊ	iu ˊ	ieu ˇ
海陸	rhi ˋ	rhiu ˋ	rhiau

　　唱客家山歌有一不成文規定「四縣山歌海陸齋」〔註7〕，也就是說唱山歌、戲曲原則上要用四縣腔；做法事、誦經要用海陸腔發聲。觀察歌者在演唱〈娘親渡子〉時，雖是用四縣腔的聲調，但是他們的「知精莊章」組，往往是四縣、海陸混讀。例如「轉」，楊版、邱版唱 zhon ˋ；李版、胡版、黃版、古版、連版唱 zon ˋ，可見楊版、邱版是用海陸聲母、四縣聲調，即是一般學者所說的【四海腔】。又如「眞」字，屬於「知」紐，胡版唱 ziin ˊ，四縣音；楊版、邱版唱 zhin ˊ，海陸音；到了古版竟然讀如「精」紐，讀 jin ˊ。

〔註6〕 徐貴榮：〈台灣客語詞彙分析——以《現代客語詞彙彙編》爲例〉，《2010 第一屆「客家文化傳承與發展」學術研討會》論文集（桃園龍潭：新生醫護管理專科學校，2010 年 5 月 3 日），頁 92～121。

〔註7〕 四縣山歌海陸齋：據鄭榮興說法，客家系統的喪葬法事，若用釋教的科儀進行稱爲「誦經」，屬較靜態的方式，按正常流程進行，七天爲一週期。若用「海陸字」的唱法進行科儀稱爲「做齋」，其聲腔音樂較接近海陸山歌，故在臺灣的客家地區流行「四縣山歌海陸齋」的說法，又因其穿插戲曲等表演形式，屬動態模式，其音樂旋律亦與誦經不相同。臺灣北部的齋教在客家有兩大類，一是專業的從業者，屬於「壇」的傳承系統；另一則是「鼓山派」的傳承系統。現今職業的壇，以喪事超度亡者的做齋科儀法事爲主。鼓山派一般又稱之爲「外江」，在臺北一帶專走佛寺路線，可算是誦經團的祖師爺。

又「影組」，也只有胡版、連版是讀 $\phi-$，其他人也是 $\phi-$、rh－混用。

（二）韻母特色

〈台灣客語詞彙分析——以《現代客語詞彙彙編》為例〉研究指出：

1. 蟹攝開口見母四縣讀 oi，二、四等讀 ie，海陸部分字讀 ai；合口幫非曉組一、三、四等四縣部分讀 i，海陸讀 ui；以及二等「話」四縣讀 fa，海陸讀 voi。如：

等 例字	開一 改	開二 戒	開四 雞	合一 杯	合一 回	合二 話	合三 廢	合三 衛	合四 惠
四縣	goiˋ	gie	gieˊ	biˊ	fiˇ	fa	fi	vi	fi
海陸	gaiˊ	gaiˇ	gaiˋ	buiˋ	fui	voiˋ faˇ	fuiˇ	Vui＋	fui＋

按：各歌者在唱「得人个雞酒香」開四的「雞」字，一律唱 gieˊ，無人唱 gaiˋ；又「解」，歌者全部唱 gieˋ，無人唱 gaiˋ，故他們的韻母全都是是四縣腔。另外，合三的「費」，連版、胡版唱 fi，發四縣韻母；邱版、李版、黃版則唱 fui，發海陸韻母。

2. 開口止攝三等知章組，止、深、曾、梗（文讀）等五攝的主要元音，四縣讀高央元音 ii，海陸讀高前元音 i。如：

攝 聲紐	止 知	止 章	深 知	深 章	臻 知	臻 章	曾 知	曾 章	梗 知	梗 章
例字	智	屎	蟄	針	珍	眞	直	食	貞	正
四縣	ziiˋ	siiˋ	ciid	ziimˊ	ziinˊ	ziinˊ	ciid	siid	ziinˊ	ziin
海陸	zhiˇ	shiˊ	chidˋ	zhimˋ	zhinˋ	zhinˋ	chidˋ	shidˋ	zhinˋ	zhinˇ

按：「屎」字，古版、連版、李版唱 siiˋ；楊版、邱版、黃版唱 shiˋ。「食」，李版、胡版、黃版、古版、連版唱 siid；楊版、邱版唱 shid。可見高中元音 ii 和高前元音 i 混用的情形很普遍。

值得注意的是，「飼」這個字，只有連版是發道地的四縣腔，聲母用 c－，韻母用 －ii，其他版本皆屬海陸發音，韻母都用 －i，變成舌尖前的 ci 或舌面的 qi。

3. 效攝三等及四等，幫精組四縣讀 eu，海陸讀 iau，見曉影組四縣讀 ieu，海陸讀 iau，知章組四縣讀 eu，海陸讀 au。如：

聲紐 例字	幫 苗	精 消	見 轎	曉 曉	影 搖	知 趙	章 燒
四縣	meu ✓	seu ✓	kieu	hieu ˋ	ieu ✓	ceu	seu ✓
海陸	miau	siau ˋ	kiau +	hiau ✓	rhiau	chau +	shau ˋ

按：章組的「燒」字，所有的歌者都是發 eu，沒人發 au。

4. 流攝三等尤韻知章組，四縣讀 u，海陸讀 iu，如：

聲紐 例字	知 抽	章 手
四縣	cu ✓	su ˋ
海陸	chiu ˋ	siu ✓

按：「手」字，邱版唱 shu ˋ，李版唱 su ˋ，楊版唱 shiu ˋ。

由以上大致可得到一小結論：有四縣聲韻與海陸聲韻之別，這是臺灣客語歌謠演唱的特色，從 z–、c–、s–、零聲母及韻母 –i 發音上來論，可分爲：

1. 純四縣發音：胡泉雄和黃鳳珍、連仁信都是苗栗人，故他們是純四縣發音，他們的 zh–、ch–、sh–、rh– 都併入 z–、c–、s– 及零聲母中。例如轉（zon）、場（cong）、燒（seu）；rh 會唱成零聲母，如羊（iong）、有（riu）等。韻母 –i 也會唱成 –ii，如屎（sii）、食（siid）。

2. 純海陸發音：楊玉蘭是新竹關西人，邱玉春是新竹橫山鄉人，故她們是海陸發音，他們對於聲母 z–、c–、s– 時，都會唱成 zh–、ch–、sh–，如轉（zhon）、場（chong）、燒（sheu）；零聲母會唱成 rh–，如羊（rhong）、有（rhiu）等。韻母 –ii 也會唱成 –i，如屎（shi）、食（shid）

3. 有四縣音、有海陸音：李秋霞、古福光、連仁信，他們原是海陸人，他們想唱四縣音，有時候會照顧不周全。例如：李秋霞在唱「爺」字時，有時唱四縣音 ia，有時唱海陸音 rha；「又」唱四縣音 iu、「右」唱海陸音 rhiu。古華光是「夜」唱海陸音 rha、「食」唱四縣音 siid；「有」有時唱四縣音 iu、有時唱海陸音 rhiu。

　　臺灣客家戲曲主要是由何阿文引進至臺灣，他當年主要是在新竹的寶山、北埔開班授徒，其徒弟卓清雲、阿浪旦等大都海陸人；民謠國寶賴碧霞、徐木珍等也是海陸人，故在客家戲曲民謠界操【四海腔】的爲多。並且，臺灣的海陸人大都會說四縣腔，四縣人不見得會說海陸腔，這和臺灣客家戲曲、民謠大都以四縣發音有關，這也是四縣腔成爲臺灣客語主流原因之一。

五、唱本的章法

　　古人寫詩「工於起筆」；寫文章或雄直怪麗、奇峰突起，或潔適茹遠、引人入勝。王驥德《曲律》認爲章法對於戲曲或樂府的重要性就如同工師造宮殿一樣，決不會在沒有任何準備之下貿然施工，他說：

> 作曲，就如造宮室者然。工師之作室也，必先定規式，自前門而廳、而堂、而樓，或三進、或五進、或七進，又自兩廂而及軒寮，以至廩庾、庖湢、藩垣、苑樹之類，前後、左右、高低、遠近，尺寸無不了然於中，而後可施斤斷。〔註8〕

王驥德認爲創作戲曲、樂府之前，一定要有縝密的規劃，如同建造宮室一樣，連具體的尺寸都明明白白，造屋的工作才可開始。「此法，從古之爲文、爲辭賦、爲詩歌者皆然。」〔註9〕可見詩、詞、曲表現手法、寫作技巧是一致的。

　　元北曲作家喬吉把曲的結構比作鳳頭、豬肚、豹尾。意思是說開始要美麗，中間要浩蕩，結尾要響亮。尤其要注意首尾貫穿，內容要清新脫俗。王驥德也認爲「作曲者，必先分段數，以何意起、何意接、何意作中段敷衍、何意作後段收煞，整整在目，而後可施結撰。」〔註10〕

　　綜觀〈娘親渡子〉章法工整，有開篇、正文和結尾，是一相當成熟的作品。〈娘親渡子〉是楊玉蘭把蘇萬松〈報娘恩〉、陳火添〈十月懷胎〉及〈娘親渡子勸世文〉、邱阿專〈十月懷胎〉綜合改編而成的作品，在她之前，尚屬未有完整的結構，如〈報娘恩〉、〈娘親渡子勸世文〉缺結尾；邱阿專〈十月懷胎〉只有「這係你不孝爺哀，雷公敲出腦漿」即草草結束；而楊玉蘭〈娘

〔註8〕　〔明〕王驥德著，陳多、葉長海注：《曲律·論章法》（長沙：湖南人民出版社，1983年9月），頁121～122。
〔註9〕　〔明〕王驥德著，陳多、葉長海注：《曲律·論章法》，頁122。
〔註10〕　〔明〕王驥德著，陳多、葉長海注：《曲律·論章法》，頁122。

親渡子〉以下列的七言 12 句作結：

> 再來奉勸世上人，爺娘面前愛孝心；
> 食娘身上心頭血，養　長大得成人；
> 若係此恩不報答，枉爲來做世間人。
>
> 二來奉勸父母人，做人爺哀愛平心，
> 個個都係身下落，一定毋好各樣心，
> 爺娘心肝不平等，兄弟一定不和心。

一般的臺灣客語說唱大都是七言 4 句或七言 8 句作尾篇，甚少用七言 12 句那麼長的唱詞，更何況楊玉蘭〈娘親渡子〉的開篇只用七言 4 句，尾篇用七言 8 句，就顯得頭輕尾重了。整首歌詞旨在勸子女要知母親渡子之辛苦，長大後要行孝。而最後的七言 6 句「二來奉勸父母人……兄弟一定不和心。」居然勸起做父母的人，和整首唱詞格格不入，有「畫蛇添足」之嫌。

　　一般說來，說唱的開篇和尾篇最好等同份量，例如：黃鳳珍〈娘親渡子〉尾篇：「一來奉勸世間人，做人子女愛孝心，爲人子女毋行孝，枉費世間來做人。」是個不錯的尾篇，七言 4 句總括「勸孝」，和開篇「一想渡子苦難當，艱難辛苦　个娘，還細食娘心頭血，仰得長大報答娘。」不但等重，而且有前後呼應的效果。

第二節　〈娘親渡子〉的修辭

　　竺家寧《語言風格與文學韻律》說：「語言風格學與修辭學不同，修辭學所談的是如何使文章流利生動，以提高其傳達性，其目的在求『美』。語言風格所談的是某人的作品語言『是怎樣的？』並不計較流利生動與否的問題，目的在求『眞』」。〔註 11〕修辭學和語言風格學的著眼點不同，看起來似乎相反，但對於分析文章卻可收相輔相成的效果。本節就從修辭面向來分析〈娘親渡子〉。

　　所謂修辭，乃是依據題旨情境，運用各種語文材料、各種表現手法，來恰當地表現寫說者所要表達的內容的一種活動。修辭法可分爲消極修辭和積極修辭兩類：消極修辭是以明確、通順、平勻、穩密爲標準。科學、法令等解說文所用的方法便是。而積極修辭則是積極地、隨情應景地運用各種表現

〔註11〕竺家寧：《語言風格與文學韻律》（臺北：五南圖書，2001 年 3 月），頁 9。

手法，極盡語言文字的一切可能性，使所說所寫的語言文字，呈現出具體形象及新鮮活潑的動人力量。

　　一個動人的勸世文必備的條件，一是豐富的情感，一是修辭的技巧。茲以楊版為例，〈娘親度子〉的修辭大致有下列幾種：

一、譬喻

　　譬喻是一種「借彼喻此」的修辭法，凡兩件或兩件以上的事物中有類似之點，說話作文中運用「那」有類似點的事物來比方說明「這」件事物的，就叫譬喻。通常是以易知說明難知；以具體說明抽象。使讀者在恍然大悟中驚佩作者設喻之妙，從而產生滿足與信服的快感。譬喻辭格是由「喻體」、「喻依」、「喻詞」三者配合而成的。所謂「喻體」，就是所要說明的事物主體；「喻依」，就是用來比方此一主體的另一事物；「喻詞」，是連接喻體與喻依的詞。〔註12〕

　　喻體、喻依及喻詞三個部分有時會同時出現，這種比喻所用的喻詞是最能夠明顯地表示比喻的字眼，如：好像、如同、彷彿、猶、若、如之類。例如：

　　　　阿姆个肚屎痛，真像_人利刀來割肚，可比_就利剪_乜來剪腸。

母親生產時的苦楚，以「利刀來割肚」、「利剪來剪腸」來比喻。「阿姆介肚屎痛」是喻體，「利刀」、「利剪」是喻依，「真像」、「可比」是喻詞。又如：

　　　　阿姆若降子，親像_人蟻公游鑊壁。

母親生產時的危險，好像熱鍋上的螞蟻一般。「阿姆若降子」是喻體，「蟻公游鑊壁」是喻依，「親像」是喻詞。

　　　　降著个不孝子，較輸_就屙屎落屎缸。

為人母者若生了不孝子，真是令人心寒，倒不如屙屎入糞缸算了，至少大小便還可用來澆菜，對人類多少有點幫助。「降著介不孝子」是喻體，「屙屎落屎缸」是喻依，「較輸」（不如）是喻詞。

　　在〈娘親渡子〉中還有一種「略喻」的情形，所謂「略喻」就是省略「喻

〔註12〕黃慶萱：《修辭學》（臺北：三民書局，1990年12月），頁227～231。黃慶萱將修辭學的內容分為(1)表意方法的調整，包括：感嘆、設問、摩寫、仿擬、引用、藏辭、飛白、析字、轉品、婉曲、誇飾、鬭喻、借代、轉化、映襯、雙關、倒反、象徵、示現、呼告；(2)優美形式的設計：鑲嵌、類疊、對偶、排比、層遞、頂真、回文、錯綜、倒裝、跳脫。

詞」，只有「喻體」和「喻依」的譬喻法。例如：

> 爺娘想子長江水，子想爺娘擔竿長。

爺娘處處爲子女設想就如同長江之水源遠流長，子女報答父母的心意卻如同一支扁擔的短小，類似「誰言寸草心，報得三春暉」的意涵。其中「爺娘想子」、「子想爺娘」爲喻體；「長江水」、「擔竿長」爲喻依。省略好像、如同、彷彿、猶、若、如之類的「喻詞」。

二、借代

所說的事物縱使與其它事物沒有類似點，但只要事物中間還有不可分離的關係時，便可借那關係事物的名稱，來代替所說的事物。例如：

> 有福夫人_{就來}降子，得人_就雞酒香；無福夫人_{就來}降子，得人_个四塊枋。

以「雞酒香」替代婦女生產順利，母子平安，得以安心的坐月子，吃麻油雞。以「四塊枋」替代棺材，意指婦女若是生育不順，難產而死，只有落得得一付棺木的悲慘下場。因爲「雞酒」是婦女坐月子最常吃的補品，所以以「雞酒香」替代婦女坐月子得到的犒賞；又因爲木棺材大部分是用木材拼成的，所以用上、下、左、右的四塊木板替代棺材。

> 三日都食娘_就九合漿。

以「漿」替代「奶水」。「漿」和「奶水」都是液體，故以「漿」替代母親的「奶水」。

> 游得過，就　个貨；游毋過，阿姆_就會去見閻王。

這裡是把婦女生子的危險，比喻成在熱鍋上覓食的螞蟻，游得過，就得到食物；游毋過，就會一命嗚呼！「　个貨」，是說「我們的東西」、「我們的孩子」；「見閻王」是指斷送性命。

> 堵著_就屋下子嫂多，也係來手腳少。

以「手腳」來替代可以工作的勞力人口。

> 交椅_斯輪流坐，霜雪_就輪流當。

「交椅」本指有靠背的太師椅，是當家的長輩的座位，用來替代當家作主；「霜雪」替代落難、顛沛，用來替代操勞的孩子、媳婦。「交椅_斯輪流坐，霜雪_就輪流當。」是指操勞的孩子、媳婦也有一天會成爲長輩，可當家作主。

> 還生割得_就半斤四兩_就落哀肚，當過死忒門前拜_{个就}大豬羊。

以「半斤四兩」替代少許的肉類或食物；以「大豬羊」替代祭品的豐盛。整句的意思是指為人子者要及時奉養母親。母親生前，子女若是不知好好孝順她，等到她過世時，再用大豬大羊祭拜她，也是無濟於事。

　　　　個個都係身下落，一定毋好各樣心。

此句以「個個」替代所有的孩子。以動詞的「落」來替代「生產」。

三、誇張

　　　　也稱誇飾。是在客觀事實基礎上，以豐富和瑰麗的想像，將某一事物的本質或特徵表現出來，對有關事物於空間、時間、數量等方面加以擴大縮小或渲染的一種修辭法。例如：

　　　　嘴項鐵釘_就咬得斷，腳著个皮鞋_也蹬得穿。

這裡是在敘述母親在生子時痛苦萬分，若是有鐵釘也能咬得斷，腳上穿的繡花鞋也會被她踢破。繡花鞋被她踢破是有可能，鐵釘能咬斷就是用誇張的手法來描述母親產子的苦楚。

　　　　衰過阿姆十隻_斯手指頭，洗到_就血洋洋。

這裡是在敘述母親在寒冷的河邊洗衣裳的辛苦。用誇張的手法說母親的十個手指頭洗得皮開肉綻，血流不止。

　　　　阿姆个肚屎_就枵到來變背囊，大腸枵到_就變小腸。

這裡是在敘述母親無時無刻不在照顧孩子，經常是無暇吃飯。所以母親常常是飢腸轆轆，以致於「肚屎」（肚子）餓得變「背囊」（背部），肚子和背部黏在一起；「大腸」餓得變「小腸」，都是用極誇張的手法來描述母親飢餓欲眩的程度。

　　　　降著个不孝子，較輸_就屙屎落屎缸。

若是養個不孝子，真是讓父母白費心機，且心寒，連大便的用處還比不上，至少大便還可當肥料來施肥。把「不孝子」說成比不上糞坑裡的「大便」是一種誇張的修飾用法。

四、對偶

　　　　凡是意思相對，相似或相連，字數相等，語法結構相同，成雙作對地排在一起的兩個句子，就叫做對偶。對偶，在客觀上，源於自然界的對稱；在主觀上，源於心理學的「聯想作用」，和美學上「對比」、「平衡」、「勻稱」的原理。例如：

坐得高來驚怕_就倒 轉，坐得矮來驚怕_就搵內傷。

「高」（平聲）和「矮」（仄聲），不但調類相對，且是意思相反的形容詞。「倒轉」（仄仄仄）和「搵內傷」（仄仄平）是動詞對動詞，外傷對內傷，不過調類不是對仗很整齊。

地下_就無門都強愛鑽，天上無嚙都強愛上。

名詞「地下」（仄平）和「天上」（平仄）相對；名詞「門」（平）和「嚙」（仄）相對；動詞「鑽」（仄聲）、「上」（平聲）相對。

有福夫人_{就來}降子，得人_就雞酒香；無福夫人_{就來}降子，得人个四塊枋。

形容詞「有福」和「無福」相對。名詞「雞酒香」和「四塊板」相對。

河壩_就慢慢洗，圳溝_就慢慢盪。

名詞「河壩」（平仄）、「圳溝」（仄平）；動詞「洗」（仄聲）、「盪」（平聲）相對。此句也可算是「合掌對」，因爲上下兩句詞義全同，上下意思重複。

左手_就牽子愛來拐，右手牽子_就愛來騙。

方位「左」、「右」相對。動詞「拐」、「騙」相對。

交椅_斯輪流坐，霜雪_就輪流當。

名詞「交椅」、「霜雪」相對。動詞「坐」、「當」相對。此句屬於「借義對」，以「交椅」（代表當家作主的長輩）對「霜雪」（代表操勞的子女）。

爺娘想子_就長江水，子想爺娘無_支擔竿長。

名動賓詞「爺娘想子」、「子想爺娘」相對。以「長江」水之源遠流長對「扁擔」之短小可憐，亦屬於「借義對」的一種。

燒个_都毋敢食，冷个_就毋敢嚐。

形容詞「燒个」、「冷个」相對。動詞「食」、「嚐」相對。

眞像_人利刀來割肚，可比_就利剪_乜來剪腸。

名詞「刀」（平）、「剪」（仄）相對。動詞「割肚」、「剪腸」相對。

一日_斯食娘三合乳，三日_都食娘_就九合漿。

數量名詞「一日」、「三日」相對。數量名詞「三合」、「九合」相對。名詞「乳」（仄聲）、「漿」（平聲）相對。

壁上_就慢慢披，竹篙_來慢慢晾。

名詞「壁上」、「竹篙」相對。動詞「披」（平聲）、「晾」（仄聲）相對。

降子_就毋知娘辛苦，降女_就正知_斯娘難當。

名詞「子」、「女」相對。動詞「毋知」、「正知」相對。形容詞「辛苦」（平仄）、「難當」（仄平）相對。

> 艱難辛苦_就 个娘。
>
> 三朝七日_就無奶食。
>
> 　夜夜_就**跐**起來愛飼糖。

此三句屬「句內對」。形容詞「艱難」、「辛苦」相對。名詞「三朝」（平平）、「七日」（仄仄）相對。疊字名詞「　　」（平平）、「夜夜」（仄仄）相對。綜觀〈娘親渡子〉因非純文學作品，所以對對偶採取寬鬆的標準，比較不講求平、仄非得相對不可，只要意思相對、詞性相同即可。

五、示現

　　把過去自己的經歷，或者未曾經歷和見過的事情，運用豐富的想像力，描繪得有聲有色，如聞如見似的，而這些事情有些是已經過去，有的還未到來，有的實際上並不存在，這種修辭方法叫做示現法。例如：

> 阿姆个肚屎痛，真像人_就利刀來割肚，可比_就利剪乜來剪腸。

母親陣痛時到底有多痛？男人或未有生育經驗的婦女不能體會，所以就以利刀割肚或割傷手的舊經驗來告訴讀者，更進一步發揮想像力；若腸子被利剪來剪的疼痛來了解母親生產的危險與辛苦。

> 阿姆个肚屎大，行路_就閬碰來又閬碰。

「閬碰」（long∨ pong∨）是疊韻的連綿詞，是指物體蓬鬆的樣子。此處用「閬碰閬碰」ABAB 的方式來描繪母親懷孕時大腹便便走路不穩的樣子。

> 坐得高來驚怕_就倒　轉，坐得矮來驚怕_就搵內傷。

「倒　轉」是指「倒栽蔥」；「搵內傷」是指彎曲身體導致氣血不順而內傷。此處用怕外傷、內傷來描繪為人母者懷孕時，小心翼翼的樣子。

六、類疊

　　所謂「類疊」是同一字詞語句，接二連三的反復地使用著。一般可分為：(1)疊字（字詞連接的類疊）；(2)類字（字詞隔離的類疊）；(3)疊句（語氣連接的類疊）；(4)類句（語句隔離的類疊）。〔註13〕例如：

> <u>吱吱瀝瀝</u>到天光

〔註13〕黃慶萱：《修辭學》，頁 411～445。

　　點點食娘身上心頭血

　　慢慢　等轉家堂

　　河壩慢慢洗

　　圳溝慢慢盪

　　壁上就慢慢披

　　竹篙慢慢晾

　　遽遽解下來

　　遽遽捎等在背囊

　　遽遽捒等入間房

　　籃仔　起遽遽轉家堂

　　儕儕愛做人子女

　　儕儕愛做人爺娘

　　　　夜夜就**疏**起來愛飼糖

其中的「吱吱」、「瀝瀝」、「慢慢」、「遽遽」、「儕儕」、「　　」、「夜夜」就是「疊字」的修辭法，它有「以聲摹境」的作用，當單字不足以盡其態，則以疊字來表現，可使語氣完足、意思完整，又可使聲調動聽〔註14〕。又：

　　行路閬碰又閬碰

　　一山過一山，一岡過一岡。

諸如「閬碰」、「一山」、「一岡」是在同一句中，字詞隔離的類疊的「類字」修辭法。還有的是隔句的「類字」：

　　子來笑，哀來笑，子哀捒等笑一場。

　　坐得高來驚怕倒　轉，坐得矮來驚怕打搵內傷。

　　燒个毋敢食，冷个毋敢嚐。

　　有福夫人降子，得人雞酒香；無福夫人降子，得人四塊枋。

　　一日食娘三合乳，三日食娘九合漿。

　　又愛樵，又愛草，又愛番薯豬菜轉家堂。

　　第一先換子，正來後換娘。

　　阿姆肚屎桍到變背囊，大腸桍到變小腸。

　　左手牽子愛來拐，右手牽子愛來騙。

其中的「笑……笑」、「坐得……坐得」、「毋敢……毋敢」、「夫人降子……夫

──────────

〔註14〕黃永武：《中國詩學‧設計篇‧談詩的音響》，頁 191～195。

人降子」、「食娘……食娘」、「又愛……又愛」、「換……換」、「枵到……枵到」、「牽子愛來……牽子愛來」類疊的字詞在鄰近的句子中的「類字」修辭法。又：

> 子兒_就下男了……將到幼子_就揹等_來在背囊……聽著幼子_來噭洋洋_就_來揹子嗙……子_來笑，哀_來笑，子哀揙等_來笑一場……第一_就先換子……　拐得_就子兒睡……又聽子兒都噭洋洋。左手_就牽子愛來拐，右手牽子_就愛來騙；騙得_就子兒恬……爺娘想子_就長江水，子想爺娘無支擔竿長……降著_就有孝子，有還有目的；降著_个不孝子，較輸_就屙 a 屎落屎 io 缸 a。

句中「子……子」一再重複，不但把母親事事將孩子擺第一的心情之外，同時「子」（zii ˋ）以開口度極細的（－ii）的元音為基準，從音韻上也可表露出為人母者細心呵護幼子的聲情。這也算是「類字」的修辭表現。

七、層遞

所謂「層遞」是凡要說的有兩個事物以上，這些事物又有大小輕重等比例，而且比例又有一定秩序，於是說話行文時，依序層層遞進的。〔註 15〕例如：

> 阿姆_个肚屎大，行路_就閬碰_來又閬碰，坐得高來驚怕_就倒　轉，坐得矮來驚怕_就搵內傷。燒_个都毋敢食，冷_个_就毋敢嗙。

> 十月_就懷胎斯娘辛苦，子兒_就愛下世，阿姆_个肚屎痛，真像_人利刀來割肚，可比_就利剪也來剪腸。嘴項鐵釘_就咬得斷，腳著_个皮鞋也蹬得穿，地下_就無門都強愛鑽，天上無嘴都強愛上。

> 有福夫人_{就來}降子，得人_就雞酒香；無福夫人_{就來}降子，得人_个四塊枋。阿姆若降子，親像_人蟻公游鑊壁：游得過，就　_个貨；游毋過，阿姆_就會去見閻王。

這是逐層遞加的方式，描寫娘親渡子的辛勞。由輕而重，而遠而近，首先敘述母親懷孕，諸多不便，不論坐臥或飲食都要很小心；接著敘述母親生產時有如割肚剪腸；最後敘述母親生產時有如熱鍋上的螞蟻，欲得到子女，往往以命和死神相博。又：

〔註 15〕黃慶萱：《修辭學》，頁 481。

河壩就慢慢洗，圳溝就慢慢盪，盪得就衫褲都裙仔淨。衰過阿姆十隻斯手指頭，洗到就血洋洋。一身骨節就帶虛呆。

衫褲裙仔都洗得好，攌等轉就，壁上就慢慢披，竹篙來慢晾。晾得个衫褲裙仔好，阿姆个肚屎就枵到來變背囊，大腸枵到就變小腸。

添著一碗飯仔都想愛食，又聽子兒都噭洋洋。左手就牽子愛來拐，右手牽子就愛來騙；騙得就子兒恬，阿姆該碗飯仔就冷過霜，冷菜冷飯就食落肚，个阿姆冷肚就合冷腸。

這是按照事物性狀由外至內逐層遞加地描述事物，說明道理的修辭法。首先描述母親至河邊洗衣，因爲天寒又衣多，所以洗好衣裳時，母親雙手經常是皮開肉綻、精神幾乎要虛脫；次敘回到家晾好衣服，母親已是飢腸轆轆；最後敘述母親正要端碗吃飯時，子女又哭鬧不停，等到安頓完畢孩子時，飯菜已是「冷過霜」，冷菜冷飯吃下肚，母親可說是冷肚又冷腸。

八、呼告

寫文章敘述一件事情，當感情達到最高峰的時候，將想像中的對象，不管是人、事或物，都當做已在面前的人，向他呼叫、傾訴，這就是呼告。用「呼告法」寫作，可以文章或詩的情意更濃，更感人而具震撼性！在臺灣客語勸世文中用得非常多。例如：

還生割得就半斤四兩就落哀肚，當過死忒門前拜个就大豬羊。

歌者奉勸世間人要及時行孝，父母健在時，至少要讓父母衣食無缺。若是平時不知孝順，等到父母往生時再殺豬宰羊祭拜父母，也於事無補。

再來就奉 o 勸 na 安到就世上人 na，个爺娘 lio 面 no 前 na 愛孝 ua 心 ma；食娘 lio 就來身 na 上 na 佢个都心頭血 le，養 no 長 a 大 ia 得成 io 人 na，若係 io 來此 na 恩 na 不 o 報答 lio，枉爲就來 na 做 o 世間 no 人 na，

歌者奉勸世間人要孝順父母，若是不懂孝順就枉做萬物之靈的人類。

二來 lio 奉 a 勸做人个父母人 na，做人就爺 na 哀 io 愛平 na 心 ma，個個來都 uo 係 个身下落 o，一定 no 毋 mo 好各樣 io 心 ma，爺娘 o 心 ma 肝不平 lio 等 na，兄弟 io 一 no 定不和 lio 心 ma。

歌者告誡爲父母者對待子女不可偏心，否則子女之間往往會心存芥蒂，無法同心合力。

九、摹寫

對事物的各種感受，加以形容描述，叫作「摹寫」。摹寫的對象，不僅為視覺印象，同時也包括聽覺、嗅覺、味覺、觸覺等等的感受。

> 吱吱 io 來瀝 o 瀝 a 到天 lio 光 a

這是屬於聽覺、視覺的描寫，幼兒「唧唧瀝瀝」（qiˇ qiˇ lag lag）哭鬧不停的景象，歷歷在目。

> 阿姆个肚屎大，行路就闐碰來又闐碰。

此句這是屬於聽覺、視覺的描寫。母親懷孕臨產時大腹便便，走路很不方便。「闐碰」（longˇ pongˊ）是一種疊韻狀聲兼視覺的連綿詞。

> 母信就但看河江水，流下就無流上。

此句這是屬於視覺的描寫，歌者看到河水、江水都是往下流，沒有逆流的情形。就如同父母對子女的愛是無條件的，並且是無私無悔的。

> 燒个都母敢食，冷个就母敢嚐。
> 阿姆个肚屎痛，真像人利刀來割肚，可比就利剪也來剪腸。
> 阿姆該碗飯仔就冷過霜。
> 冷菜冷飯就食落肚， 个阿姆冷肚就合冷腸。

此四句這是屬於觸覺、痛覺的綜合描寫。「冷」、「熱」、「鋒利」屬於觸覺；「利刀割肚」、「利剪剪腸」屬於痛覺。總之，「摹寫」是一種「繪聲繪色」的修辭法，強烈地訴之於直覺的感受，通過作者主觀的觀照，經常是用綜合的摹寫描寫具體的反應，使讀者產生鮮明的印象。

第三節 〈娘親渡子〉的語言風格

劉勰《文心雕龍・情采》認為立文之道有三：形文（辭藻修飾）、聲文（音律調協）、情文（內容情感）。前兩者是現代語言風格學的主要途徑，情文歸類於文藝風格學。音樂有音樂的旋律，語言有語言的旋律，就中國的文學來說，韻文學無不講究音樂旋律與語言旋律的配合。

語言風格學是一門新興學科，它是語言學和文學相結合的產物。傳統的文學研究偏重作品的內容、思想，即是「文藝風格」，多用高度抽象的形容詞來評斷作品。現代語言風格學包含音韻、詞彙、句法的分析，人們運用語言的各種特點的綜合表現，可避免依個人主觀感受給風格下斷語。本節擬從音

韻、詞彙、句子來探討〈娘親渡子〉的語言風格。〔註16〕

一、音韻風格

漢語的音節結構包含聲母、介音、主要元音、韻尾、聲調五個部分，每個部分的排比交錯，作適當的組合連接，正是韻律美的奧秘所在。在此將從聲調、聲音的洪細、脣型的圓展、韻腳的安排及其疏密等面向來探討〈娘親渡子〉風格。

（一）聲調平仄的交錯

聲調是指音節在發音過程中的高低抑揚性（音調，或稱音高）及頓挫性（韻尾或閉塞音）。就音高而言，便有平與不平兩類，以平上去入四聲爲例，「平」指的是平聲，上去入稱爲「仄聲」。〈娘親渡子〉是用臺灣客語四縣腔來演唱，臺灣客語四縣腔，陽去歸陰去，故只有六個聲調：平聲的有陰平、陽平；仄聲的有上、去、陰入和陽入。其次是長短問題，入聲由於收塞音韻尾〔註17〕，短促急收，算是短音，其他聲調爲長音。其次是強弱的分別，平聲高揚、開朗、綿長，仄聲低沉、收斂、短促，音的性質各有特點，因而產生的情調也就不一樣。

正因爲聲調有高低、長短、強弱的特質，故聲調間的組合，往往產生不同的旋律感受。〈娘親渡子〉全首正字共 790 字，其中陰平字有 137 字、陽平字有 216 字；上聲字有 147 字、去聲字有 205 字、陰入字有 63 字、陽入字有 20 字。〔註18〕換句話說，平聲字用了 353 字，仄聲用 437 字，全首平仄分佈算是均勻。若按照音樂的要求——和諧、變化、抑揚頓挫等，能夠使平仄互相配合，交錯出現，聽起來就感到悅耳，否則就感到沉悶、單調。以開篇的句子爲例，以見其平仄情形：

調值	11	24	55	31	31	11	24
平仄	－	－	∣	∣	∣	－	－

〔註16〕這節主要參考竺家寧：《語言風格與文學韻律》（臺北：五南，2001 年 3 月）以及黃菊芳：《渡子歌研究》，頁 131～147 第四章第一節〈渡子歌〉的語言旋律。

〔註17〕塞音韻尾：不送氣雙唇清塞音－b，不送氣舌尖清塞音－d，不送氣舌根清塞音－g。

〔註18〕黃菊芳：《渡子歌研究》，頁 131～147。

標音	ngiong ˇ	qin ˇ	tu	zii ˋ	ku ˋ	nan ˇ	dong ˇ
唱詞	娘	親	渡	子	苦	難	當
調值	24	11	24	31	24	55	11
平仄	－	－	－	｜	－	｜	－
標音	gien ˇ	nan ˇ	xin ˇ	ku ˋ	en ˇ	ge	ngiong ˇ
唱詞	艱	難	辛	苦		个	娘
調值	11	55	11	24	2	55	55
平仄	－	｜	－	－	｜	｜	｜
標音	han ˇ	se	teu ˇ	seu ˇ	ngiag ˋ	iu	tung
唱詞	還	細	頭	燒	額	又	痛
調值	11	11	5	5	55	24	24
平仄	－	－	｜	｜	｜	－	－
標音	ji ˇ	ji ˇ	lag	lag	do	tien ˇ	gong ˇ
唱詞	吱	吱	瀝	瀝	到	天	光

　　開篇的七言四句的平仄聲調配是這樣「平平仄仄仄平平，平平平仄平仄平；平仄平平仄仄仄，平平仄仄仄平平」，這樣就有平仄交替。再以趙元任的「五點制」來看各聲調的性質：24 是低升、31 是中降，55 是高平，2 是中降短，11 是低平、5 是高平短，故它有抑揚頓挫之美。

（二）聲音洪細的交錯

　　宋元等韻學家分韻母為開口、合口兩類，每類又分一、二、三、四四等，一、二等都沒有介音，發音時口腔共鳴空隙較大，故稱洪音，三、四為細音。自明清等韻學家改開、合各四等為開、齊、合、撮四呼以後，也有人稱開口呼為開口洪音，齊齒呼為開口細音，合口呼為合口洪音，撮口呼為合口細音。

　　－a、－u、－o 是洪音，－i 是細音。以開篇的句子為例，看其音的洪細安排：

洪細	洪	細	洪	細	洪	洪	洪
標音	ngiong ˇ	qin ˇ	tu	zii ˋ	ku ˋ	nan ˇ	dong ˇ
唱詞	娘	親	渡	子	苦	難	當

洪細	洪	洪	細	洪	洪	細	洪
標音	gienˊ	nanˇ	xinˊ	kuˋ	enˊ	gie	ngiongˊ
唱詞	艱	難	辛	苦		个	娘

洪細	洪	洪	洪	洪	洪	細	洪
標音	hanˇ	se	teuˊ	seuˊ	ngiagˋ	iu	tung
唱詞	還	細	頭	燒	額	又	痛

洪細	細	細	洪	洪	洪	洪	洪
標音	jiˇ	jiˇ	lag	lag	do	tienˊ	gongˊ
唱詞	吱	吱	瀝	瀝	到	天	光

開篇的洪細音是這樣的：「洪細洪細洪洪洪，洪洪細洪洪細洪；洪洪洪洪洪細洪，細細洪洪洪洪洪」細音和洪音的比例爲 7：21，可見以洪音爲基調，押韻又押「江陽」韻，且韻尾是容易造成共鳴的舌根韻尾 –ng、拖腔又是開口度最大的 –a，故整首歌聽起來有開闊高亢之感。再以正文〔什唸子〕的一段，看其洪細：

洪細	洪	洪	洪	洪	洪	洪	洪
標音	zoi	hong	tiedˋ	dangˊ	ngau	dedˋ	tonˊ
唱詞	嘴	項	鐵	釘	咬	得	斷

洪細	洪	洪	細	洪	洪	洪	洪
標音	giogˋ	zogˋ	piˇ	haiˇ	dam	dedˋ	conˊ
唱詞	腳	著	皮	鞋	蹬	得	穿

洪細	細	洪	洪	洪	洪	細	洪
標音	ti	haˊ	moˇ	mun	kiongˊ	oi	zon
唱詞	地	下	無	門	強	愛	鑽

洪細	洪	洪	洪	洪	洪	細	洪
標音	tienˊ	song	moˇ	ngadˋ	kiongˊ	oi	songˊ
唱詞	天	上	無	𥕢	強	愛	上

這段的唱詞細音和洪音的比例爲 4：24，也是以洪音爲主。洪音比細音超過太多，幸好歌者加了許多細音的襯字，如「就」qiu、「个」gie 等，這樣使洪細達到較均衡的配置。

（三）圓展脣型的交錯

元音 –a、–e、–i 是展脣，–o、–u 是圓脣。開篇唱詞脣型的圓展是這樣的：

脣型	圓	展	圓	展	圓	展	圓
標音	ngiong ˇ	qin ˊ	tu	zii ˋ	ku ˋ	nan ˇ	dong ˊ
唱詞	娘	親	渡	子	苦	難	當

脣型	展	展	展	圓	展	展	圓
標音	gien ˊ	nan ˇ	xin ˊ	ku ˋ	en ˊ	gie	ngiong ˇ
唱詞	艱	難	辛	苦		个	娘

脣型	展	展	展	展	展	圓	圓
標音	han ˇ	se	teu ˇ	seu ˊ	ngiag ˋ	iu	tung
唱詞	還	細	頭	燒	額	又	痛

脣型	展	展	展	展	圓	展	圓
標音	ji ˇ	ji ˇ	lag	lag	do	tien ˊ	gong ˊ
唱詞	吱	吱	瀝	瀝	到	天	光

開篇歌詞的展現是「圓展圓展圓展圓，展展展圓展展圓；展展展展展圓圓，展展展展圓展圓。」圓和展的比例為 10：18，以展脣為基調。因為韻腳為 –ong，屬圓脣，所以可以將圓和展拉至較均衡的狀態。再以正文【什唸子】的一段，看其脣型的安排：

脣型	圓	圓	圓	展	展	圓	圓
標音	du ˇ	do ˋ	vug ˋ	ha ˊ	zii ˋ	so ˋ	do ˊ
唱詞	堵	著	屋	下	姊	嫂	多

脣型	展	展	圓	圓	展		
標音	ia	he	su ˋ	giog ˋ	seu ˋ		
唱詞	也	係	手	腳	少		

脣型	圓	展	展	圓	展	圓	
標音	iu	oi	ceu ˇ	iu	oi	co ˋ	
唱詞	又	愛	樵	又	愛	草	

脣型	圓	展	展	圓	圓	圓	圓	圓	展	圓
標音	iu	oi	fan ˊ	su ˇ	zu ˊ	coi	qiu	zon ˋ	ga ˊ	tong ˇ
唱詞	又	愛	番	薯	豬	菜	就	轉	家	堂

這一段圓和展的比例爲 17：11，兩者相差不大。脣型的圓展交錯，會形成語言鮮明的節奏感，此段似唸似唱的【什唸子】比開篇的七言四句【平板】更具語言旋律效果。

（四）韻腳的安排

所謂韻腳，就是將相同的字，一再在各句末重疊出現，造成和聲。「詩有音有義，它是語言與音樂合成的，要明白詩的性質必須要研究語言的性質和音樂的性質。」〔註 19〕黃永武〈談詩的音響〉中也說：「韻腳的音響各有特色，可以將情感強調出來。」〔註 20〕〈娘親渡子〉是一韻散夾雜的說唱，它是歌曲，詩、詞、曲都是同屬韻文，所以韻腳對於〈娘親渡子〉是很重要的。在此將從韻腳的聲調及其聲調、韻腳的疏密、韻腳的用字等來作觀察。

1. 韻腳平、上、去通押

一般山歌詞或戲曲的押韻要求，一般是第 1、2、4 句的末尾爲同韻平聲字，第 3 句末尾爲別韻仄聲字。〈娘親渡子〉共有 34 個不同的韻字，有陰平字，如當、光、傷、斷、穿、香、枋、漿、岡、張、鄉、江、盪、霜、缸等；也有陽平字，如娘、糖、嚐、腸、王、堂、囊、洋、場、房、呆、長、羊等。至於「上」字有陰平、去聲二讀，「轉」有陰上、去聲二讀，亦可通押。換句話說，〈娘親渡子〉韻腳的聲調不拘平、上、去皆可通押。

不同的韻腳，各有其特色：「如果韻部運用得當，可以強化意象，增進情趣……就曲韻來說，那麼大抵東鍾沈雄、江陽壯闊、車遮淒咽、寒山悲涼、先天輕快、魚模舒徐、支思幽微、家麻放達、皆來瀟灑，而收雙唇鼻音韻尾的侵尋、監咸、廉纖三部，算是比較少用的『險韻』。」〔註 21〕〈娘親渡子〉的開篇及正文韻腳「江、缸」屬江韻；「羊、洋、香、鄉、傷、房、長、腸、場、張、枋、漿、娘、霜、王」屬陽韻；「糖、堂、岡、光、盪、囊」屬唐韻，唐韻亦歸陽韻，故這兩部分適合表達歡樂開朗的情緒。至於尾篇韻腳「人」

<hr />

〔註 19〕 朱光潛：《詩論新編・替詩的音律辯護》（臺北：洪範，1982 年 5 月），頁 185。
〔註 20〕 黃永武：《中國詩學・設計篇・談詩的音響》（臺北：巨流，1976 年 10 月），頁 153〜201。
〔註 21〕 曾永義：《詩歌與戲曲》（臺北：聯經出版社，1988 年 4 月），頁 12。

屬眞韻、「心」屬侵韻，兩者皆是鼻音韻尾，適合宣洩哀傷的情感，也表現出歌者再三勸孝的諄諄之情。

2. 韻腳疏密有致

韻腳的疏密與轉換，能烘托出不同的情節氣氛。一般山歌詞或戲曲的押韻，只限於「起、承、合」三句句尾，轉句不但不押韻，而且要和其他三句的韻字平仄相反，以求變化，其標準模式是◎◎－◎（◎代表押韻句，－代表無韻句）。韻腳的疏密，大概數句才押韻的稱爲疏，格句押韻的稱爲均勻，句句押韻的可看作密。〈娘親渡子〉用韻疏密如下〔註22〕：

開篇【平板】

（1）◎（2）◎（3）－（4）◎

正文【平板什唸子】

（5）◎（6）◎（7）－（8）◎（9）－（10）◎（11）◎（12）◎

（13）－（14）◎（15）－（16）－（17）－（18）－（19）◎（20）◎

（21）－（22）◎（23）◎（24）－（25）◎（26）－（27）◎（28）－

（29）－（30）－（31）－（32）－（33）◎（34）－（35）－（36）－

（37）◎（38）－（39）－（40）－（41）－（42）◎（43）◎（44）◎

（45）－（46）◎（47）◎（48）◎（49）－（50）◎（51）◎（52）◎

（53）－（54）◎（55）－（56）◎（57）－（58）◎（59）－（60）◎

（61）◎（62）－（63）◎（64）◎（65）－（66）◎（67）－（68）◎

（69）－（70）◎（71）◎（72）－（73）◎（74）－（75）◎（76）－

（77）－（78）◎（79）◎（80）◎（81）－（82）－（83）◎（84）－

（85）◎（86）◎（87）－（88）◎（89）－（90）－（91）－（92）◎

（93）－（94）◎（95）－（96）◎（97）－（98）◎（99）－（100）◎

（101）－（102）◎（103）◎（104）◎（105）◎（106）◎（107）◎（108）◎

（109）－（110）－（111）－（112）◎（113）－（114）－（115）－（116）◎

尾篇【平板】

（117）◎（118）◎（119）－（120）◎

（121）◎（122）－（123）◎（124）◎

（125）◎（126）－（127）◎（128）◎

〔註22〕〈娘親渡子〉共 128 句，（　）代表〈娘親渡子〉句子的序號，例（13）表第 13 句、（38）表第 38 句

由以上分析可知：開篇和尾篇和山歌標準模式是◎◎－◎相似，◎－◎◎為◎◎－◎的變化體，堪稱均勻且有規律。正文【平板什唸子】的部份，它本來就是散文、韻文的綜合體，所以表現出來的就是疏密交錯，和開篇和尾篇風格差別頗大。

正文押韻較集中處有兩個地方：第一是第 19 句「可比利剪來剪腸」開始至 23 句「天上無嚙都強愛上」的韻腳「腸、斷、穿、鑽、上」；第二是第 46 句「一山過一山」開始至 58 句「子啊佢都笑洋洋」的韻腳「岡、張、鄉、上、洋、嚐、洋」。此兩處是整首歌的高潮處，前者是描寫生產時的苦楚，後者是描述婦女揹著幼兒上山工作、半路餵奶的悲喜交加之情，「韻腳愈密，愈能表現迫促的情節」〔註23〕。使情感得以充分宣洩；而第 28 至 33 句、第 69 句至 73 句以及第 109 至 115 句則是無押韻之處，多為鋪排情景時用，氣勢上顯得舒緩〔註24〕。

3. 韻腳有轉韻及重複現象

〈娘親渡子〉的用字，開篇及正文 –ong、–on 通押，尾篇 –m、–n 通押，換句話說有轉韻的情形，韻腳的用字也相當自由。

（1）開篇及正文 –ong、–on 通押

開篇

娘親渡子苦難當（dong˙），艱難辛苦 个娘（ngiongˇ）；

還細頭燒額又痛，吱吱瀝瀝到天光（gong˙）。

其中的「當」、「娘」、「光」就是韻腳，押 –ong，陰平、陽平通押；「痛」–ung，非韻腳，且是仄聲。又：

娘親渡子苦難當（dong˙），艱難辛苦 个娘（ngiongˇ）；

三朝七日無奶食， 夜夜愛飼糖（tongˇ）。

其中的「當」、「娘」、「糖」就是韻腳，押 –ong，陰平、陽平通押；「食」–iid，非韻腳，且是仄聲字。大致說來，〈娘親渡子〉的押韻多是以四句為一組，遵照此一、二、四句押韻，三句不押的原則唱唸全文。正文【什唸子】押韻的位置就較自由：

阿姆肚屎大，行路閬碰又閬碰（pong˙），

坐得高來驚怕倒 轉（zonˑ），

〔註23〕黃永武：《中國詩學・設計篇・談詩的音響》，頁 163。
〔註24〕黃永武：《中國詩學・設計篇・談詩的音響》，頁 164。

坐得矮來驚怕搵內<u>傷</u>（song ✓）。

燒个毋敢食，冷个毋敢<u>嚐</u>（song ✓）。

十月懷胎娘辛苦，子兒愛下世，阿姆肚屎痛，眞像利刀來割肚，可
比利剪來剪<u>腸</u>（cong ✓）。

嘴上鐵釘咬得<u>斷</u>（ton ✓），腳著皮鞋蹬得<u>穿</u>（con ✓）；

地下無門強愛<u>鑽</u>（zon ✓），天上無嶐強愛<u>上</u>（song ✓）。

有福夫人來降子，得人雞酒<u>香</u>（hiong ✓）；

無福夫人來降子，得人四塊<u>枋</u>（biong ✓）。

阿姆若降子，親像蟻公游鑊壁：

游得過， 个貨；游毋過，阿姆會去見閻王（vong ✓）。

在正文【什唸子】散文的部份，有些是二、四句押，有些是<u>句句</u>通押。同時
－ong 和－on 通押，同時是以元音的－o 作爲基調。

（2）結尾轉韻，－im、－in 通押

〈娘親渡子〉結尾部分是七言六句的兩個篇章，其押韻情形如下：

再來奉勸世上<u>人</u>（ngin ✓），爺娘面前愛孝<u>心</u>（x im ✓）；

食娘身上心頭血，養　長大得成<u>人</u>（ngin ✓）；

若係此恩不報答，枉爲來做世間<u>人</u>（ngin ✓）。

二來奉勸父母<u>人</u>（ngin ✓），做人爺哀愛平<u>心</u>（xim ✓），

個個都係身下落，一定毋好各樣<u>心</u>（xim ✓），

爺娘心肝不平等，兄弟一定不和<u>心</u>（xim ✓）。

可見有 8 句押韻，佔總句數 12 句的 66.67%，所以押韻是更是緊密。－im、－in
通押，以極細－i 爲基調，和「微、灰」韻的特質較相近。

總之，〈娘親渡子〉開篇和正文以元音的－o 作爲基調，結尾以極細的元
音－i 爲基調，兩部份聲情不同。陰平、陽平通押，不用仄聲韻，同時相同的
字亦可重複再當韻腳，如娘、心、人等都再三出現，可見押韻、用字都相當
自由。

（3）韻腳的用字自由

一般的律詩或絕句是忌諱用相同的字當韻腳的，但〈娘親渡子〉相當自
由。63 個韻腳裡共用 34 個韻字，重複使用的有「當」3 個、「娘」5 個、「轉」
2 個、「嚐」3 個、「上」4 個、「堂」2 個、「岡」2 個、「囊」4 個、「洋」4 個、

「腸」3 個、「人」4 個、「心」4 個。這不避重複的現象，反應民歌的活潑質樸本色。

二、詞彙風格

（一）擬聲詞的運用

〈娘親渡子〉中有藉「聲音」的效果來造成鮮明逼真的感覺，同時喚起視覺與聽覺的臨場感。例如「吱吱瀝瀝」（ji ˇ ji ˇ lag lag）就是模擬幼兒哭鬧不停的聲音與景象。

又「阿姆肚屎大，行路閬碰又閬碰」中的「閬碰」（long ˇ pong ˊ）也是一種「物體相撞擊」的擬聲詞，兼有母親大腹便便的視覺效果。

（二）重疊詞的運用

重疊有些用作擬聲，有些用作一般的形容詞，少數也作動詞和名詞。一般又分 AA 型、AABB 型、ABAB 型、AAB 型和 ABB 型：

1. AA 型：「點點食娘身上血」的「點點」（diam ˋ diam ˋ）、「遽遽摘等入間房」、「遽遽解下來」的「遽遽」（giag ˋ giag ˋ）、「儕儕愛做人子女」、「儕儕愛做人爺娘」的「儕儕」（sa ˇ sa ˇ）、「個個都係身下落」的「個個」（ge ge）。
2. AABB 型：「吱吱瀝瀝」（ji ˇ ji ˇ lag lag）、「　　夜夜」（bu ˇ bu ˇ ia ia）。
3. ABAB 型：「閬碰閬碰」（long ˇ pong ˊ long ˇ pong ˊ）。
4. AAB 型：「慢慢披」（man man pi ˊ）、「慢慢晾」（man man lang ˇ）、「件件有」（kien kien iu ˊ）。
5. ABB 型：「嗷洋洋」（gieu iong ˇ iong ˇ）、「笑洋洋」（seu iong ˇ iong ˇ）、「血洋洋」（hied ˋ iong ˇ iong ˇ）。

（三）大量使用虛字、虛詞

在第四章已專章討論過〈娘親度子〉的襯字。在規定的字數之外，由填曲者、演唱者自由增入的字，叫做「襯字」。燕南芝庵《曲論》稱為「添字」，後世戲曲又稱為「墊字」。一般人唱客家山歌的【老山歌】、【山歌子】、【平板】（又名【採茶調】、【改良調】）大都是唱七言四句，共二十八個字，較少加襯字。

　　一般的山歌詞大都是七言四句的整齊句，屬於詩讚系的詩句。而〈娘親渡子〉屬於說唱，尤其是正文【什唸子】的部份，大都是長短句，屬於詞曲系的句子。說唱的歌者往往會增入較多的襯字，因爲有了襯字，既可使呆板句式，變得靈活一些，以利於表達思想、內容；又可以在唱時分別正、襯，使音節有輕有重，聲音更婉轉動聽。筆者曾蒐集不少日治時期至六〇年代的客語唱片，有一特殊現象值得留意，那就是那時期的山歌、採茶戲幾乎不用【什唸子】，但是唱勸世文幾乎會唱唸【什唸子】。例楊版〈娘親渡子〉開篇：

> 來娘親渡子就係來苦難當，艱難就辛苦　个娘；
>
> 你都還細就頭燒額又痛，吱吱來瀝瀝到天光。

它的第一句用了「來」、「就係來」；第二句用「就」；第三句用「你都」「就」；第四句用「來」。「來」、「就」是無意義的虛字；「就係來」、「你都」是無意義的虛詞。同時也違反了「襯不過三」的古法，可見楊玉蘭在唱〈娘親渡子〉時，加多少襯字可說隨心所欲。又如邱版，敘述母親揹子上山工作的唱詞：

> 堵著个屋下斯子嫂多，也係來手腳少，又愛樵，　又愛草，个又愛番薯豬菜　就轉家堂。揹籃　　就上山岡，將子揹等就在背囊，籃子等，个一山就過一山，一往个過一往。尋有番薯豬菜就籃子張，尋得　罅个　等就轉家堂。轉到來半路上，聽著幼子就噭洋洋。阿姆斯解下來，个在手上，乳子搪開就分子來食，个分子嚐。子兒就來食飽，佢就來笑洋洋，子來笑，乜哀來笑，个子哀揇等就笑一場。乳子就來食飽，慢慢　等就轉家堂。轉到屋下屎合來尿，屙到阿姆斯一背囊。阿姆驚子就來寒壞，个遽遽揇等入間房。第一就先換子，再來就後換娘。阿姆斯拐子就來睡好，籃子攦等就遽遽个到河江。河壩就慢慢洗，　圳溝就慢慢盪，个盪得就衫褲裙子來淨。袞過阿姆个十隻就手指朒，洗到个血洋洋。

這一大段的唱詞中，總字數約 257 字。其中虛字、虛詞佔 37 字，佔總字數的14.4%。它的虛字有「个」、「斯」、「就」、「來」、「乜」；虛詞有「就來」。也有用實字「　」、實詞「　就」來當襯字的情形，換句話說，邱玉春在加襯字時也能突破襯字不用實字的藩籬。

（四）動詞豐富

　　在〈娘親度中〉用了豐富且多元的動詞，加「」者即是動詞，可用來表

示動作和行爲、感知和心理活動、關係和存在、可能和意願或趨向等〔註25〕。

1. 表示動作和行為

無乳「食」、「飼」糖、「坐」得高、「倒　轉」、「搵」內傷、「嚼」、「下」世、肚屎「痛」、「割」肚、「剪」腸、「咬」得斷、腳「著」皮鞋、「蹬」得穿、強愛「鑽」、「降」子、「游」鑊壁、「揹」籃「　」、一山「過」一山、「尋」番薯豬菜、籃肚「張」、「轉」家鄉、「解」下來、乳仔「搧」開、「揞」子「食」、子來「笑」、子哀「摘」等、第一先「換」子、「拐」得子兒「睡」、「攛」等、慢慢「洗」、慢慢「盪」、慢慢「披」、慢慢「晾」、「牽」子來「拐」、「牽」子來「騙」、冷飯「食落」肚、「降」子、「割」得半斤四兩、「拜」大豬羊、「奉勸」世上人、「養」　長大。

2. 表示感知和心理活動

「驚怕」、「眞像」、「親像」、強「愛」鑽、「堵著」、又「愛」樵，又「愛」草、「聽」著幼子「噭」洋洋、「笑」洋洋、「屙」到阿姆一背囊、阿姆「驚」子來「寒」壞、「洗」到血洋洋、大腸「枵」到變小腸、爺娘「想」子、「做」人子女、交椅輪流「坐」、霜雪輪流「當」、無「看著」、不「報答」。

3. 表示關係和存在

「眞像」、項項「有」、「得」人雞酒香、肚屎枵到「變」背囊、冷「過」霜、較「輸」屙屎落屎缸。

4. 表示可能和意願

「會」去見閻王、「毋敢」、「毋知」、「正知」、「行孝」老爺娘。

5. 表示趨向

「落」屎缸、「落」哀肚、「流下」無「流上」、強愛「上」、「上」山岡、、「入」間房、「到」河江、身下「落」。

綜上可知〈娘親渡子〉的動詞相當多，整篇唱詞只不過是 116 句，動詞就有 130 餘個，幾乎句句都有動詞，以表示動作和行爲、感知和心理活動居多。以目前文獻所見，這是其他臺灣客語勸世文所未見的現象，這也是它一大特色。這些動詞有幾項特色：(1)大都是單音詞，如降、坐、當；(2)少部分爲複音詞，如奉勸、看著、驚怕、倒　轉；(3)不忌諱重複，如流、降、想、愛、食等一再重複出現。

〔註25〕此種分類法，參考古國順：〈客語的詞彙特色〉，博士班上課講義。

（五）客家話有豐富的詞頭、詞尾

客語構詞中，有一種是「附加複詞」，是指詞根和詞頭、詞嵌或詞尾黏合的構詞方式，該合成詞的語意主要由詞根表達，詞頭、詞尾只有抽象的語法意義。附加詞能夠和其他同類型的詞根結合。茲略舉〈娘親渡子〉中的例子：

1. 詞頭（前綴）

（1）老～－通常加在姓或名詞之前，除了加強親密效果外，有時也有一些尊敬的意思。如「老弟」奉勸大家人、「老妹」奉勸世間人。

（2）阿～－加在親屬稱謂前面，「阿」後所接的人名或親屬稱謂通常是單音節型式。如：「阿姆」肚屎大。

（3）第～－加在數目之前，用來序數，也可以有「第幾」的說法。如：「第一」先換子。

2. 詞尾

（1）～仔－加在普通名詞後面，一般可分為動物名＋仔、植物名＋仔、無生命器物名＋仔以及加在形容詞或副詞後面等情形。如：「籃仔」擐等到河江，「奶仔」就食飽，洗得「裙仔」衫褲淨。

（2）～人－通常加在名詞之後，表示某種身分或職業。如老弟奉勸「大家人」，老妹奉勸「世間人」。亦可接在動詞或形容詞之後，構成複合動詞或形容詞。例「為人」細子若係毋行孝，枉來世間來「做人」；苦心養大得「成人」。

（3）～著－在動詞的後面接以詞尾「著」，用以表示動詞的結果，表示達到的狀態。如：「無看著」阿姆轉來食。

（4）～等－習慣加在動詞之後，相當於北京話的「著」。如：將子「揹等」在背囊，裙仔衫褲籃仔「擐等」到河江，慢慢「　等」轉家堂。

（六）客家方言的單音詞比華語多

《神州文化集成叢書・客家文化》指出：古代漢語演變為現代漢語，在詞彙的一個重要變化，就是單音詞的大量複音話，可知客家方言的辭彙的面貌比較古老。由於單音詞多，同音詞的數量就很多。例如：deu✓（兜）這個音節即有下列各義：（1）餵家畜的木盆，如「豬 deu✓」；（2）搬動，如「deu✓凳」、「deu✓桌」、「deu✓腳」；（3）把小孩大小便的動作，如「deu✓屎」、「deu✓尿」；（4）量詞，如「一 deu✓ 勺　」。另外有一些在華語只能算詞素的成分，

在客家方言中卻是詞，比如說「高興」的「興」、「爽快」的「爽」、「衣服」稱「衫」等。〔註26〕

（七）有些詞義、詞序，客語和華語不同

1. 形同義別

方言中某詞用來兼表與之相關的另一事物，形成同一語詞在方言中涵義較廣而在普通話中涵義較窄的現象。例如：「愛」，普通話只指「喜愛」，而客家話除此還有「要」的意思，如：又「愛」樵又「愛」草，朝朝夜夜「愛」飼糖，添著一碗飯仔想「愛」食等。又如：燒个毋敢「食」，一日「食」娘三合乳等，客語的「食」兼指吃飯、吃煙、吃茶，詞義範圍比華語大得多。又：點點食娘身上血，食到娘親「面」皮黃。華語的「臉」，客語都是用「面」字，「臉」的範圍比「面」窄。

2. 義同形別

例：遽遽摘等入「間房」，客語的「間房」即是華語的「房間」，詞義相同，次序顛倒。又「衫褲」擐等到河江，華語的「衣服」，梅縣話、長汀話、廈門話、潮州話、福州話、廣州話都說「衫褲」。又華語的「我」，客語說「　」；華語的「我們」，客語說「　兜」、「　」、「　兜」等。又　夜夜愛「飼」糖，華語的「餵」小孩，客語只能用「飼」，只有在餵豬、餵鴨時才用「餵」。有關義同形別部份在第七章有更多的論述。

三、句子風格

（一）動詞詞尾常加 e（哩、吔、咧）、den（等）、a le

客家話表示動作時態的方式，往往是在動詞的後面加這些特定的詞尾。

1. e（哩、吔、咧）表示動作已完成，相當於「了」。

佢來 e。（他來了）

吾老弟去 e 學校。（我第弟去學校了）

你食 e 飯。（你吃了飯）

2. den（等）表示動作正在進行，相當於「著」。

看 den ㄟ 電視。（我看著電視）

〔註26〕張衛東：《神州文化集成叢書·客家文化》（北京：新華出版社，1993 年），頁74～75。

　　　佢揩 den丶 籃子。（他揩著籃子）

　　　你寫 den丶 作業。（你寫著作業）

3. a　le 表示「試一試」，a 也會隨前一音節韻尾而起變化：

　　　看 a　le。（kon na le）（看一看）

　　　走 a　le。（zeu va le）（走一走）

　　　談 a　le。（tam ma le）（談一談）

（二）雅俗兼顧

　　〈娘親度子〉所用客語方言有些是華語書面語，偏向典雅；有些是庶民的日常生活用語，偏向粗俗。兩者可說是兼顧的。例如：

　　　娘親渡子_就苦難當。

　　　爺娘想子_就長江水，子想爺娘無_支擔竿長。

　　　阿姆_个肚屎大。

　　　阿姆_个肚屎痛。

　　　阿姆_就驚子_來寒壞。

　　　子來笑，哀來笑，子哀揞等_來笑一場。

　　　還生割得_就半斤四兩_就落哀肚，當過死忒門前拜_{个就}大豬羊。

文中的「娘親」、「娘」、「阿姆」、「哀」都是對應華語的「母親」或「媽媽」。其中「阿姆」是客家人日常用的口語，且用在「面稱」；「娘親」、「娘」大部分用在戲文，「哀」用在「背稱」時。

　　　堵著_就屋下子嫂多，也係_來手腳少，又愛樵，又愛草，又愛_就番薯豬

　　　菜_就轉家堂。揩籃　　乜上山岡，將到幼子_就揩等_來在背囊，籃仔_{就來}

　　　　等，一山過一山，_來一岡_就過一岡。尋有个番薯豬菜_就籃肚張，尋

　　　得罅，慢慢就　　等愛_來轉家鄉。

這一段幾乎都是日常口語，如「堵著」（華語「遇到」）、「背囊」（華語「背部」）、「　等」（華語「挑著」）、「罅」（華語「足夠」）等，非常的淺顯易懂。

　　　降著有孝子，還有目的；降著不孝子，較輸屙屎落屎缸。

楊版和邱版對於不孝子，可說寒心絕望到極點，所以說生到不孝子，還不如「上大號」。「屙屎」是人人每天都要做的動作，居然把它搬入作品中，文人雅士一定會抨擊它粗俗。後期的李版、胡版、黃版、古版和徐版都把「較輸屙屎落屎缸」改成「枉費阿姆佢_{就來}撫來養」或「枉費為哀辛苦一場」，文句似乎是文雅一點。

ngiong ˇ	qin ˇ	tu	zii ˋ	ku ˋ	nan ˇ	dong ˇ
娘	親	渡	子	苦	難	當

gien ˇ	nan ˇ	xin ˇ	ku ˋ	en ˇ	ge	ngiong ˇ
艱	難	辛	苦		个	娘

sam ˇ	zeu ˇ	qid ˋ	ngid ˋ	mo ˇ	nen	siid
三	朝	七	日	無	乳	食

bu ˇ	bu ˇ	ia	ia	oi	cii / qi tong ˇ
夜	夜			愛	飼 糖

這四句，句內對仗工整：「艱難」對「辛苦」、「三朝」對「七日」。兼用「夜夜」的疊字詞，韻腳「當」、「娘」、「糖」，押（−ong），已有相當典雅味道。

iu ˇ	fug ˋ	zii ˇ	ngin ˇ	loi ˇ	giung	zii ˋ	ded ˋ	ngin ˇ	gie ˇ	jiu ˋ	hiong ˇ
有	福	之	人	來	降	子，	得	人	雞	酒	香；

mo ˇ	fug ˋ	zii ˇ	ngin ˇ	loi ˇ	giung	zii ˋ	ded ˋ	ngin ˇ	xi	de	biong ˇ
無	福	之	人	來	降	子，	得	人	四	垤	枋。

李版、胡版、黃版、古版、徐版皆是「有福之人來降子，得人雞酒香；無福之人來降子，得人四垤枋。」直接用「之」字，是文言文的用法。楊版、邱版是「有福夫人來降子，得人雞酒香；無福夫人來降子，得人四垤枋。」這四句對偶工整：「有」對「無」，「雞酒香」對「四垤枋」。

zoi	hong	tied ˋ	dang ˇ	ngau ˇ	ded ˋ	ton ˇ
嘴	項	鐵	釘	咬	得	斷

giog ˋ	zog ˋ	pi ˇ	hai ˇ	dam ˋ	ded ˋ	con ˇ
腳	著	皮	鞋	蹬	得	穿

此兩句也是對偶工整：「嘴」對「腳」、「鐵釘」對「皮鞋」、「咬」對「蹬」、「斷」對「穿」。

ti	ha ˇ	mo ˇ	mun ˇ	kiong ˇ	oi	zon
地	下	無	門	強	愛	鑽

tien ˇ	song	mo ˇ	ngad ˋ	kiong ˇ	oi	song ˇ
天	上	無	囓	強	愛	上

　　此兩句也是對偶工整：「地下」對「天上」、「門」對「喵」、「鑽」對「上」。這些詞句雖然淺顯，不過對仗如此工整，雖不似近體詩平仄這麼講究，不過也類似「竹枝詞」，多半是出自漢文先生之手，經過潤飾的成品。

　　經過比對，〈娘親渡子〉的字數，1958 年陳火添【竹林版】的作品才 457字，楊版則有 1195 字。兩者最大不同是：楊版多了第 38 至 64 句：

> 堵著就屋下子嫂多，也係來手腳少，又愛樵，又愛草，又愛就番薯豬
> 菜就轉家堂。挵籃　　乜上山岡，將著幼子就揹等來在背囊，籃仔就來
> 　　等，一山過一山，來一岡就過一岡。尋有介番薯豬菜就籃肚張，尋
> 得罅，慢慢就　等愛來轉家鄉。轉到就半路上，聽著幼子來噭洋洋。
> 遽遽就解下來，在手上乳仔搞開就揞子食，就來揞子嚐。奶仔都食飽，
> 子啊佢都笑洋洋，子來笑，哀來笑，子哀揇等來笑一場。乳仔都食飽，
> 遽遽就揹等來在背囊，籃仔　起遽遽轉家堂。

這一大段，是描述母親處在大家庭的農家，不管姒娌多或是人力缺，除了家事外，還要上山檢柴、找豬食。幼子無人照顧，只好將子背在背上，挑著扁擔，翻山越嶺去做農事。孩子餓了，翻出奶兒就地就餵起奶來了。筆者判斷是楊玉蘭自己加進去的情節，賴碧霞也證明是楊自己加進去的〔註 27〕。下面是陳火添〈娘親渡子勸世文〉原來之部分唱詞：

> 娘親度（渡）子苦難當　　千辛萬苦恩（　）介（个）娘
> 三朝七日無奶食　　三光（更）半夜愛飼糖
> 一來奉勸諸君少年郎　　做人子兒愛曉想
> 在娘肚中未出世　　校（絞）娘心肝　校（絞）娘腸
> 牙齒咬得鐵釘斷　　腳穿繡鞋踏得川（穿）
> 想愛上天天無路　　想愛落地地無門
> 有福養兒得人雞酒香　　無福得人六片棺材枋
> 有錢人來度（渡）子人講好命頭家娘　　麼（無）錢人來度（渡）子
> 講是乞食麻（　）　　羅（勞）碌娘
> 一日食娘三合乳　　三日食娘九合漿
> 桌桌（點點）食娘身身上血　　食到娘親面皮黃

〔註 27〕98/12/21 下午 5 點半電話訪問賴碧霞，她表示〈娘親渡子〉由廣東梅縣傳來，和臺灣有所差異。第一次由賴本人唱，沒製作專輯唱片。在《趙五娘琵琶記·勸世文》（參考〈劉不仁不孝回心〉改編）中即有唱。後來楊玉蘭唱得比較細膩（多採豬菜、餵奶情節）。

上一段楊玉蘭加進去的文句和陳火添這一段唱詞明顯不同：

1. 楊較淺顯、粗俗，陳較深奧、典雅

陳火添的對句多，如：「三朝七日」、「三光（更）半」屬句內對；「牙齒咬得鐵釘斷」對「腳穿綉鞋踏得川（穿）」、「想愛上天天無路」對「想愛落地地無門」、「一日食娘三合乳」對「三日食娘九合漿」等對句，很明顯地出自文人之手。而楊玉蘭的那段唱詞是屬於日常生活用語，沒有文人雕琢的痕跡。

2. 楊文屬長短句，陳文屬整齊句

例如：楊文「堵著_就屋下子嫂多，也係_來手腳少，又愛樵，又愛草，又愛_就番薯豬菜_就轉家堂。」這句是 8、6、3、3、11 的句型。又「乳仔都食飽，子啊佢都笑洋洋，子來笑，哀來笑，子哀摛等_來笑一場。」這句是 5、7、3、3、8 的句型。它們都屬散文化的長短句。押韻也較疏。

而陳火添的「娘親度（渡）子苦難當，千辛萬苦恩（　）介（个）娘」、「想愛上天天無路，想愛落地地無門」、「一日食娘三合乳，三日食娘九合漿」屬於七言的詩讚系句子，押韻也較密。可見，楊文和陳文兩段差別頗大。

（三）敘事代言相結合

敘事觀點，是小說寫作的一個基本設定。小說家下筆前必須決定：說故事的人和故事間的關係。敘事者是透過什麼人眼睛來看故事，是從什麼人角度來說故事。小說敘事觀點，張堂錡《現代小說概論》〔註28〕把它分成三種：(1)第一人稱觀點〔註29〕；(2)第三人稱觀點〔註30〕；(3)特殊觀點〔註31〕。〈娘親渡子〉屬於說唱藝術作品，它是用何觀點來說唱？汪景壽在《說唱藝術—鄉土藝術的奇葩》書中曾說：

〔註28〕 張堂錡：《現代小說概論》（臺北：五南圖書，2003 年 9 月），頁 106～112。
〔註29〕 第一人稱觀點：敘事者採取第一人稱「我」的自敘方式。這種敘事方法可分成兩種：一是「我」以當事人地位講自己的故事，我就是主角本人；一是「我」以旁觀者角度說他人的故事，他人才是主角，我只是配角。
〔註30〕 第三人稱觀點：以「他」爲主體，是以第三者的身分說別人的故事，能知過去未來，被統稱爲「全知觀點」，也有的人稱它爲「上帝觀點」，因爲第三人稱是一種萬能手法，對於所描寫的人、事、時、地、物都可以不受限制，人物的外在事件與內心世界，也可以來去自如。
〔註31〕 特殊觀點：採取特殊角度切入，稱爲「特殊觀點」，它形式上使用的還是第一或第三人稱觀點，但是卻以特殊、特定的立場、觀點來敘述，如幼童、鄉下人或精神異常者、妓女等。

說唱藝術，顧名思義，以第三人稱敘事爲基本特徵。藝諺云：「現身
中之說法，戲所以宜觀也；說法中之現身，書所以宜聽也。」「現身
中之說法」和「說法中之現身」，表明戲劇藝術和說唱藝術之間的根
本差別。「說法」，就是敘述故事；「現身」，就是人物扮演。「說法」
爲主，輔以「現身」，構成了說唱藝術的基本表現方式。藝諺又云：
「念字千斤重，聽者自從容。」「表達不清，聽者不明；襯托不到，
聽客直跳。」都生動地說明「說法」的重要性。〔註32〕

戲劇以第一人稱「代言」爲主，說唱以第三人稱「說法、敘事」爲主。〈娘親
渡子〉可說是結合了敘事和代言。

　　邱版唱詞即是敘事代言相結合的例子，她大部分是以第三人稱來敘述情
節，但是時而用第一人稱的「　」來敘述動作或內心感受，如「　又愛草，个
又愛番薯豬菜　就轉家堂」、「河壩就慢慢洗，　圳溝就慢慢盪」。又如開篇：「娘
親度子　就苦難當，艱難就辛苦　个娘，若是頭燒佢就額又痛，吱吱來瀝瀝到天
光。」從襯字中可明顯看到她觀點的改變。「　就」是第一人稱，「佢就」是第三
人稱。又如李版的開篇：

　　娘親 na 來渡 ua 來子 a 佢就苦難當 na，艱難就來辛 na 來苦 ua　个 io 來
　　娘 a。受盡就幾 na 來多 ua 這個寒更夜 na，吱吱 io 來瀝 a 來瀝 a 到天 na
　　來光 na。阿姆 io 來渡 ua 來子 a 苦又 uo 來難 na，可比蹶 la 來壁 a 一般
　　na 來般 na。又驚 o 渡 na 大佢就無孝順 na，喊　就來老 ua 來哩 ia 愛仰
　　io 來般 na！

此開篇共有八句，前七句是用第三人稱、全知觀點來敘述母親渡子的艱辛，
第八句突然搖身一變，以第一人稱「　」來敘述，感嘆地說「喊　就來老 ua 來
哩 ia 愛仰 io 來般 na！」，翻譯成華語即是「教我老了該如何是好哇？」

　　又胡版結尾詞，也可說代言、敘事相結合，同時觀點常轉移：

　　愛來 na 奉 na 勸你就世間人 na，做人 o 來子 lio 女 a 愛孝 o 心 na

　　　→ 第一人稱敘事觀點

　　爲人 no 來子 oi 女 a 若是係毋行孝 a，仰般 io 來世 na 間 a 來做 o 人 na

　　　→ 第三人稱、全知觀點

　　老弟　奉 na 勸　就大家人　→ 作「老弟」的代言人

〔註32〕汪景壽：《說唱—鄉土藝術的奇葩》（臺北：淑馨出版社，1997 年 2 月），頁
　　　　2。

愛知 io 來父 na 來母 a 佢个恩義深 na → 第三人稱、全知觀點

細細食 na 娘佢就身上血 na，苦心 mo 來養 na 大 ia 得成 lio 來人 na

　　→ 第三人稱、全知觀點

又如李版結尾詞：

老妹奉 na 勸佢就世間人 na → 作「老妹」的代言人

爲人 no 來子 a 來女 a 若是毋行孝 a，仰般 no 來世 ia 來間 na 來做 uo 來

人 na → 第三人稱、全知觀點

總之，〈娘親渡子〉七個唱本，基本上把握傳統說唱的原則，以「敘事」爲主，有時又以「阿姆」「老弟」、「老妹」身分跳出唱詞來「代言」。

第四節　小　結

〈娘親渡子〉的版本很多，本章是採取下列 7 個有聲資料：

1. 1968 年 12 月，關西人楊玉蘭演唱、編作的〈玉蘭勸世歌〉。

2. 1978 年，邱玉春（又名邱綉媛）演唱的〈娘親渡子〉。

3. 1989 年，李秋霞演唱的〈娘親渡子〉。

4. 2003 年 7 月，胡泉雄演唱的〈度（渡）子歌〉。

5. 2002 年 10 月，苗栗榮興客家採茶劇團團員黃鳳珍演唱的〈娘親度（渡）子〉。

6. 未註明出版年月，古福光唱的〈娘親度（渡）子〉卡帶。

7. 未註明出版年月，連仁信演唱〈娘親渡子〉。

本論文以楊版爲主，作版本比對、標音及解釋、歌者音韻特色及唱本的章法的分析。因爲歌者大都原爲海陸人，所以發音時，聲符仍保留有 zh-、ch-、sh-、r- 等情形；韻符也有 -i 的現象，表現出海陸人唱四縣山歌的特色。

〈娘親渡子〉是客語俗文學，它的文風介於半俗半雅之間，故有它的修辭技巧，它的技法主要有：(1)比喻，(2)借代，(3)誇張，(4)對偶，(5)示現，(6)重疊，(7)層遞，(8)呼告，(9)摹寫。它不是一地一人之作，而是經過長時間的吸收而成的，它在語言風格上的特徵，主要表現在(1)音韻風格：聲調平仄的交錯，聲音洪細的交錯，圓展脣型的交錯，韻腳的安排；(2)詞句風格：擬聲詞的運用，重疊詞的運用，大量使用虛字、虛詞、動詞豐富，客家

話有豐富的詞頭詞尾，客家方言的單音詞比華語多，有些詞義詞序客語和華語不同，(3)句子風格：動詞詞尾常加 e、den、a　le 等，雅俗兼顧，敘事代言相結合。